CHRISTOPH MERKER

Wer mordet schon am Königssee?

MORDSBERG UND TOTENSEE Im Schatten des Watzmannes geschehen unheimliche Morde. Die blutige Spur zieht sich von Laufen über Bad Reichenhall bis an den Königssee. Im wunderschönen Berchtesgadener Land wird fleißig gemordet. Eine Tote liegt nur mit einem Bikini bekleidet hoch oben auf einem Berggipfel, dagegen wird der Herr Pfarrer ertrunken auf der Alm gefunden. Doch von den Hütern des Gesetzes keine Spur. Die Beamten werden nicht Herr der Lage. Nur gut, dass Katherl Brandner zusammen mit ihrem Freund Wasti Holzner eingreift und die Verbrechen auf manchmal recht eigenwillige, aber immer unterhaltsame Art und Weise aufklärt. Dabei spielt die abwechslungsreiche voralpine, alpine und hochalpine Landschaft des Berchtesgadener Landes eine entscheidende Rolle.

Christoph Merker, geboren 1969 in Niederbayern, besuchte die Berufsfachschule für Holzbildhauerei und Schreinerei in Berchtesgaden. Der Liebe sowie der Landschaft wegen blieb er dort und studierte in Salzburg Philosophie und Kunstgeschichte. Heute lebt er mit seiner Familie in Schönau am Königssee, unterrichtet an der Berufsfachschule, arbeitet als Buchverkäufer, Autor und Künstler. Die Liebe zu seiner neuen Heimat hat er in dem Reiseführer »Hochgefühl im Berchtesgadener Land. 66 Lieblingsplätze und 11 Gipfel« beschrieben. Christoph Merker ist oft in den Bergen unterwegs und erkundet seine Wahlheimat immer wieder aufs Neue. Mit diesem Band blickt er auf die kriminelle Seite des wunderschönen Berchtesgadener Landes.

Bisherige Veröffentlichungen im Gmeiner-Verlag:
Hochgefühl im Berchtesgadener Land (2013)

CHRISTOPH MERKER

Wer mordet schon am Königssee?

11 Krimis und 125 Freizeittipps

GMEINER SPANNUNG

Besuchen Sie uns im Internet:
www.gmeiner-verlag.de

Im Ehnried 5, 88605 Meßkirch
Telefon 07575/2095-0
info@gmeiner-verlag.de

1. Auflage 2016

Lektorat: Sven Lang
Herstellung: Mirjam Hecht
Umschlaggestaltung: U.O.R.G. Lutz Eberle, Stuttgart
unter Verwendung eines Fotos von: © joexx / photocase.de
und © Lutz Eberle
Druck: CPI books GmbH, Leck
Printed in Germany
ISBN 978-3-8392-1861-7

TIEF IST DER SEE

Das Wasser glitzerte, als hätten die Berggeister flüssiges Gold in den See gekippt. Unwillkürlich beugte sich Katherl über den Bootsrand und streckte ihre Hand in das funkelnde Nass. Erfrischend kühl fühlte es sich an diesem heißen Tag an.

»He, nicht bremsen!«, fuhr sie Wasti mit gespieltem Vorwurf an. Gehorsam nahm sie ihre Hand heraus, schüttelte das Wasser ab und legte sie auf die grün gestrichene Bank ab, die von der Sonne ganz heiß war.

»Gut machst du das«, lobte sie ihren Ruderer. »Sehr gekonnt«, ermutigte sie ihn. Denn während sie bequem im Boot saß, musste Wasti kräftig rudern. Große Schweißtropfen standen ihm auf der Stirn. Wegen der Hitze hatte er seine Hemdsärmel hochgekrempelt und Katherl konnte sehen, dass seine Arme immer noch muskulös waren. Vielleicht nicht mehr so, wie damals, als sie noch jung waren, aber für sein Alter sehr passabel, wie sie fand. Wasti Holzner hatte sein Leben lang als Holzknecht in den Bergwäldern rund um Berchtesgaden gearbeitet. Zuletzt für den Alpennationalpark und das Ergebnis der körperlichen Arbeit konnte sich bei ihm auch im Alter noch blicken lassen. Nur kurz dachte Katherl daran, was geworden wäre, wenn sie beide nicht so schüchtern gewesen wären und nicht auf ihre jeweiligen Eltern, sondern auf ihr Herz gehört hätten. Sie, die frisch gebackene Schneidermeisterin Katherl Brandner und er, der stramme Holzknecht, sie hätten ein schönes Paar abgegeben. Nur die Eltern hatten das anders gesehen. Doch das war so lange her, dass es schon gar nicht mehr wahr war. Beide waren sie längst in der Rente und jetzt waren sie gute Freunde. Das war mehr wert als alles andere.

»Noch ein kleines Stück, dann sehen wir **St. Bartholomä** 1.«

Als Antwort nickte Wasti nur, denn er brauchte alle Puste zum Rudern. Auf einem Schild im Bootshaus war gestanden: In 15 Minuten Blick auf St. Bartholomä. Aber das war nicht zu schaffen. Wenigstens nicht für einen Berchtesgadener, der mehr in den Bergen unterwegs war, als auf dem Wasser. Hier mochte so mancher Gast aus dem Norden einen Vorteil haben und die Strecke in einer Viertelstunde schaffen. Wasti aber ruderte schon wesentlich länger. Das wurmte ihn, denn er wollte eigentlich Katherl mit seinen Ruderkünsten beeindrucken. Allerdings hatte er diese Chance vertan, als er im Bootshaus zunächst verkehrt herum gerudert war und der Bootsverleiher von der Schifffahrt ihn mit einem ordentlichen Schubs nach draußen bugsieren musste. Dabei war Wasti mit den seitlich weggestreckten Riemen die Holzwand entlang geschrammt, dass es eine wahre Freude war. Wie um seinen Anfängerfehler wettzumachen, tauchte Wasti die Riemen extra tief ins Wasser und zog kräftig an. Das Holzboot machte einen Hüpfer nach vorn.

»Vorsicht, nicht dass wir noch kentern«, rief Katherl aus. »So wie damals 1688, als die vielen Wallfahrer hier ertranken.« Die Holztafel, die an das grausame Unglück erinnerte, war in der Ferne an der Kreuzlwand zu sehen.

»Ich würde dich retten, also keine Angst.«

Katherl lächelte Wasti dankbar an, war sich aber sicher,

dass sie die bessere Schwimmerin war und eher sie ihn retten müsste. Das behielt sie jedoch lieber für sich, schließlich strengte Wasti sich so sehr an und versuchte, sie mit seinen Ruderkünsten zu imponieren.

Langsam schob sich das Boot immer weiter in den **Königssee** 2 hinein und nur noch ein Stück, dann hatten sie die Felswand hinter sich gelassen, die den Blick über die Länge des Sees blockierte.

»Da hinten ist St. Bartholomä!«, rief Katherl aus. Das rot gestrichene Schindeldach der Kapelle war trotz der großen Entfernung zu erkennen. Wasti hielt inne und drehte sich um.

»Tatsächlich.« Zuerst wischte er sich den Schweiß von der Stirn, wusch seine Hand im Wasser und beschattete dann seine Augen gegen die stechende Sonne, die genau über dem markanten Gipfel der Schönfeldspitze stand.

»Du schaust aus wie ein richtiger Kapitän, der in der Ferne endlich das lang ersehnte Ufer erblickt«, lachte Katherl.

»Solange meine Mannschaft nicht das Meutern anfängt, sonst muss ich sie an Ort und Stelle Kiel holen.« Wasti zwinkerte ihr schelmisch zu. Sie genossen den Augenblick, dann packte er die Ruder. »Ein wenig weiter raus rudern wir noch.«

Katherl war froh, ihren Strohhut mitgenommen zu haben. In der Früh hatte sie eine Rosenblüte am Hutband festgemacht, die inzwischen schon längst schlaff herunterhing. An den bewaldeten Hängen leuchtete das frische Grün herüber. Dort rechts oben musste die **Archenkanzel** 3 sein.

»Als Nächstes gehen wir auf **Kühroint** 4 hinauf«, stellte sie ihr weiteres Freizeitprogramm zusammen, »und schauen von oben auf den See!« Wasti nickte. Mit Katherl würde er selbst quer durch die Wüste gehen, wenn sie es sich einbildete. Kühroint war im Vergleich dazu allerdings nur ein etwas längerer Spaziergang.

»Ist das nicht herrlich!« Fast hätte sie übermütig wieder ihre Hände ins Wasser getaucht, gerade noch rechtzeitig fiel ihr der Rüffler von vorhin ein und artig legte sie sie in den Schoß. Wastis Kopf wurde immer röter und Katherl beschloss, ihn noch ein paar seiner kraftvollen Ruderschläge machen zu lassen, um ihn dann von seinen Anstrengungen zu erlösen. Er wollte ihr imponieren, aber einen Herzinfarkt brauchte er ihretwegen nicht riskieren.

Noch fünf, noch vier … zählte Katherl die Schläge leise rückwärts, als das Boot plötzlich mit einem heftigen Rums erzitterte. Erschrocken hielt Wasti die Ruder in die Luft, während Katherl beinahe rückwärts von der Bank gekippt wäre.

»Ist alles in Ordnung?«, fragte er seine Begleiterin besorgt.

»Alles gut. Ich sitze noch.« Katherl klopfte auf die Bank. »Was war denn das? Sind wir auf Grund gelaufen?«

»Das glaube ich kaum!« Wasti lachte. »Hier ist der See mindestens 100 Meter tief.«

»Das weiß ich doch. Aber komisch ist das schon.«

»Ich glaube, wir haben einen Stamm oder einen größeren Ast gerammt. Den wird gestern das Unwetter auf den See getrieben haben.«

Angestrengt starrten beide ins Wasser.

»Aber da schabt doch was unter dem Boot. Hör doch nur.« Katherl legte instinktiv den Finger auf den Mund. Tatsächlich war ein schleifendes Geräusch unter ihnen zu hören.

»Das muss der Ast sein, über den wir gefahren sind. Ich rudere mal ein wenig zur Seite.« Mit zwei vorsichtigen Ruderschlägen bewegte Wasti das Boot von der Stelle.

»Da ist was!« Katherl zeigte ins Wasser. Beide beugten

sich über den Bootsrand, ohne den kleinen Kahn zu sehr in Seitenlage zu bringen. Langsam kam der Ast unter dem Boot hervorgeschwommen. Helle Zweige wurden sichtbar. Fünf kleine Ästchen! Wasti brauchte seine Zeit, bis sein Gehirn das, was er sah, richtig interpretierte. Katherl war schneller und rief. »Das ist kein Ast! Das ist …«

»… ein Mensch!« vervollständigte Wasti den Satz. Nach den fünf Fingern war ein ganzer Arm, dann ein Kopf mitsamt Rumpf aufgetaucht und trieb nun neben dem Boot her, das sanft in dem goldenen Wasser schaukelte.

Nach einer Schrecksekunde wurde Wasti hektisch. Ein Riemen patschte aufs Wasser, der andere knallte ins Boot und Katherl konnte gerade noch verhindern, dass sie beide zu dem Körper hineinrutschten.

»Wir müssen Erste Hilfe leisten, wir müssen ihn retten! Oh mein Gott, wir haben einen Schwimmer überfahren!« Wasti rutschte auf seiner Ruderbank unruhig hin und her.

»Ich glaube nicht, dass es ein Schwimmer ist«, versuchte Katherl ihren Freund zu beruhigen. »Schau doch, er ist angezogen. Keiner schwimmt freiwillig mit einer dunkelblauen Uniform im Königssee.«

Tatsächlich war die Person vollständig bekleidet und selbst in diesem Zustand konnte man deutlich erkennen, dass der Mann die Uniform der Königsseeschifffahrt mit hellblauem Hemd und dunkler Hose trug.

»Versuche das Boot mit den beiden Rudern zu stabilisieren«, gab Katherl Wasti Anweisungen. »Lege sie flach aufs Wasser.« Gehorsam tat Wasti das, was Katherl ihm sagte. Dass das immer vernünftig war, das hatte er längst gelernt. Währenddessen raffte Katherl ihren Dirndlrock, kniete sich ins Boot und packte mit beiden Händen den Kragen des Mannes, der kopfunter im Wasser schwamm. Schon bei der ersten Berührung wusste sie, dass sie einen Toten in der Hand hatte. Mit aller Kraft zog sie ihn nach oben. Kurz kam sein Kopf aus dem Wasser, und Wasti entfuhr ein lautes »Nein!«, dann konnte Katherl ihn nicht länger halten und ließ ihn wieder zurückgleiten. Für Erste Hilfe war es längst zu spät. Trotz des aufgequollenen Gesichtes, der aufgerissenen Augen und des Wassers, das aus dem Mund gelaufen war wie aus einer Brunnenfigur, hatten beide den Toten erkannt. Es war der Bergdorfer Franzl.

Was danach folgte, war die längste halbe Stunde ihres Lebens. Zuerst hatte Wasti versucht, mit seinem Handy die Polizei zu informieren. Aber er hatte so gezittert, dass Katherl Angst hatte, es würde ihm ins Wasser fallen, sodass sie es ihm kurzerhand abnahm und die 112 wählte. Danach saßen sie schweigend im Boot, neben dem friedlich die Leiche von Franzl schwamm.

Endlich kam die Wasserwacht mit ihrem Rettungsboot. Zwei Polizisten waren mit an Bord. Diese schienen überrascht, als sie die Leiche im Königssee treiben sahen. So ganz hatten sie wohl nicht geglaubt, heute einen Toten zu sehen, als die zentrale Rettungsleitstelle sie informiert hatte.

»Da schwimmt ja a Leich!«, rief einer aus.

»Scharf kombiniert!« Diese Bemerkung hatte sich Katherl nicht verkneifen können. Ein weiteres Rettungsboot wurde von der Wasserwacht angefordert und die Polizisten baten um Verstärkung.

»Das ist ja einer von der Schifffahrt«, bemerkte der eine Polizist.

»Ja, der Franz Bergdorfer«, klärte Wasti ihn auf.

»Woher wisst ihr das?«

»Ich habe ihn etwas herausgezogen, um zu sehen, ob er

nur bewusstlos ist. Da haben wir sein Gesicht erkannt«, erklärte Katherl.

»Mhmh«, brummte der Polizist. Diesmal dauerte es nicht so lange, bis das zweite Boot der Wasserwacht sich näherte.

»Ich kann aber jetzt nicht mehr zurückrudern.« Wasti fühlte sich außerstande, die Strecke nach diesem Erlebnis noch einmal zurückzulegen.

»Das müssen Sie auch nicht. Die Wasserwacht zieht sie mit dem Boot zurück. Wir brauchen ihr Ruderboot zur Spurenuntersuchung.« Wasti war erleichtert. Das Ruderboot wurde am Motorboot festgemacht und nach keinen zehn Minuten erreichten sie die Seelände. Dort empfing sie ein Polizist, der ihnen aus dem schwankenden Boot half und dieses mithilfe des Bootsverleihers festmachte. Wobei er darauf achtete, dass es nirgends anstieß, um nicht etwaige Spuren zu zerstören. Ein junger Wasserwachtler wurde abkommandiert, Katherl und Wasti ins Bootsführerstüberl zu begleiten. Dort sollten sie auf die Polizei warten, um ihre Aussage aufzunehmen.

»Kommt, hier geht's lang.« An den hölzernen Bootsschuppen vorbei führte sie der Wasserwachtler unter einer Schranke hindurch auf das Betriebsgelände. »Übrigens, ich bin der Thomas«, stellte er sich vor. »Das muss ja eine böse Überraschung für euch gewesen sein.«

»Das kannst du glauben.« Die drei traten in das kühle Haus, folgten Thomas durch den Gang hinein in ein mit fünf großen Tischen und einer rundum laufenden Bank ausgestattetes Stüberl. Auf einer Kommode standen ein paar Pokale, eine Wanduhr tickte, die sicher schon zu Zeiten Kronprinz Luitpold ihren Dienst versehen hatte, und in der Mitte des Raumes hing eine Schiffsglocke aus Messing an den dunklen Holzbalken der Decke.

»Setzen wir uns da …?« Etwas unsicher zeigte Wasti auf einen Tisch, der am Fenster stand und durch das die Sonne helle Flecken auf die dunkle Tischplatte warf. Eine helle Sonneninsel in der etwas düsteren Stube. »Ich mache euch einen Tee. Der tut nach so einem Schock gut.« Der junge Mann verschwand in der angrenzenden Küche. Katherl legte ihre Hände sanft auf Wastis Arm.

»Der Franzl«, seufzte er. »Ich kenne ihn ja eigentlich gar nicht gut, aber seinen Vater, den Bergdorfer Franz senior. Der ist manchmal in unserer Schafkopfrunde mit dabei.«

Katherl kannte Vater und Sohn nur vom Sehen, aber gut genug, die Leiche sofort zu erkennen.

»Er hatte sich so gefreut, als er endlich die Arbeit bei der Schifffahrt bekommen hatte.« Wasti stierte vor sich hin. »Eigentlich sollte ja ein anderer den Job bekommen, aber mit seinen guten Referenzen hat sich der Franzl durchgesetzt. Er ist überall als gewissenhaft und fleißig bekannt.« Wasti zögerte. »Bekannt gewesen«, korrigierte er sich.

Katherl schwieg, das Beste, was man in der Situation tun konnte, und wartete ab. »Wie konnte das nur passieren? Wieso ist er ertrunken? Wenn er bei der Überfahrt hineingefallen wäre, dann hätte ihn doch irgendjemand gerettet. Das bekommt man doch mit, wenn einer ins Wasser fällt!«

»Ich glaube auch nicht, dass er bei der Überfahrt hineingefallen ist. So ein Boot ist immer voller Menschen.«

»Wie kommt er dann ins Wasser? Ist er vom Ufer hineingefallen? Ausgerutscht etwa und irgendwie blöd auf einem Stein aufgeprallt?«

Katherl überlegte. »Das glaube ich nicht. Vorne bei der Seelände gewiss nicht, da hätte es ihn sicher nicht so weit in den See hinausgetrieben. Außerdem ist es ja ganz flach dort.«

»Vielleicht ist er beim Baden ertrunken?«, überlegte Wasti.

»Aber wer badet schon in Uniform?«, gab Katherl zu bedenken.

»Auch wahr. Vielleicht wollte er noch eine Runde schwimmen und ist dann vom Ufer abgestürzt. Da hinten, unterhalb des **Königsbach-Wasserfalls** 5, das ist doch ein beliebter Badeplatz. Auf der Höhe ungefähr haben wir ihn auch gefunden.«

Katherl war nicht überzeugt.

»Hör zu. Er wollte sich nach der Arbeit noch abfrischen und ist den schmalen Pfad den See entlang gegangen, dann rutscht er aus, fällt ins Wasser, schlägt sich den Kopf an einem Stein, wird bewusstlos und ertrinkt.« Wasti hatte sich in Fahrt geredet. »Treibt im Wasser und wir, wir …« Er wollte jetzt nicht sagen, »rudern drüber«, darum ließ er den Satz in der Luft hängen.

Katherl nickte. »Das hört sich sehr logisch an. Da gibt es nur ein Problem. Gestern am Spätnachmittag gab es ein furchtbares Gewitter. Da hat niemand an Baden gedacht.«

»Dann war es halt vorgestern.«

»Das ist eine Möglichkeit. Aber meinst du nicht, dass seine Familie ihn vermisst hätte? Wohnt er nicht noch am Hof bei seinen Eltern?«

Als der Wasserwachtler mit zwei dampfenden Teebechern hereinkam, schwiegen sie.

»Thomas, sei doch so gut und lauf schnell hoch ins Café oben am **Malerwinkl-Rundweg** 6 und hole uns drei einen Kuchen!« Katherl drückte ihm Geld in die Hand. »Ich glaube, wir müssen doch noch länger auf die Polizei warten, und nach der ganzen Aufregung könnten wir einen ordentlichen Zuckerschub vertragen.« Das leuchtete Thomas ein und er machte sich auf den Weg, ließ sich aber vorher versichern, dass es ihnen beiden gut ging.

»So«, Katherl stand auf, »den haben wir los.« Sie stemmte die Hände in die Hüfte und sah sich aufmerksam in dem Raum um. Neben dem Eingang hing eine Pinnwand. »Schau, das ist der Dienstplan.« Mit dem Finger fuhr sie die Namen entlang. Unter »B« stand aber kein »Bergdorfer«. Erst ganz unten war sein Name handschriftlich angefügt.

»Er war wirklich noch nicht lange bei der Schifffahrt.«

»Den Monat hat er erst angefangen«, wusste Wasti.

»Schau mal, laut Plan hatte er gestern bis 17 Uhr Dienst. Also ist er mit dem letzten Boot und den letzten Schwung Gästen gefahren. Wenn er da ins Wasser gefallen wäre, das wäre denen aufgefallen.«

Jetzt war es an Wasti, den Plan zu studieren. »Er hat mit dem Hollberger zusammen Dienst gehabt. Ausgerechnet. Der war auf den Franzl nicht gut zu sprechen. Der hätte lieber seinen Sohn auf dem Posten gesehen.«

»Warum hat er ihn dann nicht bekommen?«

»Der Franzl war einfach der bessere Kandidat, mit seiner Elektrikerausbildung war er für die Schifffahrt gut zu gebrauchen. Außerdem konnte er narrisch gut Trompete spielen.«

Neben dem Dienstplan hingen Fotos vom **Obersee** [7], dem **Röthbachfall** [8] und dem **Funtensee** [9]. Anscheinend von dankbaren Gästen. Ein anderes Foto zeigte einen Bootsführer, wie er gerade zum Echo blies.

»Ich glaube, das sind die bestbezahltesten Trompeter der Welt, wenn man ihr Können und das Trinkgeld, das sie einstecken, zusammen betrachtet.« Wasti wusste, dass da schon einiges zusammenkam und gab es nicht einmal einen Streit, weil das Finanzamt das Trinkgeld als Einnahmen ansah und die Bootsführer es versteuern sollten?

»Also einer an Bord muss immer Trompete spielen können«, stellte Katherl fest.

»Nun ja, wenigstens die vier, fünf Töne der Melodie, das reicht schon fürs Echo. Aber für diese Bezahlung würde ich auch noch das Trompetenspielen erlernen.«

»So musikalisch wie du bist, würde selbst das Echo seinen Dienst verweigern.«

»Da könntest du recht haben. Der Franzl war ja ein sehr guter Trompeter. Der hat ja auch bei der Königsseer Feuerwehr in der Kapelle mitgespielt.«

»Dann war er ja genau der Richtige für die Arbeit.«

»Und ein guter Handwerker obendrein.« Denn im Winter war in der Werft immer etwas zu reparieren oder zu streichen. Von Zeit zu Zeit wurde gar ein neues Boot gebaut. Darum hatten die meisten Bootsführer eine Handwerksausbildung.

»Ich sehe mich mal ein wenig um.« Katherl drehte sich von der Pinnwand weg, trat durch die Tür, orientierte sich kurz und ging dann recht zielstrebig den Gang entlang zu dem Umkleideraum.

»Aber Katherl!«, rief ihr Wasti nach, der um ihre Neugierde wusste. »Der Tee wird doch kalt.« Ein schwacher Versuch. Ergeben folgte er ihr. Als er mit ihr vor den Umkleideraum stand, drehte sie sich um und meinte: »Ach Wasti. Was machst du denn da? Geh zurück in die Stube.« Bestimmt drehte sie ihn am Arm herum und schob ihn in die Richtung, wo er hergekommen war. »Wenn jemand kommt, kann ich immer noch sagen, ich würde die Toilette suchen. Aber wenn man uns beide hier sieht, klingt diese Ausrede etwas komisch, würde ich sagen. Nachher denken die Leute, wir zwei hätten hier ein ruhiges Plätzchen gesucht.« Sie zwinkerte ihm zu.

Sollte das jemand denken, so fand Wasti das ganz und gar nicht schlimm. Ganz im Gegenteil, er würde sich geschmeichelt fühlen. Doch Katherl das jetzt hier zu erklären, wäre zu kompliziert gewesen, und darum ging er zurück ins Stüberl, setzte sich und trank gehorsam seinen Tee. Währenddessen schaute sich Katherl aufmerksam im Umkleideraum der Bootsführer um. Die Metallspinde standen rechts und links die Wände entlang. In der Mitte dienten zwei Holzbänke ohne Rückenlehne als Sitzgelegenheit. An den Spindtüren waren die Namen ihrer Besitzer angebracht. Mache in der etwas krakeligen Schrift der Bootsführer, einige in der sauberen Mädchenhandschrift der Sekretärin und die neuesten waren am Computer geschrieben und ausgedruckt worden. Auch bei der altehrwürdigen Schifffahrt, die schon den Prinzregent Luitpold zum Jagen über den See gebracht hat, hielt die Moderne Einzug. Genau genommen war die Schifffahrt immer schon modern gewesen, denn bereits 1909 war sie auf Elektroboote umgestellt worden. Wegen der Eisenbahn brauchte man den Strom. Die fuhr noch bis 1965 vom Berchtesgadener Bahnhof bis zum Alten Bahnhof am Königssee. Den Strom, der für die Königsseebahn benötigt wurde, hat man dann gleichzeitig zum Aufladen der Schiffsbatterien genutzt. Aufmerksam ging Katherl von Schrank zu Schrank. Die meisten waren mit einem Vorhängeschloss gesichert, aber nicht alle. Viele der Namen waren ganz typisch für Berchtesgaden. »Graßl« zum Beispiel oder »Votz« oder »Maltan« kamen nur hier vor und sonst kaum auf der Welt.

Beim Spind vom Franzl blieb sie stehen. Das Papier, auf

dem sein Name gedruckt war, stach heraus, so weiß war es. Die Tür war offen, denn das Schloss hing nur in einem der Schließbleche. Katherl lauschte kurz. Als sie nichts hörte, nahm sie die Schürze ihres Dirndls hoch, es war ihre Lieblingsschürze mit den kleinen in weiß aufgedruckten Rosen, griff drunter und öffnete so, ohne Fingerabdrücke zu hinterlassen, die Tür. Sollte die Polizei später tatsächlich den Spind untersuchen, wollte sie nicht, dass man ihre Fingerabdrücke daran fand. Im Schrank hing eine Jeans, und ein T-Shirt lag zusammengeknüllt am Boden. Vorsichtig hob sie das Shirt auf. Ein paar Turnschuhe standen darunter und fast hätte sie etwas übersehen: Dahinter lag eine bunte Badehose. Also ein Badeunfall war auszuschließen. Sonst war der Spind leer. Eigentlich hatte Katherl sich Männerspinde immer mit Fotos von leicht bekleideten Damen bestückt vorgestellt. Nicht einmal einer der zurzeit so beliebten Junge-Bäuerinnen-Kalender hing an der Wand. Wenigstens das hatte sie erwartet, Bilder mit tief dekolletierten jungen Frauen, die melkten, heuten oder Butter rührten. Dagegen hing neben der Tür der Kalender der **Enzianbrennerei Grassl** 10 mit seinen stimmungsvollen Naturaufnahmen. Es waren halt rechtschaffene und brave Männer, die Bootsführer. Auf der anderen Seite blieb sie vor dem Spind des Hellberger Fritz stehen. Die Tür war sperrangelweit offen. Hier sah es gefüllter aus. Die blaue Uniform hing etwas schräg auf einem Bügel, darunter die schwarzen Schuhe. Auch ein Arbeitsmantel befand sich darin und das obere Ablagefach beherbergte ein Shampoo, eine Sonnencreme und eine Tasse vom Berchtesgadener Advent. Es gab wohl kaum eine Wohnung im Talkessel, in der nicht irgendwo mindestens eine der Tassen zu finden war. An der Innentür klebte ein Foto seiner Familie. Katherl schaute genauer. Ganz hinten im Schrank stand etwas. Vorsichtig schob sie die Kleidung zur Seite, erschrak, als ihr die Uniform plötzlich vom Bügel rutschte, und sah dann den Trompetenkasten. Die Geld-Trompete, wenn man so wollte. Katherl ließ alles, wie es war. Sie hatte genug gesehen. So Männerumkleiden waren nicht wirklich die angenehmsten Orte. Der leicht muffelige Geruch verfolgte sie bis auf die gegenüberliegende Toilette. So konnte niemand behaupten, sie wäre ein neugieriges Gschaftei, was einige ihrer Bekannten durchaus über sie gesagt hätten, aber nur hinter vorgehaltenem Mund.

Aus dem Stüberl kamen Stimmen. Thomas war mit drei saftigen Tortenstücken zurück, die nun auf dem Tisch standen. Die Sonne brachte die roten, mit Tortenguss überzogenen Erdbeeren zum Leuchten.

»Der Kaffee läuft schon durch«, empfing sie Thomas, der insgeheim froh war, hier seinen Dienst zu verrichten und nicht diese Leiche herausfischen zu müssen. Erschöpfte Wanderer aufgabeln und erstversorgen ja, Leichen nein, lautete seine Devise. Auch wenn es seine erste Leiche war und sich seine Kollegen fast darum geprügelt hatten, wer mit dem ersten Boot mitfahren durfte. Er war nicht scharf darauf. Ihm hatten die Bilder der Wasserleichen gereicht, die der Ausbilder groß an die Wand gebeamt hatte. Davon träumte er noch heute. »Dessertlöffel haben die nicht«, meinte er und legte jedem einen großen Suppenlöffel auf den Teller neben die Torte. Die Kaffeemaschine gab einen letzten Sprutzer von sich und Thomas schenkte ihnen in die Tassen ein. Eine davon war ebenfalls ein Glühweinhaferl vom Berchtesgadener Advent. Nicht umzukriegen, diese Teile. Schweigend aßen sie ihre Erdbeertorte. Die beiden Männer aßen große Stücke, sodass im Nu ihre Teller leer waren, während Katherl gerade die Hälfte geschafft hatte. Thomas kratzte den letzten Rest Sahne vom Teller und schob ihn dann zufrieden von sich. Da kam aus seinem Funkgerät ein knarzendes Geräusch.

»Das sind die Kollegen«, meinte er entschuldigend und ging hinaus. Bei der Ausbildung hatte man ihnen eingetrichtert, nicht vor Beteiligten Gespräche mit dem Walkie-Talkie zu führen.

»Es wird noch etwas dauern«, erklärte er, als er zurückkam. »Die wissen noch nicht, wo genau er ins Wasser gefallen ist, und jetzt suchen sie mit Spürhunden das Ufer ab.« Katherl und Wasti sahen sich an. Doch bevor Wasti ihre Überlegungen zu diesem Thema äußern konnte, schüttelte Katherl unmerklich ihren Kopf und brachte so ihren Freund zum Schweigen.

»Was vermutet denn die Polizei?«, fragte sie wie nebenbei zwischen zwei Stück Torte.

»Sie meinen, dass er den alten Steig zum Wasserfall gegangen und dann unglücklich ins Wasser gefallen ist.« Thomas machte ein angemessen bedrücktes Gesicht. Allerdings passte es nicht zu dem großen Klecks Sahne, der an seinem Kinn klebte. »Es war halt ein tragischer Unfall.« Verstohlen wischte er die Sahne vom Kinn und weil Katherl ihn so verständnisvoll ansah, hatte er kein schlechtes Gewissen deswegen.

Währenddessen wartete Polizeioberwachtmeister Reuber an der Seelände. Um ihn herum einige Touristen, die ihn auf unzähligen Urlaubsfotos verewigten. Die Hundestaffel war noch immer nicht zurück. Reuber musste zugeben, dass Hundestaffel leicht übertrieben war. Den Kollegen Hauser mit seinem bayerischen Gebirgsschweißhund, der auf den martialischen Namen »Püppi« hörte, eine »Staffel« zu nennen, war mehr als übertrieben. Hausers Tochter war schuld an dem eher unpassenden Hundenamen. Denn seine Familie hatte der Anschaffung eines Polizeihundes nur unter der Bedingung zugestimmt, wenn sie den Namen aussuchen durften. Hauser hatte nachgegeben und so bekam der bullige Hund von seiner fünfjährigen Tochter Marie den Namen »Püppi« verpasst. Seine Frau hätte einen familienfreundlicheren Beagle bevorzugt, darum griff sie auch nicht ein, als ihre Tochter den Namen fröhlich verkündete. Und Hauser konnte Marie sowieso nichts abschlagen.

Auf seiner Suche hatte Hauser bislang nichts entdeckt. Er war den Weg zusammen mit Püppi entlang gegangen, über die glitschigen Holzstämme am Ufer balanciert, doch weder er noch sein Hund hatten ein Indiz gefunden, dass Bergdorfer in den See gestürzt wäre. Schnell hatte er feststellen müssen, dass es aussichtslos war, nach dem Gewitter des Vorabends noch irgendwelche Spuren zu entdecken. Höchstens wenn der Tote eine Tasche oder sonst etwas am Ufer hatte liegen gelassen. Darum ging er pflichterfüllend mit seinem munter schnüffelnden Hund weiter. Püppi hatte zwar den ersten Teil seiner Ausbildung durchlaufen, aber Hauser würde nicht darauf schwören, dass Püppi tatsächlich wusste, was er zu tun hatte. Zwar hatte er an einem Kleidungsstück des Toten geschnüffelt, aber Hauser war sich gar nicht sicher, ob sich sein Hund an den Geruch noch erinnerte. Darum drehte er erleichtert um, als auf dem alten und verfallenen Steig wirklich kein Weiterkommen mehr war.

Reuber stand vorn an der Seelände und wusste nicht recht, was er nun tun sollte, als ein Mann die Seestraße auf ihn zu eilte. Schon von Weitem winkte er ihm zu. Polizeimeister Reuber erkannte den Betriebsleiter der Schifffahrt, Horst Buntmann. Kurz überlegte er, in der Touristenmenge unterzutauchen, doch da er dem aufdringlichen Betriebsleiter sowieso nicht entgehen konnte, blieb er stehen.

»Was ist denn los?«, rief ihm Buntmann zu.

Ja, sakra, dachte Reuber, soll ich jetzt quer über den Platz schreien, dass einer seiner Mitarbeiter im Wasser des Königssees schwamm? Dem klaren Wasser mit seiner Trinkwasserqualität, wie bei jeder Überfahrt den Gästen erklärt wurde. Mit einem Toten darin wollte das nicht mehr so recht überzeugend klingen. Buntmann stand jetzt direkt vor dem Polizisten, der verblüfft die Bekleidung studierte. Karierte Hose, ein kanariengelbes Polohemd, weiße Lederslippers mit zwei kleinen Quasten vorne dran und an der rechten Hand einen Handschuh, ebenfalls aus weichem weißem Leder. Reuber war sich nicht sicher, zu welcher Gelegenheit man so etwas trug. Er würde so was nur an Fasching tragen, wenn er denn dort mitmachen würde.

»Ich war gerade auf dem Golfplatz«, erklärte Buntmann, der den prüfenden Blick bemerkt hatte. »Ich wollte gerade am dritten Green abschlagen, als ein Anruf kam, dass etwas geschehen ist.«

»Es ist auch etwas passiert«, stellte Reuber fest. »Aber besser wir besprechen das in Ihrem Büro.«

»Meinen Sie, es wird länger dauern?«

Überrascht schaute Reuber ihn an und nickte dann.

»Wenn das so ist, muss ich vorher meinen Caddy anrufen, dass er meine Schläger aufräumen soll. Die habe ich in aller Eile auf dem Putting Green liegen gelassen.« Buntmann holte sein Smartphone aus seiner Hosentasche, wischte mit abgespreiztem kleinem Finger darauf herum und bellte dann überraschend unwirsch etwas hinein. Reuber war es unangenehm, mit ihm quer über die Seelände zu gehen. Das erging den Bootsführern offensichtlich nicht anders. Die schreckliche Nachricht hatte sich in Windeseile unter ihnen verbreitet und nun kamen alle zum Betriebsgelände, um Einzelheiten zu erfahren. Als sie allerdings ihren Chef in seiner Golfausstattung sahen, hielten sie Abstand. Das bayerische Innenministerium, dem die Schifffahrt unterstellt war, hatte ihnen aus nicht erklärbaren Gründen diesen komischen Vogel vor die Nase gesetzt. Politik halt, hatten die Bootsführer gesagt und resigniert mit den Schultern gezuckt.

Im Stüberl herrschte gedrückte Stimmung. Vorausschauend hatte Katherl die Kuchenteller abgespült. Es sollte nicht pietätlos erscheinen, wenn die Männer herkamen. Einer nach dem anderen trat ein und sie setzten sich in Gruppen um die Tische. Informationen wurden murmelnd ausgetauscht. Katherl und Wasti kannten einige und diese nickten ihnen zu. Manche kamen zu ihnen her und erkundigten sich, wie es ihnen ging. Als diejenigen, die den Toten entdeckt hatten, gehörten sie im Augenblick zu der Gemeinschaft dazu. Katherl berichtete mit ruhiger Stimme, wie sie den toten Kollegen gefunden hatten. Wasti war viel zu aufgewühlt dafür und so saß er nickend neben ihr. Dabei erwähnte sie nicht, dass er mit dem Boot direkt über Franz gerudert war. Das klang einfach zu grausam. Eines allerdings, so schrecklich das Ganze war, gefiel Wasti an der Situation. Alle hatten mitbekommen, dass er zusammen mit dem Katherl Rudern gewesen war. Eine Neuigkeit, die schnell die Runde machte, und wogegen er überhaupt nichts hatte. Denn er war sehr glücklich, dass sie beiden Zeit miteinander verbrachten. Jahrelang hielt Katherl höfliche Distanz zu ihm. Doch seitdem er Witwer war, brach so nach und nach die Distanz ein und ihre alte, noch aus Schultagen stammende Freundschaft wurde wiederbelebt. »Freundschaft«, wie Katherl ein oder zwei Mal zu oft betont hatte. Aber immerhin, Wasti war sehr zufrieden damit.

Ohne Spuren entdeckt zu haben, kam Hauser zurück. Seinen Chef traf er in Buntmanns Büro an. Nachdem er seinen Bericht abgegeben hatte, der nur aus »Nichts gefunden, Chef« bestand, fasste Polizeimeister Reuber die Fakten zusammen: »Wir gehen von einem tragischen Unfall aus. Franz Bergdorfer war gestern Abend aus welchen Gründen auch immer am Ufer unterwegs, als er ausrutschte, mit dem Kopf auf einem Stein aufschlug und bewusstlos im Königssee ertrank.«

»Wirklich tragisch«, sagte Buntmann, faltete die Hände und legte sie abwartend auf seine neue Schreibunterlage aus dickem Rindsleder.

»Wollen Sie den Männern nicht Bescheid sagen, was passiert ist?«, fragte Reuber erstaunt. Etwas mehr Mitgefühl würde er von einem Chef schon erwarten. Komisch, dass er so gelassen und kühl blieb.

»So, meinen Sie?« Unschlüssig blickte er auf seine Uhr. Und da er seine Runde sowieso nicht fertig spielen konnte, stand er auf, zog sich seine karierte Hose zurecht, inspizierte seine weißen Schuhe und unterdrückte nur mit Mühe den Reflex, einen Grasfleck wegzurubbeln. »Gehen wir rüber.«

Püppi schien die Unsicherheit von Hauser zu spüren und sie blickte ihr Herrchen erwartungsvoll an. Als niemand etwas sagte und er keine neuen Anweisungen bekam, trottete er mit seinem Hund als Nachhut hinüber ins Stüberl. Schlagartig wurde es still. Alle Augen richteten sich auf die drei Männer und den Hund, die in der Mitte des Raums stehen geblieben waren. Das Schweigen an den Tischen war wie eine unüberwindbare Mauer. Vor allem Buntmann galt sie und die Ablehnung war spürbar. Katherl schauerte, sie hätte jetzt gerne eine Tasse heißen Tee gehabt, um sich zu wärmen.

»Meine äh, verehrten äh, Herren …«, setzte Buntmann gerade seine Rede an, als die Schiffsglocke lautstark geschlagen wurde. Werner Hölzlmeier, der älteste Bootsführer, eigentlich schon längst in Rente, aber immer noch wie selbstverständlich Teil der Mannschaft, war aufgestanden und hatte die Glocke erklingen lassen. Buntmann zuckte zusammen und Püppi ließ ein Knurren hören. Glockengebimmel, noch dazu direkt über ihrem Kopf, konnte sie gar nicht leiden. Als der letzte Ton verklungen war, erhoben sich alle für eine Gedenkminute zu Ehren des Verstorbenen. Nur das Ticken der alten Wanduhr und das unruhige Scharren von Püppi waren zu hören. Verstohlen betrachtete Katherl die Gesichter der Männer. Sie sahen alle geschockt aus, bleich und betroffen. Alle – bis auf einen.

Der alte Hölzlmeier läutete abermals die Glocke und die Mannschaft setzte sich. »Meine Herren«, fing Buntmann erneut an. »Wie Sie sicher bereits gehört haben, muss die Königsseeschifffahrt einen tragischen Verlust beklagen. Heute wurde unser verehrter Kolleg Franz Bergdorfer tot im See gefunden.« Auf einmal wanderten alle Blicke zu Katherl und Wasti, der unruhig hin und her rutschte, während Katherl konzentriert auf Buntmann und Reuber schaute. »Es ist ein unglaublicher Verlust und unsere Gedanken sind bei der Familie des Toten.« Innerlich gratulierte er sich zu dieser prägnanten Formulierung. »Zur Todesursache wird Polizist äh …« Buntmann stockte, doch Reuber kam ihm mit seinem Namen nicht zu Hilfe, »… Genaueres sagen.«

»Heute Nachmittag haben wir den Franzl Bergdorfer aus dem See geborgen. Nach ersten polizeilichen Untersuchungen können wir sagen, dass es ein tragischer Unfall war.«

»Nein, es war kein Unfall.« Erstaunt drehten sich alle zu Katherl um, die aufgestanden und vorgetreten war. »Der Tod vom Franzl war kein tragischer Unfall, sondern ein kaltblütiger Mord.« Seltsamerweise spürte Katherl, dass die Nachricht die Männer noch mehr überraschte, da sie von der einzigen Frau im Raum kam. Das ließ ihre Behauptung noch ungeheuerlicher erscheinen.

Reuber zog die Augenbrauen hoch und sah Katherl an. Eigentlich wollte er ihren Auftritt als Reaktion eines hysterischen Weibsbildes auf den grausigen Fund hin einordnen, aber so wie Katherl im Raum stand, war nur allzu offensichtlich, dass sie weder geschockt noch hysterisch war, sondern alle ihre Sinne beisammen hatte.

»Franzl wurde ermordet«, fuhr sie fort. »Gestern Abend auf der Kronprinz Luitpold. Zwei Männer fuhren am Abend noch auf ihr über den See. Zwei Männer waren an Bord. Der Franz, dessen allerletzte Fahrt es war, und sein Mörder.« Stille. Alles hielt den Atem an. Katherl hatte mit einer solchen Autorität gesprochen, dass für den Moment keiner auf den Gedanken gekommen wäre, ihr zu widersprechen. Sie nutzte die Situation für sich und schob nach. »Und der zweite Mann, der Mörder, ist hier unter uns.« Streng schaute sie in die Runde. »Allerdings kenne ich ihn nicht.« Jetzt brach sich das Erstaunen und der Schreck Bahn und alle fingen an, durcheinanderzureden.

»Also, was soll das?«, rief einer.

»Unverschämtheit!«

»Narrisches Weibsbild!«

»Spinnst etzat?«

Ein neuerlicher Glockenschlag ließ die aufgebrachten Männer verstummen. Diesmal war es Katherl, die sich so wieder Gehör verschafft hat. »Ich habe gesagt, ich kenne den Mann nicht. Das stimmt. Aber ich weiß, wie er heißt.« Reuber war darauf vorbereitet, gleich zur Waffe greifen zu müssen, um die Frau vor den aufgebrachten Männern zu beschützen. Er sah sich schon zwei Warnschüsse in die Decke abgeben. Doch Katherl wartete nicht lange, eine zusätzliche Kunstpause wie in schlechten Krimis fand sie unpassend. Darum nannte sie geradeheraus ihren Verdacht. »Der zweite Mann auf der Kronprinz Luitpold und der Mörder von Franz Bergdorfer heißt Fritz Hellberger.«

»Red koan Scheiß!« Einer der Männer war aufgesprungen. Katherl war nicht überrascht, wer es war. Ihr Verdacht hatte sich bestätigt.

»Schmeißt Sie raus!« Fritz Hellberger stützte sich mit seinen zu Fäusten geballten Händen auf dem Tisch ab und beugte sich vor. Bedrohlich wirkte er, aber Katherl sah darin eher die Verteidigungshaltung eines Tieres, das sich aufplusterte, um seinen Gegner einzuschüchtern. Doch von so etwas, noch dazu von einem Mann, ließ sie sich sicher nicht beeindrucken.

»Du hast den Franzl umgebracht, weil er die Stelle bekommen hatte, die du für deinen Sohn gedacht hattest. Du wolltest deinem Sohn diesen schönen Arbeitsplatz durch einen Mord sichern.«

Die Unruhe bei den Männern wuchs. Sie konnten die Situation nicht einordnen, wussten nicht genau, was sie da gerade miterlebten. Katherl ließ sich nicht aus der Ruhe bringen und fand den bestürzten und gleichzeitig besorgten Blick von Wasti sehr rührend.

»Gestern hatten der Franzl und du die letzte Fahrt. Doch unter einem Vorwand, vielleicht hast du behauptet, dass noch jemand in Bartholomä zu holen sei, seid ihr beiden wieder hinausgefahren.«

»Lüge! So a ausgeschamte Lügnerin!«, ereiferte sich Hellberger.

»Keine Lüge. So war es. Auf dem See hast du dann den Franzl mit dem Trompetenkoffer bewusstlos geschlagen und ihn dann in das Wasser geworfen.«

»Was fantasiert die denn zusammen?« Der Angeklagte verschränkte seine Arme und kniff die Augen zusammen.

»Das sind schwere Vorwürfe«, schaltete sich der Polizeiwachtmeister ein. »Hier einfach jemanden beschuldigen, da können Sie sich strafbar machen.«

»Herr Wachtmeister, Sie werden sehen, dass ich recht habe. Wichtig wäre es, wenn die Polizei den Trompetenkoffer aus dem Spind von Fritz Hellberger sicherstellen würde. Daran wird man das Blut vom Franzl finden.«

Ein überhebliches Grinsen von Hellberger überzog sein Gesicht.

»Sie meinen also«, reagierte Katherl darauf, »es reicht, den Trompetenkoffer einfach im Königssee etwas sauber zu machen? Ich befürchte, da machen Sie sich falsche Hoffnungen. So ein schwarzer Instrumentenkoffer ist leicht gerippt, da bleiben Blutspuren hängen, die man leicht für einen DNA-Test verwenden kann. Nur mit Wasser gehen die nicht weg. Oder haben Sie ihn mit einem scharfen Putzmittel gereinigt?« Abwartend schaute sie Hellberger an, der nach wie vor die Arme verschränkt hatte. Aber Katherl sah, dass er sein Gewicht von einem Bein auf das andere verlagerte. »Haben Sie nicht. Denn nach dem Mord hatten Sie es eilig. So eilig, dass Sie den Trompetenkoffer nicht im Franzl seinen Spind gestellt hatten, obwohl er offen war, sondern in den Ihrigen. So eilig hatten Sie es, vom Tatort wegzukommen, dass Sie den Schrank einfach zugeknallt haben, der aber wieder aufsprang und jetzt noch sperrangelweit offen steht. Aber wäre Franzl ganz normal nach seinem Dienst zurückgekommen, hätte er doch seine Trompete in seinen eigenen Spind getan, oder? Aus welchem Grund sollte er ihn in den Ihrigen tun? Das war Ihr Fehler.«

»Der Franzl hatte mich darum gebeten!«

»So, hat er das? Aber warum sollte er Sie darum bitten? Laut Dienstplan haben Sie nächste Woche keine gemeinsamen Dienste mehr. Er brauchte aber die Trompete, die ihm nichts half, wenn Sie in Ihrem Spind ist und die Möglichkeit besteht, dass Sie ihn absperren.«

Hellberger schwieg und auch sonst sprach keiner ein Wort. In die Stille hinein hörte man die Tapser von Püppis Pfoten auf dem Fliesenboden. Hauser erschien in der Tür, den besagten Trompetenkoffer in der Hand. »Chef«, sagte er, »hier unten klebt tatsächlich etwas. Ob es Blut ist, muss der Laborbefund zeigen.«

»Das wird er«, war sich Katherl sicher. »Meine Herren, ein Opfer und ein Mörder, das reicht mir für einen Tag.« Mit einem graziösen Kopfnicken verabschiedete sie sich, sah sich nach Wasti um, der sogleich aufsprang, und schritt hinaus.

Beide blinzelten in die Sonne, als sie aus dem Gebäude traten.

»Schade, dass der schöne Tag so enden musste.« Wasti vergrub seine Hände in seinen Hosentaschen. An der Seelände blieben sie stehen und blickten zurück. Links lagen die Bootshäuser, vor ihnen die Insel Christlieger und rechts zog sich die **Kunsteisbahn** 11 den Fuß des Grünsteins entlang.

»Irgendwie kann ich ihn ja verstehen«, meinte Katherl mit Blick auf den Königssee, »hier ist es so schön, dass man für diesen Arbeitsplatz wirklich morden könnte.«

1 Die Kirche **St. Bartholomä** mit ihrem roten Kuppeldach und den beiden Zwiebeltürmen ist weltberühmt. Malerisch liegt sie auf der Halbinsel Hirschau und ist ein jahrhundertalter Wallfahrtsort. Im angrenzenden Biergarten sitzt man gemütlich unter Kastanien.

2 Wie ein Fjord liegt der **Königssee** eingebettet in die beeindruckende Bergwelt, allen voran der Watzmann Ostwand. Sein Namen geht vermutlich auf einen Kuno zurück, der in alten Urkunden erwähnt wird. Die Königsseeschifffahrt ist seit 1909 elektrisch.

3 Eine der schönsten Ausblicke auf den Königssee genießt man von der **Archenkanzel** aus. Der 1346 Meter hoch gelegene Aussichtspunkt ist auch für Mountainbiker erreichbar.

4 Ein bequemer Forstweg führt zur **Kühroint Schutzhütte**, die im Sommer bewirtschaftet ist. Dort befindet sich auch eine Informationsstelle des Nationalparks Berchtesgaden. Gegenüber der Hütte steht die Bergopfer-Gedenkkapelle St. Bernhard. In ihr wird den über 1.000 Menschen gedacht, die entweder ihren Tod in den Berchtesgadener Bergen oder, aus dem Landkreis stammend, in den Bergen der Welt gefunden haben.

5 Am Ostufer des Königssees stürzt der **Königsbach-Wasserfall** über mehrere Fallstufen 200 Meter in die Tiefe. Seine tiefen Gumpen sind wie natürliche Bade-

wannen. Im Sommer ist er ein beliebter Liegeplatz. Allerdings ist er nicht ganz leicht und nur über einen schmalen Uferweg zu erreichen.

6 Auch für nicht bergerfahrene Menschen ist der **Malerwinkl-Rundweg** am Königssee geeignet. Er führt zunächst zum Malerwinkl, der einen schönen Ausblick über den See bis nach St. Bartholomä bietet. Der einstündige Rundweg führt zurück zum Parkplatz Königssee. Den kurzen beschilderten Abstecher zur Rabenwand sollte man unbedingt machen, denn der dortige Ausblick ist fast noch schöner.

7 An den Königssee schließt sich der **Obersee**, in dessen glatte Wasseroberfläche sich die Felswände eindrucksvoll spiegeln. Für Fotografen ein Muss! Ein Steig führt hinüber zur Fischunkelalm.

8 Etwas oberhalb des Obersees liegt der **Röthbachfall**. Mit einer Fallhöhe von fast 470 Metern ist er der höchste Wasserfall Deutschlands. Seine Alleinlage mitten in der Wildnis macht ihn zu etwas Besonderem und selbst im Sommer ist er nicht von Touristen überlaufen.

9 Im Steinernen Meer liegt der 1.601 Meter hoch gelegene **Funtensee**, der aufgrund seiner exponierten Lage als kältester Ort Deutschlands bekannt geworden ist. Übernachtungsmöglichkeit bietet das Kärlingerhaus, von dem viele interessante Tagesbergtouren aus möglich sind.

10 Die **Enzianbrennerei Grassl** ist die älteste Deutschlands. Noch heute werden auf den Almen die Enzianwurzeln per Hand ausgegraben, zu Fuß zu einer der drei Brennhütten gebracht und dort zu Schnaps gebrannt. Die Haupt-Brennerei mit Besucherbesichtigung befindet sich in der Unterau in Berchtesgaden.

11 An der **Kunsteisbahn** am Königssee werden nationale und internationale Wettkämpfe im Rennrodeln, Bob und Skeleton ausgetragen. Mit dem Rennbob-Taxi können auch Gäste einmal mit einem Original-Bob mit 120 Stundenkilometern den Eiskanal hinuntersausen. Körperliche Fitness und Mut muss man allerdings mitbringen.

TODESKUR

Aus der Tiefe seiner Brust stieg ein Röcheln nach oben. Ein feuchtes, schleimiges Röcheln, das sich nicht gesund anhörte. Ganz und gar nicht gesund. Luft! Wenn er nur atmen könnte. Der Hustenreiz wurde unerträglich. Mit weit aufgerissenen Augen schnappte er nach Luft. Doch das bisschen, was er in seine Lungen pressen konnte, brannte wie Feuer. Das löste einen weiteren Hustenanfall aus. Sein ganzer Körper krümmte sich, zuckte unter den Krämpfen und in seinem Mund breitete sich ein fauliger Geschmack aus. Dann war es vorbei, und er sackte zusammen.

»Mei, Wasti, du hast ja einen Mordskatharr!« Katherl stand neben Wastis Bett und schaute besorgt auf ihren Freund. »Das hört sich ja schrecklich an. Warte, ich mache dir einen heißen Tee.« So lausig beieinander hatte sie ihn noch nie gesehen. In der Küche setzte sie Wasser auf den Herd, suchte in den Schränken nach einer Tasse und einem Teebeutel. Erst im hintersten Winkel fand sie ein Probepackerl Früchtetee, das schon zwei Jahre abgelaufen war, aber das würde schon nichts machen, entschied Katherl. Sie goss den Tee auf und während er zog, schürte sie den Ofen im Wohnzimmer ein, schüttelte die Sofakissen auf und legte dann noch einmal ordentlich Holz nach.

»Wasti, jetzt stehst du auf und legst dich in die warme Stube.« Doch Wasti blieb bis zur Nasenspitze zugedeckt liegen. »Geh rüber, dann kann ich hier einmal Lüften und das Bett frisch machen.« Keine Reaktion. »Ja sag mal Wasti, was stellst du dich denn so an?« Fast hätte sie ihm die Decke weggerissen, aber das schien selbst ihr zu brutal.

»Bademantel«, kam es heiser aus dem Bett. Katherl blickte sich um, sah aber keinen.

»Hinter der Tür.« Wasti konnte nur noch krächzen. Katherl fand den rot-schwarz karierten Bademantel, reichte ihn mit einer Hand, während sie sich dabei anstandsvoll wegdrehte. Das Bettzeug raschelte, Wasti ächzte und stand dann auf wackligen Beinen neben ihr.

»Mei, du schaugst ja richtig zusammengerissen aus.« Wie ein Häufchen Elend sah er aus, mit eingefallenen Wangen, der Bademantel schlotterte um seinen dünnen Körper und zwei weiße Beine kamen aus den viel zu kurzen Schlafanzughosen heraus, die in zwei alten Hausschuhen steckten. Plötzlich herrschte eine peinliche Stille zwischen ihnen. So weit in den privaten Bereich waren sie noch nie vorgedrungen. Zu Weihnachten bekommt er neue Hausschuhe und einen neuen Schlafanzug, entschied Katherl. Auch einen neuen Bademantel, denn der sah schon sehr fadenscheinig aus. Wahrscheinlich hatte Wasti den bereits auf seinen Ministrantenfreizeiten dabei gehabt. Katherl hakte ihn unter und führte ihn ins Wohnzimmer, das inzwischen schön warm war. Vorsichtig ließ sich Wasti auf seinem Sofa nieder. Bei den Füßen half Katherl nach und deckte ihn dann gut zu.

»Hier ist dein Tee. Trinke ihn in kleinen Schlücken. Leider habe ich keinen Honig gefunden, musst ihn halt so trinken.« Wasti äugte in die Tasse. Leicht rötlich war das Wasser, mehr hatte der Teebeutel nicht hergegeben. Als ein neuerlicher Hustenkrampf sich ankündigte, rettete Katherl in letzter Minute den Tee.

»Warum hast du mir nicht eher Bescheid gesagt, dass du so schlecht beieinander bist. Dann wäre ich schon viel eher gekommen.« Mit einem Husterer musste sie sich als Antwort zufrieden geben. Das Prasseln des Feuers im Kachelofen hatte eine beruhigende Wirkung, und Wasti konnte schließlich in Ruhe seinen Tee unter dem wachsamen Auge Katherls schlürfen. Als er sich in die Kissen zurücksinken ließ, ging Katherl ins Schlafzimmer hinüber. Sie war noch nie vorher hier gewesen, auch nur überhaupt selten in seinem Haus. Wasti war im Grunde ein sehr ordentlicher Witwer und selbst die letzten Tage hatte er versucht, aufzuräumen. Allein wegen der Möglichkeit, dass Katherl vorbeischauen könnte. Darum hatte er sie auch nicht angerufen, denn er hatte nicht gewollt, dass sie ihn krank und hilflos sah. Denn ein wenig eitel war er schon, vor allem wenn es sich um Katherl und vor allem um seinen Eindruck auf sie drehte. Als sie heute anrief, um sich nach ihm zu erkundigen, weil sie fast schon eine Woche nichts mehr von ihm gehört hatte, konnte er seine Erkältung nicht länger verheimlichen, denn die Hälfte des Telefonats hatte er nur gehustet. Keine Viertelstunde später stand Katherl neben seinem Bett. Da hatte er sich etwas geschämt. In diesem erbärmlichen Zustand hätte sie ihn eigentlich nicht sehen sollen. Krank, bettlägerig, mit einem viel zu kurzen Schlafanzug. Andererseits genoss er es, von ihr bemuttert zu werden. Und wie er so auf dem Sofa lag, musste er zugeben, dass ihm ihre Aufmerksamkeit gefiel.

Wasti lauschte auf das Knacken des Holzes im Ofen und hörte, wie Katherl sich in der Küche zu schaffen machte. Beides Geräusche, die ganz angenehm waren. Langsam fielen ihm die Augen zu und er döste so lange, bis wieder der lästige Hustenreiz kam.

»Gleich gibt es eine heiße Suppe.« Katherl stand in der Tür mit einem Kochlöffel in der Hand. »Viel hattest du ja nicht im Haus, aber für eine Gemüsesuppe hat es gelangt.« Katherl schaute Wasti an, der die Augenbrauen zusammenzog. »Wos schaugst so?«

»Nix.« Aber es war nix nix, es war sehr viel, denn wie Katherl so in der Tür stand, mit seiner Küchenschürze umgebunden, die noch seiner Mutter gehört hatte, wärmte ihn der Anblick mehr, als Tee oder Suppe es vermocht hätten. Als sie ihm den Teller mit Suppe brachte, hätte nicht viel gefehlt, und sie hätte ihn gefüttert. Zusehends ging es Wasti besser. Die heiße Suppe hatte wieder etwas Farbe in sein Gesicht gebracht. Satt und zufrieden sank er in seine Kissen. Währenddessen spülte Katherl ab, wischte dabei noch schnell durch und räumte etwas auf.

»So, Wasti«, sagte sie, als sie fertig war, »jetzt kannst du dich ins Bett legen und morgen schaue ich wieder nach dir.« Gehorsam rappelte er sich auf. Er fühlte sich schon viel besser. Katherl stopfte die Decke unter ihm fest und wünschte ihm eine gute Besserung. »Bis morgen!« An der Haustür blieb sie noch einmal stehen und lauschte. Ein gleichmäßiges Schnarchen kam aus dem Schlafzimmer. Beruhigt zog Katherl die Tür hinter sich zu.

Bei der guten Pflege ging es Wasti nach ein paar Tagen zusehends besser. Nach seinem Geschmack fast zu schnell kam er wieder auf die Beine. Man konnte sich schon daran gewöhnen, so liebevoll umsorgt zu werden. Als Witwer, der seit vier Jahren allein wohnte, stellte die fürsorgliche Pflege von Katherl eine angenehme Abwechslung da. Allein der Husten wollte nicht besser werden. Als Katherl alle ihr bekannten Hausmittel ausprobiert hatte und der Husten hartnäckig blieb, entschied sie am Mittwochmorgen: »Wir fahren nach Bad Reichenhall! Im Kurhaus kann man mit warmer Sole gurgeln. Das soll sehr gut bei solch einem Husten sein.«

Katherl packte Wasti kurzerhand in ihr Auto. Es war das erste Mal seit zwei Wochen, dass Wasti draußen an der frischen Luft war. Für jemanden, der sein Leben lang im Wald gearbeitet hatte, tat das gut. Tief sog er die Bergluft ein, was er aber besser nicht getan hätte, denn so viel frische Luft waren seine Lungen nicht mehr gewöhnt und er musste furchtbar husten.

Auf den Berggipfeln hatte es das erste Mal geschneit. Bis zum Watzmannhaus lag Schnee. Klar und weiß strahlte es in das herbstlich gefärbte Tal. Noch hatte es keinen Nachtfrost gegeben, trotzdem hatten schon viele Hausbesitzer ihre üppigen Balkonblumen auf dem Kompost entsorgt. Im Oktober war Schluss für die Geranien, und wenn sie noch so schön aussahen. Alles hatte seine Zeit im Talkessel und für die Geranien war diese nun vorbei. Viele ließen sie erst austrocknen, damit sich die Wurzelballen besser aus den **Balkonkästen aus wetterbeständigem Lärchenholz** 12 herausnehmen ließen. Eigentlich eine Schande, denn was die Balkonblumen anbelangte, da machte den Berchtesgadenern keiner so schnell etwas vor. Katherl überwinterte ihre dunkelroten Geranien, die im Sommer in großen Töpfen vor dem Haus standen, im Keller. Nur die hängenden Geranien vom Balkon, die sogenannten »Franzosen« entsorgte sie im Herbst. Früher hatte sie auch Fuchsien gehabt, aber die bedurften einer intensiven Pflege und waren für allerlei Krankheiten anfällig, gegen die man spritzen musste, dass sie sie schließlich der

Nachbarin geschenkt hatte. In manchen Bauernhäusern gab es Fuchsienstöcke, die waren schon über 40 Jahre alt.

Katherl fuhr mit Wasti auf dem Beifahrersitz in Richtung Bad Reichenhall. Sie hatten **Bischofswiesen** 13 hinter sich gelassen und fuhren nun den **Hallthurmer Berg** 14 hinunter. Auf halber Strecke des kurvigen Berges, der wegen der vielen Unfälle, die passiert waren, nur mehr mit 50 Stundenkilometer befahren werden durfte, stand die Wegmacherkapelle. Als sie gebaut worden war, hatte sie für Schlagzeilen gesorgt, da für ihren Bau Adneter Marmor vom Platterhof vom **Obersalzberg** 15, der im Dritten Reich Führersperrgebiet gewesen war, verwendet worden war. Steine sind Steine, fand Katherl und sie fand es richtig, dass die Steine, die jahrelang auf einem Bauhof herumgelegen waren, vernünftig wiederverwendet wurden.

In Bad Reichenhall bogen sie vor der **Spielbank** 16 rechts in die Kurstraße ein. Katherl fand einen Parkplatz nicht weit vom **Königlichen Kurgarten** 17. Die prächtigen Parkbäume zeigten sich von ihrer schönsten Herbstfärbung. Auf den weiß gestrichenen Bänken saßen die Kurgäste und genossen den schönen Tag. Der Konzertpavillon, in dem die **Reichenhaller Philharmonie** 18 bei schönem Wetter ihre Kurkonzerte gab, war schon ein wenig in die Jahre gekommen, aber das steigerte eher noch seinen Charme, erinnerte er doch an den früheren glanzvollen Kurbetrieb. Im Kurgarten fühlte sich Katherl immer in der Zeit zurückgesetzt. Aus der Konzertrotunde drang Musik. Die Philharmoniker übten wohl gerade. Links lag der beeindruckende Bau des **Gradierwerkes** 19, aber Katherl strebte den Eingang des Kurhauses an. Die Soleluft inhalieren würden sie später, erst musste sich der ganze Schleim in Wastis Hals lösen. Ein paar Stufen führten hinauf zur Wandelhalle. Das Wort gefiel Katherl. Heute hatte niemand mehr Zeit zum Wandeln. Alles musste schnell gehen. »Wandelhalle« erinnerte sie an Frauen in Reifröcken und Rüschenblusen, denen Männern in Gehrock und gezwirbeltem Schnurrbart den Hof machten. Erst musste Wasti Gurgeln und dann könnten sie vielleicht zusammen etwas wandeln, so sah ihr Plan aus. In der Mitte des hohen achteckigen Raumes stand der Solebrunnen, ebenfalls aus dem roten Adneter Marmor, der auf der Salzburger Seite abgebaut wurde. Aus seinen Hähnen aus Messing flossen die unterschiedlich gesättigten Solen. Grimmig dreinschauende Untersbergmandln zierten die Hähne. Auf der linken Seite gab es eine große Theke, an der weiße Plastikbecher verkauft wurden. Katherl gab der freundlichen Thekenkraft 50 Cent und bekam dafür einen Becher.

»Die warme Sole ist zum Gurgeln an besten geeignet«, sagte die Thekenkraft auf deren Namensschild »Maria Schwarzer« stand.

»Danke Ihnen, Frau Schwarzer. Mein Bekannter hat so einen lästigen Husten, der will und will nicht weggehen.«

»Dann ist das Gurgeln genau das Richtige, sie werden sehen«, war Frau Schwarzer zuversichtlich. Katherl führte Wasti zu dem entsprechenden Hahn. Er hielt den Becher darunter und füllte ihn mit der Sole. Katherl streichelte dem Untersbergmandl über sein zerfurchtes Gesicht. »Mit denen ist sicher nicht zu spaßen. Kein Wunder, dass man früher Angst vor ihnen hatte.«

»Und was soll ich jetzt machen? Soll ich die Sole trinken?« Unschlüssig stand Wasti da.

»Nein, gurgeln sollst du. Dort drüben ist der Gurgelraum.« In dem konnte man an Waschbecken, ohne von der Wandelhalle aus gesehen zu werden, in Ruhe gurgeln, was naturgemäß nicht sehr appetitlich war. Wasti hätte es besser gefallen, im Bett zu liegen und weiter von Katherl gepflegt zu werden, stattdessen stand er mit einem Plastikbecher voll lauwarmer Sole inmitten der durchwegs alten und kranken Kurgäste und sollte gurgeln. Gut, er war auch nicht mehr der Jüngste und krank war er auch, aber mit den Kurgästen wollte er nicht verglichen werden. Er fühlte sich noch viel jünger. Spötter nannten Bad Reichenhall oft »Bad Leichenhall« wegen des Altersdurchschnittes der Gäste.

Aber als Katherl auffordernd auf ein leeres Waschbecken zeigte, fügte er sich in sein Schicksal und ging hin. Nebenan stand ein älterer Herr, doppelt so alt wie er, hätte Wasti gesagt, wenn man ihn gefragt hätte, mit ebenso einem Plastikbecher und gurgelte gerade. Die Sole roch salzig und Wasti hatte Angst, dass sie in seinem wunden Hals brennen würde. Katherls auffordernden Blick im Rücken setzte er den Becher an und wollte gerade vorsichtig einen Schluck nehmen, als der Mann neben ihm zu gurgeln anfing. Schön hörte sich das nicht an und Wasti ließ die Hand wieder sinken.

»Nur zu, das tut dir gut«, kam die Aufforderung von Katherl, die herangetreten war, als ob sie gewusst hätte, dass Wasti von der Heilwirkung nicht recht überzeugt war. Also hob er wieder den Becher, blickte in den über das Waschbecken angebrachten Spiegel, sah sein fahles Gesicht und das aufmunternde Nicken von Katherl und fügte sich in sein Schicksal. Das Röcheln von dem Mann neben ihn ließ ihn den Becher erneut senken. Doch Katherl schien das diesmal nicht zu stören, denn auch sie schaute irritiert, wie der Mann die Sole ausspuckte und nach Luft rang. Der Plastikbecher fiel ihm aus der Hand und klapperte zu Boden. Mit beiden Händen hielt er sich am Waschbecken fest. Die Geräusche, die er machte, hörten sich gar nicht nach Gurgeln an, sondern es war vielmehr ein Ziehen tief aus der Lunge nach Luft.

»Ist alles in Ordnung?« Katherl trat einen Schritt auf ihn zu. Der Mann drehte sich ihr zu und es war offensichtlich, dass mit ihm gar nichts in Ordnung war. Sein Gesicht war blau angelaufen und um seinen Mund traten kleine weiße Schaumblasen, die ein schmatzendes Geräusch verursachten, da der Mund des Mannes auf und zu ging wie bei einem Fisch an Land.

»Schnell, Wasti, ruf Hilfe. Vorne an der Theke sollen sie den Notarzt anrufen.«

Wasti ließ seinen Becher ins Waschbecken fallen und rannte los. Der Mann hatte sich jetzt ganz zu Katherl umgedreht und tastete mit einer Hand nach ihrem Arm. Mit überraschend festem Griff krallte er sich an ihr fest. Das Wort »Luft« schienen seine Lippen zu formen, doch er brachte keinen Ton heraus. Mit aller Kraft versuchte er, Luft zu bekommen. Er nestelte an seinem oberen Hemdknopf herum, der aber weit offen stand. Das Blau seines Gesichtes war zu einem Violett gewechselt, das Katherl an eine Dirndlschürze erinnerte, die sie einmal besessen hatte und auf die sie mächtig stolz gewesen war. Für den Bruchteil einer Sekunde überlegte sie, ob die Schürze wohl noch oben auf dem Dachboden hing. Seltsam, welche Kapriolen das Gehirn unter Stress schlug. Katherl konnte den Mann kaum mehr halten. Mit seinem ganzen Gewicht hing er an ihr und langsam sackten seine Beine weg. Sein aufgerissener Mund schnappte noch ein paar Mal, dann verdrehte der Mann die Augen und Katherl konnte ihn nicht länger halten. Seine Hand löste sich von ihrer und er rutschte auf den Fliesenboden hinunter und blieb liegen. Katherl kniete sich hin und beugte sich über ihn. »Der Arzt kommt gleich«, sagte sie beruhigend. Doch das hörte der Mann schon nicht mehr.

Als Wasti zurückkam, hatte Katherl mit der Herzdruckmassage angefangen. Auch wenn ihr bewusst war, dass kaum mehr Hoffnung bestand. Das spürte man, von Mensch zu Mensch. Trotzdem versuchte sie es.

»Der Notarzt ist verständigt«, berichtete Wasti und kniete sich auf der anderen Seite nieder und löste Katherl ab. Die Thekenkraft kam ebenfalls hinzu und Frau Schwarzer löste wiederum Wasti ab. So eine Herzdruckmassage war unheimlich anstrengend. Katherl spürte den Schweiß, der ihr den Rücken hinunterlief. Dann waren Sanitäter da und ein Notarzt, der aber schließlich nur noch den Tod des Mannes feststellen konnte.

Ein fürsorglicher Sanitäter prüfte Katherls Blutdruck und untersuchte sie auf Anzeichen von Schock. Katherl ließ ihn gewähren. Sie fühlte sich nur etwas erschöpft. Der junge Mann half ihr hoch und setzte sie auf einen der weißen Stühle in der Wandelhalle.

»Jetzt bist du um das Gurgeln herumgekommen«, meinte sie zu Wasti, der neben ihr saß.

»Ich glaube, vor lauter Schock ist der Husten verschwunden.«

Frau Schwarzer trat aus dem Gurgelraum und kam auf sie zu.

»Darf ich mich etwas neben Sie setzen?« fragte sie. »Ich bin noch ganz mitgenommen.« Wasti rückte ihr einen Stuhl zurecht. »Der arme Herr Franke.«

»Sie kannten den Mann?«, wollte Katherl wissen. »Ja, das war Norbert Franke, ein Stammgast seit vielen Jahren. Zwei Mal im Jahr kam er zum Kuren nach Bad Reichenhall. Bis letztes Jahr Speiseröhrenkrebs bei ihm festgestellt worden war. Da kam er dann nicht mehr. Doch jetzt wollte er ein letztes Mal in seinem geliebten Bad Reichenhall noch zwei Wochen verbringen. Er wollte einfach all das machen wie früher und was ihm immer so gutgetan hatte. Ein paar Massagen und am Nachmittag im **Café Reber** 20 einen Florentiner Becher essen.«

»Also kam sein Tod nicht überraschend?«

»Ganz und gar nicht. Er hatte sozusagen darauf gewartet. Trotzdem ist es furchtbar. Der Herr Franke war so ein netter Mensch.«

Fast vertraut saßen die drei zusammen. So ein Ereignis schuf eine gewisse Gemeinsamkeit. Um sie herum schien kaum jemand von dem Todesfall etwas mitbekommen zu haben. Der Tod wurde in der Kurstadt immer sehr diskret behandelt. Darum wurde der tote Herr Franke auch nicht von einem Beerdigungsinstitut abgeholt. Die Kurdirektion hatte die Sanitäter beauftragt, den Leichnam in einem solchen Fall auf der Krankentrage hinauszufahren. Das machte weniger Aufsehen.

»Ich glaube, ich muss ein paar Schritte gehen.« Katherl stand auf.

»Ich komme mit«, sagte Wasti und nahm fürsorglich ihren Arm.

»Und ich muss mich auch verabschieden, die Arbeit ruft. Meine Kollegin hätte längst Mittagspause. Aber wenn so etwas dazwischenkommt, hilft man natürlich.« Frau Schwarzer verabschiedete sich und ging auf ihren Platz hinter der Theke. Ihre junge Kollegin hüpfte eilend hinaus.

Langsam schlenderten Katherl und Wasti das Gradierwerk entlang. Auf der anderen Seite des lang gezogenen schindelgedeckten Gebäudes stand nach wie vor der Krankenwagen. Ein Sanitäter erkannte sie und erkundigte sich noch einmal, ob mit ihnen alles in Ordnung war.

»Bei den leisesten Anzeichen eines Schocks fahren wir ins Krankenhaus«, versicherte Katherl. »Übrigens, woran ist Herr Franke denn gestorben?«

»Wahrscheinlich an einem Herzversagen.«

»Nicht an seinem Krebs?«

Der Sanitäter schüttelte den Kopf. »Also von Krebs hat der Notarzt nichts gesagt. Sein Herz hat einfach aufgehört zu schlagen. Nur dass er keine Luft bekommen hatte, ist ungewöhnlich. Aber vielleicht ist das ja ein Nebeneffekt von der Chemotherapie gewesen.«

»Vermutlich«, meinte Katherl. »Er soll Speiseröhrenkrebs gehabt haben«, hakte sie nach. »Ist das Gurgeln mit Sole hilfreich?«

»Bei Speiseröhrenkrebs im fortgeschrittenen Stadium können sie machen was sie wollen, helfen tut da nichts mehr.«

»Wahrscheinlich nicht. Da haben Sie recht.« Katherl bedankte sich. Zu Wasti gewandt sagte sie: »Lass uns auch fahren. Du gehörst dringend ins Bett, sonst wird dein Husten noch schlimmer, und Gurgeln will ich dich auch nicht mehr lassen.« Vorher fuhren sie in **St. Zeno** 21 vorbei, dort wollte sie eine Kerze für den verstorbenen Franke anzünden.

Als sie an der **Alten Saline** 22 vorbeigefahren waren, zeigte Wasti nach oben. »Schau, die **Predigtstuhlbahn** 23. Wenn ich wieder ganz gesund bin, fahren wir nach oben und kehren im Restaurant ein. Als Dankeschön für deine Krankenbetreuung.«

»Das hört sich gut an. Also sieh zu, dass du schnell wieder auf die Beine kommst.«

Tatsächlich, eine knappe Woche später löste Wasti sein Versprechen ein. Bei Kaffee und Kuchen saßen sie in bunte Decken gewickelt auf der 1.583 Metern hoch gelegenem Restaurant und genossen den Ausblick auf die Chiemgauer Alpen. Das original erhaltene Ambiente aus den 50er-Jahren erinnerte beide an ihre Jugend, was sie einerseits alt, aber andererseits auch gleichzeitig jung fühlen ließ. Der Blick über das herbstliche Bad Reichenhall war famos und der Hochstaufen erhob sich klar vor ihnen.

»Dort hinten ist der **Thumsee** 24.« Wasti deutete in die Richtung. »Den siehst du aber nicht. Den See mit dem braunen Wasser dort drüben, das ist der Saalachsee.« Wasti spielte den Fremdenführer. »Dort hinten siehst du Salzburg.«

»Der Gaisberg ist der mit der Antenne drauf, oder?«, wollte Katherl wissen. Sie wusste es zwar selber, aber ihr gefiel Wasti in seiner fürsorglichen Rolle.

»So ist es.« Wasti strahlte. Nach einiger Zeit sprang er auf. »Wollen wir noch ein Stück spazieren gehen, die Gipfelrunde machen?« Seitdem er wieder genesen war, strotzte er nur so vor Tatendrang.

»Danke, aber ich will lieber hier in der Sonne sitzen und ihre letzten warmen Strahlen genießen. Geh du ruhig allein!«

Nachdem Wasti sich vergewissert hatte, dass Katherl gut versorgt war, legte er ihr noch das Reichenhaller Tagblatt auf den Tisch, damit sie was zu lesen hatte. Mit energischen Schritten strebte er dem nicht weit entfernten Gipfel zu. Katherl genoss die Ruhe, das Murmeln der Gespräche um sie herum und das Klappern der Tassen und Kuchengabeln. Weil es gerade so schön war, bestellte sie sich noch einen Kaffee. Die freundliche Bedienung stellte die Tasse auf die rot-weiß karierte Tischdecke und räumte das restliche Geschirr ab. »Brauchen Sie die Zeitung noch?«, wandte sie sich an Katherl.

»Ja bitte, mal sehen, was in Reichenhall so alles passiert.«

»Normalerweise nicht viel«, meinte die junge Frau.

Einen Kaffee und dazu die Zeitung, das war ganz nach Katherls Geschmack. Von der Weltpolitik über die Seite mit den Meldungen aus Bayern arbeitete sie sich zu den Lokalnachrichten vor. Ärger im Stadtrat und Diskussionen um einen Hotelneubau in der Stadt. Ehrungen bei den Schützen und Herbstfest in der Grundschule. »Tod im Kurhaus« lautete eine Überschrift auf eine der hinteren Seiten. Na, die sind ja spät dran mit der Nachricht über Herrn Frankes Tod. Der war schon über eine Woche her. Aber so Lokalblätter waren nicht immer die Schnellsten. Der Artikel beschrieb den tragischen Vorfall, allerdings war darin von einer Frau die Rede und auch das Datum stimmte nicht. Laut Artikel brach die Frau vor zwei Tagen im Gurgelraum tot zusammen. Katherl ließ die Zeitung sinken. Dass nicht alles in der Zeitung stimmen muss, ist verständlich. Manchmal passierten Fehler, aber zwei derartig gravierende, das war seltsam. Katherl schaute noch einmal nach. Noch dazu, wo der Artikel laut Kürzel direkt von der Polizeiinspektion Bad Reichenhall stammte. Es konnte also nicht an der Unachtsamkeit eines Redakteurs liegen. Das konnte nur das bedeuten, was dort stand. Es gab innerhalb fast einer Woche einen zweiten Todesfall im Gurgelraum. Da machte der Name »Leichenhall« doch wirklich Sinn.

Katherl ließ endgültig die Zeitung sinken und starrte angestrengt über die grün gestrichene Brüstung in die Ferne. Sie merkte nicht einmal, wie ihr die Zeitung ganz aus den Händen rutschte. Vor ihr ragte am anderen Ende des Tals der breite Hochstaufen auf. Links daneben der etwas höhere Gipfel des Zwiesels und dazwischen der Mittelstaufen. Drei kleine weiße Wolken standen direkt über den drei Gipfeln. Jede Wolke war einem Gipfel zugeordnet. Als ob eine höhere Macht das absichtlich so arrangiert hätte. Ein Gipfel, eine Wolke …

Katherl betrachtete das Schauspiel. Zuordnung. Auf dieses Wort konzentrierten sich ihre Gedanken. Eine weiße Wolke, ein Gipfel. So einfach war das. Zuordnung. Katherl sprang auf. Sie konnte nicht länger ruhig sitzen bleiben. »Kellnerin, zahlen bitte!«, rief sie aus. Etwas, das sie unter normalen Umständen sicher nie getan hätte. Aber mit einem Mal wurde es ihr ganz heiß und die Hitze stammte aber nicht von der Sonne, sondern von ihrer Einsicht und von der Aussicht auf das, was noch passieren könnte.

»Das stimmt schon so«, sagte sie und drückte der Kellnerin 25 Euro in die Hand. Sie stürmte durch das Bergrestaurant und trat aus dem Haus. »Wo denn nur Wasti blieb? Hoffentlich war er nicht in der **Schlegelmulde** 25 eingekehrt. Der Weg zum Gipfel war als Rundweg angelegt. Daher machte es keinen Sinn, Wasti entgegenzugehen. Drei weiße Wolken, drei weiße Plastikbecher. An mehr konnte sie nicht denken und das Warten machte sie schier verrückt. Endlich sah sie Wasti gemütlich daherspazieren. Aufgeregt winkte sie ihm zu. Sofort beschleunigte er seinen Schritt, lief die letzten 50 Meter auf sie zu. »Was ist passiert, stimmt etwas mit dir nicht?«, rief er besorgt aus.

»Nein, mit mir ist alles wunderbar«, beruhigte sie ihn. »Aber komm schnell, wir müssen einen dritten Mord verhindern!«

Die rote Gondel der Predigtstuhlbahn schien ewig zu brauchen. Um die Uhrzeit wollten einige Ausflügler ins Tal und so standen sie dicht an dicht. Beunruhigt schaute

Wasti Katherl an, doch mehr hatte sie nicht sagen können. »Unten dann«, meinte sie nur. Vor so vielen Zuhörern in der Gondel wollte sie ihren Verdacht nicht äußern. Endlich ruckelte an ihrem alten Stahlseil in die Talstation. Auf dem Weg zum Auto, den Katherl im Sauseschritt zurücklegte, mit flatternden Rock und wippenden Gretelzöpfen, informierte sie Wasti über ihren Verdacht. Der verstand nur »weiße Wolken« und »drei Plastikbecher« und »Mord« und konnte sich darauf keinen Reim machen. Katherl drängte ihn, schneller zu machen. Was Wasti nervös und sie ungeduldig werden ließ. Kurzerhand riss sie ihm die Autoschlüssel aus der zittrigen Hand, sperrte auf, Wasti blieb gerade noch Zeit, die Beifahrertür aufzureißen und hineinzuspringen, und schon brauste Katherl mit Vollgas vom Parkplatz. Wasti krallte sich fest.

Die kurze Strecke bis zum Kurgarten schafften sie in Rekordzeit. Kreidebleich stieg Wasti aus, von der gesunden Gesichtsfarbe, die er wiedererlangt hatte, war nichts mehr zu sehen.

»Katherl, wenn du so fährst, wird tatsächlich jemand getötet werden. Entweder ein Fußgänger oder ich sterbe an Herzversagen.«

»Papperlapapp!« Katherl winkte zuerst ab, hatte dann aber doch ein Einsehen und zog Wasti auf eine der hübschen weißen Parkbänke. In kurzen Sätzen berichtete sie ihm, dass sie nicht an eine natürliche Todesursache bei Herrn Franke und der Toten, von der sie gerade in der Zeitung gelesen hatte, glaubte.

»Wie kommst du darauf?«

»Wegen drei weißer Wolken. Aber das erkläre ich dir später.« Mit ernstem Tonfall sprach sie nun eindringlich auf ihren Freund ein. »Nun wirst du wieder Gurgeln gehen.«

»Aber ich bin doch wieder gesund. Den ganzen Tag habe ich nicht einmal gehustet.«

Katherl verdrehte die Augen. Manchmal konnte Wasti ganz schön schwer von Begriff sein. »Du sollst doch nur so tun, als ob du gurgeln gehen würdest, weil du nämlich jetzt schwer krank bist. Todkrank, wenn man so will.«

»Gut, bin ich halt schwer krank. Wenn es dich glücklich macht.«

»Glücklich macht es nicht, aber es hilft mir, dass du ermordest wird.« Das hätte sie besser anders formulieren sollen, aber dazu blieb keine Zeit mehr. »Geh ein wenig schwerfällig und wenn wir in der Trinkhalle sind, dann huste, was das Zeug hält. So wie letzte Woche und noch ein wenig mehr.«

Zielstrebig steuerte Katherl dem Eingang zu.

»Halt, nicht so schnell«, protestierte Wasti. »Ich dachte, ich bin schwer krank.«

»Gut, ab hier bist du todkrank.« Sie griff ihm unter den Arm und stützte den jetzt langsam vorwärtshumpelnden Wasti. »Du hast Lungenkrebs und kein gebrochenes Bein«, wies ihn Katherl zurecht.

Als Antwort bekam sie einen ordentlichen Husterer von ihm, mitsamt heraufgewürgtem Schleim, den Wasti geräuschvoll ausspuckte.

»So ist es richtig!«, lobte sie ihn. Mit Mühe und Not schafft sie es, den »Kranken« die Treppe hinaufzubringen. »Gleich sind wir da mein Guter.« Mit ihrer Schulter drückte sie die Schwingtür auf und ließ Wasti hindurchtappen. Wacklig stand er da und wartete, bis Katherl ihn wieder untergefasst hatte. »Du machst das gut«, flüsterte sie und laut sagte sie: »Mein Guter, jetzt holen wir uns einen Becher und dann gehen wir Gurgeln. Das hat dir doch immer so gutgetan.«

»Wenn du noch einmal ›mein Guter‹ sagst, dann wirst du deinen Guten mal von einer ganz anderen Seite erleben«, presste Wasti zwischen den Zähnen hervor.

»So, mein Guter«, zeigte sich Katherl unbeeindruckt, »stell dich doch bitte hier hin, da kannst du dich festhalten und ich hole den Becher.« Katherl redete in dem Tonfall, den manche Krankenschwestern anstimmten, wenn sie ihre Patienten nicht für voll nahmen. Mit einem Seufzer wandte sie sich zur Frau hinter der Theke. Es war wieder Frau Schwarzer, die letztes Mal so schnell kam und geholfen hatte. Auch sie erkannte Katherl wieder und grüßte sie freundlich.

»Haben Sie den Schock gut überstanden? Das war ja eine Aufregung und der arme Herr Franke, wie er so dalag, das war furchtbar. Aber toll, wie Sie gleich Erste Hilfe geleistet haben.«

»Ja, das war eine Aufregung. Doch ich habe noch einen ganz anderen Schock bekommen.« Wieder ein bühnenreifer Seufzer. Sie beugte sich über den Tresen und flüsterte Frau Schwarzer zu: »Es ist mein Mann. Ihm geht es gar nicht gut.«

»Oh, das tut mir leid!«

»Es ist furchtbar.« Seufzer von Katherl. »Es war gar keine Erkältung, die ihm so zu schaffen gemacht hatte. Es ist«, dramatische Pause, »Lungenkrebs im finalen Stadium.« Fast hätte sie ein Taschentuch aus ihrer Manteltasche geholt, um sich die Augen zu tupfen, aber das schien ihr dann doch etwas zu dick aufgetragen. »Mein Mann«, und sie zeigte mit dem Kopf unmerklich auf Wasti, »hat nicht mehr lange zu leben. Tage, höchstens Wochen, meint der Arzt.« Mit entsprechend mitleidiger Miene betrachteten die beiden Frauen Wasti, der kurzzeitig seine Rolle vergessen hatte und nun ganz gerade dastand und in die

Wandelhalle blickte. Ein seitlicher Fußtritt von Katherl ließ ihn augenblicklich in sich zusammensinken. Auch einen Hustenanfall produzierte er, der sich zwar eher wie das Bellen eines altersschwachen Straßenköters anhörte, aber seine Wirkung nicht verfehlte. Frau Schwarzer schien tief beeindruckt. »Und man kann gar nichts machen?«

»Nein, nichts. Der Arzt meint, dass es jeden Tag schlimmer wird und er irgendwann elendiglich ersticken wird. Ich denke mir halt, dass das Gurgeln mit Sole ihm vielleicht etwas Linderung verschafft. Außerdem hat mein Mann den Kurpark immer so geliebt.« Als hätte er auf das Stichwort gewartet, röchelte Wasti etwas. Katherl war mehr als zufrieden mit seiner schauspielerischen Leistung. Maria Schwarzer legte vertraulich ihre Hand auf Katherls Arm. »Es wird sich alles finden. Ich wünsche Ihnen viel, viel Kraft und Ihrem Mann alles Gute.«

»Danke, das ist sehr nett von Ihnen. Könnten wir bitte einen Becher haben?«

»Natürlich. Warten Sie, ich hole Ihnen einen ganz frischen.« Sie verschwand im Hinterraum und kam mit einem weißen Plastikbecher zurück. Katherl legte 50 Cent auf den Tresen und bedankte sich. »Es tat gut, mit jemand Vertrauensvollem darüber zu reden.«

Katherl hakte Wasti unter, der bald vor lauter hängenden Schultern einen Krampf bekam. »So, mein Guter, jetzt holen wir schöne warme Sole zum Gurgeln. Das wird dir guttun, mein Guter.«

Langsam gingen sie zum Solebrunnen hinüber. Die Untersbergmandl schauten immer noch grimmig drein, als ob sie wüssten, welches Spiel hier gespielt wurde, und es nicht gutheißen würden. Katherl tat so, als würde sie den Becher mit Sole füllen.

»Was soll das den jetzt?«, zischte Wasti. »Wie soll ich denn dann Gurgeln?«

»Du sollst gar nicht gurgeln, denn ich will, dass du noch recht lange lebst, mein Guter. Ich will nicht, dass die Mörderin mit dem Gift dich auch umbringt.« Wasti schnaufte. So langsam wurde es ihm fast zu bunt. Gurgeln, Gift und Mörderin. Wasti verstand nur Bahnhof.

Katherl führte ihn unverdrossen zum Gurgelraum. Vorsichtig schaute sie sich um. Er war leer. Wasti forderte eine Erklärung. »Schau in den Becher«, forderte sie ihn auf. Wasti konnte zuerst nichts entdecken, dann sah er, dass einige Tropfen Flüssigkeit am Becherboden lagen. »Das ist das Gift«, flüsterte Katherl. »Würdest du gurgeln, würde es über die Schleimhäute aufgenommen werden und innerhalb ein paar Minuten stirbst du an Herzversagen.« Entsetzt stellte Wasti den Becher ab und wischte sich die Hände an der Hose ab. »Wie kommt das Gift in den Becher?«, wunderte er sich.

»Das erkläre ich dir gleich. Aber zuerst musst du dich tot stellen.«

Wasti zog die Augenbrauen nach oben, als Katherl ihn aufforderte, sich gekrümmt auf den Boden zu legen. Wasti kam das ziemlich absurd vor, aber bitte, wenn es Katherl so wollte, dann würde er sich halt mit seiner Sonntagshose hier auf den kalten Boden legen. »Dann werde ich bald wieder das Husten anfangen, aber in echt diesmal.«

»Es ist ja nicht für lange, und jetzt sei still und tot.« Katherl betrachtete den steif daliegenden Wasti, wagte aber nicht, von ihm eine gekrümmtere Haltung zu verlangen. Nur seine Hände legte sie an seinen Hals, so, als hätte er an seinem Pullover gezerrt. »Mein Guter, schön tot schaust du jetzt aus.« Wasti grunzte. »Erst wenn ich es sage, wirst du wieder lebendig. Bleib also ruhig liegen und atme nicht.« Wie er das machen sollte, wollte Wasti schon fragen, hielt sich aber zurück. In dem Augenblick waren Schritte zu hören.

»Mein Gott, ist er tot?«

Wasti erkannte die Stimme. Es war die von Frau Schwarzer hinter der Theke.

»Ja, er ist tot.« Ganz ruhig sagte das Katherl und schaute Frau Schwarzer unverwandt an. »Mein Mann ist tot und Sie haben ihn umgebracht.«

»Was reden Sie da? Das ist ja totaler Blödsinn.«

»Das ist die Wahrheit.« Katherls Stimme klang bestimmt. »Sie haben meinen Mann, die Frau vor drei Tagen und Herrn Franke umgebracht. Sie sind eine Mörderin.«

»Sie sind ja völlig durchgedreht. Die Sorge um Ihren Mann hat Sie verrückt werden lassen. Ich bin doch keine Mörderin.«

»Doch das sind Sie. Eine gemeine und hinterhältige Mörderin, die in aller Ewigkeit in der Hölle schmoren wird.« Die letzten Worte hatte Katherl mit einer diabolisch lauten Stimme gesagt und erreichte damit ihren Zweck.

»Ich bin keine Mörderin«, kreischte Maria Schwarzer los. »Ich vollbringe nur das Werk der Engel.« Ihr Gesicht war verzerrt. »Ich bin die erlösende Helferin der Engel.« Religiöser Wahn stand ihr plötzlich ins Gesicht geschrieben. Katherl erschauerte und sie wurde sich bewusst, welch gefährliches Spiel sie gerade spielte.

Auf einmal war Schwarzer wieder ganz ruhig. »Sie können mir gar nichts nachweisen. Ich bin eine besorgte Angestellte, die gleich den Notarzt rufen wird, der leider nur noch den Tod Ihres Mannes wird feststellen können.« Zufrieden blickte sie Katherl an. »Später werden Sie mir dankbar sein.« Mit diesen Worten zog sie ihr Handy aus ihrem weißen Arbeitsmantel.

»Rufen Sie besser die Polizei, denn die wird Sie sofort mitnehmen. Denn ich habe einen Beweis.« Katherl blickte zu dem weißen Plastikbecher, der auf der Ablage über dem Waschbecken stand. Die andere folgte ihrem Blick und brauchte einen kurzen Moment, um zu realisieren, was sie da sah. Mit einem Mal stürzte sie nach vorne und wollte den Becher greifen. Doch Katherl hatte die Bewegung vorausgesehen, stellte ihr ein Bein und brachte Schwarzer zu Fall. Ausgestreckt kam sie neben Wasti zum Liegen. Gerade, als sie sich aufrichten wollte, schlug Wasti die Augen auf, denn er hatte genug von dem Theater. Mit einem Ruck setzte er sich auf, was die Frau neben ihm am Boden in ihrer Bewegung innehalten ließ. Völlig entgeistert blickte sie Wasti an. Der stand seelenruhig auf und stellte sich neben Katherl.

»Dieses Mal haben die Engel offensichtlich anders entschieden«, sagte Katherl. »Mir flüstern sie jetzt ein, dass wir die Polizei holen sollten.« Immer noch starr, mit offenem Mund schaute sie den gerade von den Toten Auferstandenen an. Das musste das Werk des Teufels sein und sie fing an, sich heftig zu bekreuzigen. Dazu murmelte sie eine Litanei, die auch dann nicht endete, als die Polizei eintraf. Katherl erklärte die Situation so, dass sie nicht nur die Polizisten, sondern endlich auch Wasti begriff.

»Aber wieso«, wollte er wissen, »hast du den Becher so auffällig platziert und sie auch noch darauf aufmerksam gemacht?«

»Das war der Beweis für meine These. Wenn sie den Becher an sich bringen wollte, dann waren das nicht nur Wassertröpfchen auf dem Becherboden.«

»Aber angenommen, die Mörderin wäre schneller gewesen, hätte sich den Becher gegrapscht und ihn vernichtet? Dann wäre der Beweis dahin gewesen.«

»Nicht unbedingt.« Dabei musste Katherl lachen. Hatte sie doch an alles gedacht. »Schau, dort drüben.« Sie zeigte auf eine der Fensterbretter. Dort stand ganz im Eck etwas verloren ein weißer Plastikbecher. »Das ist der richtige Becher, den ich schnell dorthin gestellt hatte.«

»Und der andere Becher?« Wasti war wieder verwirrt.

»Den habe ich einfach aus dem Abfalleimer gefischt und so hingestellt, dass Maria Schwarzer ihn sehen musste.«

»Also«, so langsam dämmerte es Wasti, »muss die Polizei diesen Becher dort mitnehmen.«

»Genau!«

Der Polizist holte eifrig einen weiteren Plastikbeutel heraus, warf den mit dem falschen Becher weg und sicherte den richtigen.

»Wasti, willst du noch Gurgeln, oder können wir fahren?«

»Ich will sicher nicht mehr gurgeln, ich fühle mich putzmunter.« Wasti war sich sicher, dass er nie mehr in seinem Leben gurgeln werden würde.

»Mein Guter, dann komm!« Damit hängte sie sich ein und sie spazierten begleitet von der untergehenden Herbstsonne durch den Königlichen Kurgarten.

12 Die aus wetterbeständigem Lärchenholz gebauten **Balkonkästen** kann man im Hofladen von Hohenfried, einer Einrichtung für Menschen mit Behinderung, erwerben. Daneben gibt es neben verschiedener Handwerkswaren auch Brot aus der eigenen Bäckerei und die beliebten Schmankerl-Aufstriche.

13 Der Heilklimatische Kurort **Bischofswiesen** ist ein beliebter Urlaubsort im Berchtesgadener Talkessel. Das Aschauerweiherbad verwandelt sich im Winter zu einem Langlauf-Zentrum. Die kleinen Besucher führt der Märchenpfad in eine fantastische Welt. Idyllisch in Wiesen gebettet liegt das familiengeführte Alpenhotel Hundsreitlehen.

14 Noch immer stehen Reste der Wehrbefestigung am **Hallthurm**, dem Eingang zum Berchtesgadener Tal. Damit schützte sich die selbstständige Fürstpropstei Berchtesgaden vor Angriffen von Bayern aus. Denn das Salz weckte immer wieder Begehrlichkeiten. Die Eisenbahnlinie zwischen Bad Reichenhall und dem Hallthurm gilt als Steilstrecke und darf nur mit besonders ausgerüsteten Zugmaschinen befahren werden.

15 Der Tourismus in Berchtesgaden begann am **Obersalzberg**. Von den Nazis später vereinnahmt, wurde er zum Führersperrgebiet umgewandelt. Die Dokumentation Obersalzberg stellt umfassend die Geschichte

der Nazi-Herrschaft und ihre Gräueltaten dar. Die weltweit einmalige Ausstellung informiert darüber, wie es zu der Machtergreifung der Nazis kam und zu welchem Schrecken sie führte. Ein Teil des Bunkersystems ist in die Ausstellung integriert.

16 Wer sein Glück nicht in den Bergen und der Natur findet, kann es in der **Spielbank Bad Reichenhall** suchen. Sie ist eine der neun Spielbanken in Bayern und bietet neben dem klassischen Glücksspiel im Spielsaal auch ein vielseitiges Bühnenprogramm im Cultino.

17 Der **Königliche Kurgarten** wurde 1862 durch den Königlich Bayerischen Hofgärtner Carl von Effnern angelegt. Ganze 42 Baumarten spenden kühlen Schatten, wenn man zwischen den prachtvollen Beeten wandelt.

18 Die **Bad Reichenhaller Philharmonie** ist das weltweit einzige ganzjährig spielende Kurorchester. Neben beliebter Salonmusik bietet sie klassische Konzerte in der Konzertrotunde im Kurgarten oder im Saal des Theaters Bad Reichenhall im Kurgastzentrum. Im Sommer spielen sie Unterhaltsames im Musikpavillon.

19 Gesunde Seeluft lässt sich im **Gradierwerk** schnuppern. Denn hier rieselt Sole über die Schwarzdornzweige und reichern die Luft mit Salz an. Viele Liegestühle laden zum Verweilen und Ausspannen ein. Ein schöner Ort für eine verdiente Auszeit.

20 Alles rot im **Café Reber**. Hier werden nicht nur die berühmten Mozartkugeln verkauft, sondern es ist zugleich das bekannteste Café der Stadt. Allerdings sollte man keine Abneigung gegen die Farbe Rot haben, denn sie ist die Hausfarbe der Rebers und alles ist mit ihr gestaltet.

21 Die Klosterkirche **St. Zeno** ist romanischen Ursprungs. Besonders die Figuren am Portal und der leider nur zu bestimmten Zeiten geöffnete Kreuzgang sind von kunsthistorischem Interesse. Die ganzjährige Krippe im Innern gefällt nicht nur Kindern.

22 Die **Alte Saline** ist ein Industriedenkmal, das durch seinen roten Backstein und seine historisierende Architektur eine Besonderheit darstellt. In der rund einstündigen Führung besichtigt man die tiefen Stollen, aus denen seit Jahrhunderten die natürlich entspringende Sole gefördert wird. Ein aufregendes Erlebnis, aber die engen und feuchten Gänge sind nichts für Klaustrophobiker.

23 Seit 1928 hängt die **Predigtstuhlbahn** am gleichen starken Stahlseil. Ihre beiden roten Kabinen führen auf den Reichenhaller Hausberg. Nur drei Stützen braucht es, um die 1.140 Höhenmeter zur Bergstation zu überwinden. Das Bergrestaurant Predigtstuhl erstrahlt frisch renoviert in seinem Charme der 50er-Jahre. Hier oben verbindet sich kulinarischer Genuss mit herrlichem Ausblick.

24 Nicht weit außerhalb von Bad Reichenhall liegt der **Thumsee** eingebettet in die Berge. Er ist ein beliebter Badesee und deswegen im Sommer frequentiert. Aber auf den Wiesen oder im Strandbad findet sich immer ein Plätzchen. Herrscht kein Badewetter, spaziert man einmal um ihn herum und schaut bei den üppig blühenden Seerosen in der unterhalb gelegenen ältesten Seerosenfarm, dem Seemösl, vorbei.

25 Ein Rundweg führt zum eigentlichen Gipfel des Predigtsuhls. Nicht allzu weit ist die urige Alm **Schlegelmulde** zu finden. Die originale Almhütte wartet mit echt bayerischem Flair und typischer Gastlichkeit auf. Im Sommer genießt man auf den Liegestühlen die gesunde Luft, im Winter wärmt der große Kachelofen die Wirtsstube.

BAUERNSTERBEN

»Ja sind die lebensmüde?« Katherl musste scharf bremsen, sonst hätte sie das asiatische Pärchen über den Haufen gefahren, das schnell vor ihr über beide Spuren des großen Kreisverkehrs am Bahnhof gehüpft war. Nun standen sie auf dem inneren Fußgängerweg über das Geländer gebeugt und starrten ins Wasser. Sie zückten ihre Kameras und fotografierten den Zusammenfluss von Ramsauer und Königsseer Ache.

Klar sprudelte das Wasser der Königsseer Ache, dem Abfluss des Königssees, der seinen Anfang an der Seelände nahm, durch den Schönauer Ortsteil **Unterstein** 26 und vereinigte sich schließlich in der Mitte des Kreisverkehrs mit der Ramsauer Ache. Danach floss das Wasser nach Marktschellenberg und weiter über die heute nicht mehr sichtbare österreichische Grenze in die Salzach. Doch was das junge Paar faszinierte, war die weißliche Farbe der Ramsauer Ache. Nach dem Zusammenfluss sah man noch ein gutes Stück lang die beiden Flüsse farblich getrennt weiterfließen. Erst unten am Wehr vermischten sich beide endgültig. Weiter oben sah es aus, als wäre die Ache gestreift, links weiß-bräunlich und rechts ganz klar. Schuld an der Eintrübung war das **Wimbachgries** 27. Sein langsamer, aber breiter und stetiger Schuttstrom transportierte unaufhörlich Sand und Steine aus dem Gries. Gerade nach heftigen Regenfällen wurde viel Geröll in die Ache eingeschwemmt.

Diesen zweifarbigen Fluss hielten die beiden auf ihren Speicherkarten fest, eine weitere der vielen erstaunlichen Seltsamkeiten, die das Pärchen von dem anderen Kontinent hier zu sehen bekamen. Katherl war froh, dass sie gerade noch hatte bremsen können und dass ihr kein Geisterfahrer im Kreisverkehr entgegengekommen war. Es gab kaum ein Berchtesgadener, dem das noch nicht passiert wäre. Eigentlich war der Kreisverkehr groß genug, um als solcher erkannt zu werden. Aber anscheinend behaupteten immer wieder Navis, dass man links abbiegen solle. Das ging früher, doch heute wird man so zum Geisterfahrer.

Die Einheimischen stritten darüber, ob das Millionenprojekt Kreisverkehr seinen Zweck erfüllte oder nicht und ob der Verkehr nun flüssiger war als mit der alten Ampelanlage. Wie so oft in Berchtesgaden hatte jeder seine eigene Meinung zu diesem Thema, von der er sich nicht abbringen ließ. Die einen schimpften darauf und die anderen befürworteten ihn. Ein sicheres Zeichen, wie Katherl fand, dass er schon nicht ganz verkehrt war. Als Königsseerin kam sie zwangsläufig hier fast jeden Tag vorbei. Im Rückspiegel sah sie die fotografierenden Asiaten, dann setzte sie den Blinker, um die nächste Ausfahrt Richtung Ramsau zu nehmen. Plötzlich überholte sie ein schwarzer Audi auf der inneren Spur, schnitt sie, da sie ihm wohl zu langsam fuhr, und schoss vor ihr in die Ausfahrt. »Ja sag einmal, was ist denn heute Morgen nur los? Spinnen denn alle?«, schimpfte sie. Auch über den richtigen Gebrauch der zweiten Fahrspur im Kreisel herrschte bei den Berchtesgadenern Uneinigkeit. Die einen fuhren prinzipiell auf der inneren Spur, die anderen generell rechts. Jene taten dies vor allem seit der örtliche Polizeichef im **Berchtesgadener Anzeiger** 28 in einem Interview gesagt hatte, dass der Links-Fahrende bei einem Unfall die Hauptschuld tragen würde. So ein Kreisel ist halt eine Neuerung, mit der sich die Berchtesgadener eher schwertaten.

Durch ihre aufgezwungene Vollbremsung war ihre Gießkanne, das Schauferl und die Eisbegonien auf dem Hintersitz ins Rutschen gekommen, weshalb jetzt in jeder Kurve die Plastiktöpfe mit den Pflanzen auf dem Boden hin und her kullerten. Auf der Strecke in die Ramsau gab es leider einige Kurven. Katherl war zum Ramsauer Friedhof unterwegs, um das Grab ihrer Lieblingstante Theresa herzurichten, für das sie sich verantwortlich fühlte. Tante Theresa hatte in die Ramsau geheiratet, den Schorsch, einen Holzknecht, der aber tragischerweise von einem Baum erschlagen worden war. Wasti hatte mit ihm manchmal zusammengearbeitet, als er als junger Mann beim Forst zu arbeiten begonnen hatte. Die Witwe zog daraufhin im Sommer in den Keller und vermietete die restlichen Zimmer des Hofes an die Sommerfrischler. Katherl war als Kind oft bei ihr und half ihr während der Sommerferien in den Zimmern. Aufbetten, das Bad am Gang putzen, die Blumen auf dem Holzbalkon, der einmal um das ganze Haus führte, gießen, und den Gästen am Morgen den Kaffee servieren. »Mein fleißiges Zimmermadl«, hatte ihre Tante sie immer genannt und ihr ab und zu etwas Taschengeld zugesteckt. Katherl hatte ihr ein wenig das Kind ersetzt, das sie nie gehabt hatte. Nachdem die Zimmer geputzt und das Frühstückgeschirr weggeräumt gewesen war, waren sie oft durch den **Zauberwald** 29 bis zum **Hintersee** 30 spaziert. Dort hatte die Tante der Katherl ein Eis gekauft und für sich ein frisches Bier. Sie waren dann auf einer der Wirtshausterrassen gesessen und hatten auf den See geschaut. Nur zum Tretbootfahren hatte sie die Tante nie überreden können, derweil hätte Katherl das gerne einmal ausprobiert.

»Geh, das ist doch was für die Fremden«, hatte es dann geheißen.

Theresa war schon einige Jahre tot, aber nach wie vor kümmerte sich Katherl um ihr Grab. Ob allerdings die roten und weißen Eisbegonien die Fahrt überlebten, war eine andere Frage. »Verstau die Sachen besser im Kofferraum«, hatte Wasti in der Früh noch gesagt. Katherl hatte abgewunken und alles einfach auf die Rückbank geschoben. In solchen praktischen Dingen hatte Wasti meistens recht und sie musste etwas lächeln über seine ständige Besorgnis um sie. Es schmeichelte ihr mehr, als sie zugeben mochte.

Beim Felsentor schaltete sie automatisch den Scheibenwischer an, denn hier tropfte es immer von oben herab. Kurz darauf passierte sie die Abzweigung zum Wimbachgries. Bei der Rückfahrt nahm sie sich vor, beim Hofladen vom Wimbachlehen, die auch die **Wimbachklamm** 31 betrieben, anzuhalten, um Schafwolle zu besorgen. In die Ramsau musste man links abbiegen, während man geradeaus zur **Alpenstraße** 32 gelangte, die wegen ihrer steilen und engen Kurven gerade bei Motorradfahrern beliebt war, sehr zum Leidwesen der Anwohner. Die heulenden Motoren waren ein Ärgernis inmitten der ruhigen und beschaulichen Landschaft.

Katherl fuhr durch das Dorf zum Parkplatz bei der weltberühmten Ramsauer Kirche **St. Sebastian** 33. Unten floss die hier noch klare Ramsauer Ache vorbei, die vom Hintersee herkam. Obwohl es noch früh am Morgen war, standen schon einige Touristen auf der anderen Seite und hielten den bekannten Blick auf die Kirche und den dahinter liegenden Bergen fest. Katherl öffnete die Autotür. Die Begonien hatten die Fahrt einigermaßen heil überstanden. Nur ein paar Blüten hatten sie eingebüßt. Die herausgefallene Erde fegte sie mit den Händen zusammen, damit Wasti nicht »Ich habe es dir ja gesagt« sagen konnte. Die grüne Plastikgießkanne, das Werkzeug und ein Paar Gartenhandschuhe in der einen und die beiden Blumentöpfe in der anderen überquerte sie die Straße und ging hinüber zur Kirche. Innerhalb der Kirchenmauer lag der ältere Teil des Friedhofs. Draußen kletterte eine rote Rose entlang, die gerade zum Blühen ansetzte. Katherl blieb stehen und sog freudig den ersten Rosenduft ein. Da sie beide Hände voll hatte, drückte sie mit ihrer Hüfte das Eisengitter auf. Der Friedhof lag im Schatten, denn die Sonne war noch nicht über die Berge geklettert. Es war schön und auf eine einfache Weise tröstlich, dass Theresa hier auf diesem Gottesacker ihre letzte Ruhe gefunden hatte. Einen schöneren Platz, um in Ewigkeit zu ruhen, konnte man sich nur schwer vorstellen. In der dritten Reihe links lag das Grab ihrer Tante. Name und Daten standen auf dem Messingschild, das an dem schmiedeeisernen Kreuz befestigt war. Es war höchste Zeit, dass sie das Grab herrichtete. Die Stiefmütterchen, die sie im Frühling eingepflanzt hatte, waren längst verblüht, nur eines zierte noch eine winzige Blüte. Katherl grub sie aus, lockerte die Erde, zupfte das Unkraut und setzte die Eisbegonien ein.

»Mist!«, dachte sie. »Die Gartenschere habe ich daheim vergessen.« Eigentlich hatte sie den Buchsbaum schneiden wollen. Katherl richtete sich auf, ihr Kreuz liebte es ganz und gar nicht, länger nach vorn gebückt zu sein, und nahm die verwelkten Stiefmütterchen, um sie auf den Abfallhaufen zu entsorgen. Etwas irritierte ihren Blick. Sie sah genauer hin und tatsächlich, da stakte ein Holzstiel zwischen den Gräbern hervor. »Nanu, wer hat denn da seine Rechen stehen gelassen?« Sie trat näher. Da sah sie, dass der Stiel nicht zu einem Rechen gehörte, der auf einem Friedhof auch keinen rechten Sinn machte, sondern zu einer Heugabel. Die hatte eigentlich auch nichts auf einem Friedhof verloren. Aber was Katherl am meisten irritierte, war, dass die dünnen Zinken der Heugabel in der Brust eines Mannes steckten, der tot zwischen den Gräbern lag.

»Entschuldigen Sie bitte.« Katherl stand vor dem Polizisten, der den Eingang zum Friedhof absperrte. »Ich müsste dringend meine Eisbegonien gießen Bei der Hitze gehen sie mir sonst ein.« Doch sie hatte keinen Erfolg.

»Das ist ein Tatort, da können Sie jetzt nicht hinein.«

Das war ärgerlich und Katherl bereute es, dass sie sofort die Polizei gerufen hatte, als sie den Toten entdeckt hatte. Sie hätte zuerst die Blumen angießen sollen. Bei diesen fast sommerlichen Temperaturen vertrockneten sie ganz schnell.

»Katherl«, Polizeioberwachtmeister Reuber kam auf sie zu, »der Kriminalkommissar Würtinger würde dich jetzt gerne befragen.« Er führte sie zu dem Polizeibus. Der Kommissar stellte sich vor und ließ Katherl von ihrer Entdeckung erzählen. Viel war es nicht.

»Etwas Besonderes ist mir nicht aufgefallen. Außer der Heugabel in dem Toten natürlich.« Nein, sie habe niemanden vom Friedhof schleichen gesehen, und nein, es habe auch keine verdächtige Gestalt zwischen den Gräbern gelauert. »Und nein, ich habe nichts angefasst!« Katherl wurde etwas lauter. »Könnte ich«, fuhr sie versöhnlich fort, »nur bitte kurz das Grab meiner Tante gießen, wissen Sie, Her Kommissar, ich habe die Stiefmütterchen ausgegraben und dafür die Eisbegonien eingepflanzt, aber sie nicht angegossen, da der Tote dazwischenkam.«

Kommissar Würtinger schaute sie etwas entgeistert an. Er selber war kein Gärtner, und Gräber hatte er auch keine zu pflegen, denn seine Eltern hatten ein schmuckloses Urnengrab. Daher verstand er ihr Anliegen nicht wirklich und schüttelte den Kopf. Eigentlich wollte Katherl noch nach dem Namen des Toten fragen, ließ es aber bleiben. Den hätte er ihr sowieso nicht verraten. Diesbezüglich würde sie lieber den Polizisten und Hundeführer Hauser fragen, der mit seinem Hund Püppi draußen stand.

»Ja, Püppi, du guter Hund!« Katherl war aus dem Polizeibus gestiegen und zu Hauser hinübergegangen. Ausgiebig kraulte sie den großen Bayerischen Gebirgsschweißhund. Genüsslich schloss er die Augen, als sie ihn hinter den Ohren kraulte. »Der Tote, das war doch der …«, sagte sie so nebenbei und Hauser, der gerade voller Stolz seinen Püppi betrachtete, vervollständigte automatisch den Satz: »Genau, der Aschauer Fritz. Der Ortsbauer von der Ramsau.«

»Eben«, bestätigte Katherl ihm, zufrieden, den Namen so schnell herausbekommen zu haben. Als Dank kraulte sie Püppi nun den Bauch. »Du bist wirklich ein sehr schöner Hund.« Hauser strahlte, wie jeder Hundebesitzer, wenn sein Hund derart gelobt wurde.

»Meinst du, ich werde noch gebraucht?«, wollte Katherl wissen. Hauser drehte sich nach dem Kommissar um, der mit den Männern von der Spurensuche redete und meinte: »Ich glaube nicht. Deine Aussage hast du ja gemacht und wir kennen dich ja. Fahr nur zu.«

Katherl warf einen letzten Blick auf den Friedhof, ob sie nicht doch zum Gießen gehen könnte, aber der Polizist stand immer noch da. Die Eisbegonien konnte sie wohl abschreiben. Morgen würde sie neue pflanzen müssen, damit das Grab von Tante Theresa schön aussah, wenn die ganze Ramsau aus Neugierde die nächsten Tage dort vorbeimarschieren würde.

Als Katherl zu Wastis Hof kam, stürzte er ganz aufgeregt heraus. »Ist alles in Ordnung mit dir?« Auf den kurzen Anruf von Katherl, dass sie einen Toten entdeckt hätte und nun die Eisbegonien nicht angießen konnte, hatte er sich keinen rechten Reim machen können.

»Alles bestens, mein Lieber«, sagte sie und erzählte, was ihr passiert war. Gleich darauf beunruhigte sie ihn aber wieder, als sie ihn nach einem alten Kartoffelsack fragte.

»Was, einen Sack, einen Kartoffelsack?«, stotterte er. Irgendwie konnten die Männer Katherls sprunghaften Gedanken nicht folgen. »Ganz einfach einen Kartoffelsack, Wasti! Ich muss etwas ausprobieren.« Im Stall fanden sie ein sehr staubiges Exemplar.

»Der geht«, stellte Katherl zufrieden fest. Sie nahm ihn und ging hinüber zum Heu, das die acht Kühe noch übrig gelassen hatten, und stopfte seelenruhig den Sack damit voll, bis er prall gefüllt war. Wasti schaute ihr schweigend und zweifelnd zu. Waren das Anzeichen eines Schocks?, überlegte er. Sollte er den Notarzt rufen?

»Einen Hammer bitte und einen langen Nagel«, wandte sich Katherl an Wasti und hielt den gefüllten Kartoffelsack im Arm. Wasti brachte ihr das Verlangte und beobachtete sie genau, immer bereit, ärztliche Hilfe zu holen. Katherl ging vor die Scheune, schloss das Holztor und nagelte den Sack an die Tür. Dann holte sie eine Heugabel aus dem Stall, drückte sie Wasti in die Hand und forderte ihn auf, zuzustechen.

»Was soll ich?« Wasti verstand gar nichts.

»Du sollst zustechen. Mit der Heugabel fest in den Sack stechen. Das kann doch nicht so schwer sein!« Unschlüssig stand Wasti mit der Heugabel in der Hand da. »Wasti, jetzt stell dich bitte nicht so an. Einfach mit Kraft zustechen.« Ergeben seufzte er auf, nahm die Heugabel und pikste sie in den Heusack. »Doch nicht so sanft. Fester, Wasti!«

Dem war es sehr unangenehm auf den dicken Heusack zu zielen, aber Katherl sah ihn so erwartungsvoll an, dass er sie nicht enttäuschen wollte. Daher rammte er diesmal mit voller Wucht die Heugabel in den Sack, sodass die Zinken im Holz stecken blieben.

»Gut gemacht, Wasti«, wurde er gelobt. Männer und Hunde sind sich schon sehr ähnlich, fand Katherl. Mit etwas Lob und Bauchkraulen fressen sie dir aus der Hand. Lange betrachtete Katherl die Heugabel im Sack. Irgendetwas stimmte nicht.

»Wasti, jetzt stößt du noch einmal zu, aber diesmal mit der linken Hand.« Zunächst wusste Wasti als eingefleischter Rechtshänder gar nicht, wie er die Heugabel mit der linken Hand zu nehmen hatte. Zuerst probierte er ein paar Stöße in der Luft und als er den Bewegungsablauf einigermaßen beherrschte, stellte er sich vor die Scheunenwand, erhielt ein aufmunterndes Lächeln von Katherl und stieß dann zu. Die Zinken blieben auch diesmal in der Scheunentür stecken.

»Das schaut schon besser aus«, befand Katherl. »Das zeigt, dass der Mörder vom Ortsbauern Linkshänder war.«

»Aber in der Ramsau wird es mehr als einen Linkshänder geben. Oder eine Linkshänderin«, fügte Wasti hinzu. »Es kann ja auch eine Frau gewesen sein.« Wenn Gleichberechtigung, fand er, dann auch bei Mord.

Wortlos nahm Katherl die Heugabel, wog sie in der linken Hand, um sie auszubalancieren, drehte sich etwas und mit einer schnellen Bewegung rammte sie die Heugabel durch den Sack in das Scheunentor. Sie saß bombenfest. Unwillkürlich griff sich Wasti an den Hals und musste bei dem Anblick des entschlossenen Gesichtsausdrucks von Katherl heftig schlucken. So erschrocken hatte er sich vor der Entschlossenheit, mit der sie den imaginären Todesstoß ausgeführt hatte.

»Du hast recht«, meinte sie lakonisch. »Es hätte auch eine Frau sein können.« Es war gar nicht so leicht für Wasti, die Zinken wieder aus dem Holz zu bekommen. Besser, man machte sich Katherl nicht zum Todfeind.

Da es inzwischen fast schon zwei Uhr war, bereitete Katherl Wasti ein Käseomelett, das sie zusammen auf der Bank vor der Tür verspeisten. Ihre Blicke gingen hinüber auf den **Grünstein** 34 mit dem Watzmann dahinter. Rechts daneben sahen sie das Stadelhorn und das Wagendrischelhorn der Reiter Alm, das sich hinter der Ramsau erhob. Nach dem Essen wollte Katherl gerne etwas spazieren gehen. »Lass uns zum Hintersee fahren«, schlug sie vor.

»Du willst doch bloß noch einmal am Tatort vorbeifahren.«

»Das auch. Vielleicht kann ich jetzt meine Eisbegonien gießen.«

Aber als sie an der Kirche vorbeifuhren, war der Zugang zum Friedhof weiterhin abgesperrt. Sie fuhren die kurvige Straße weiter zum Hintersee. Kurz nach der Ortsausfahrt stand eine große Bautafel, auf die Wasti zeigte. »Schau, da soll das neue Gewerbegebiet eines Bauunternehmers gebaut werden. In der Ramsau heißt er nur der ›Lederhosenpreiß‹.«

»Mitten in die schöne Wiese?« Katherl konnte es nicht glauben.

»So war es von dem Unternehmer, Borsky glaube ich heißt der, geplant. Aber ein Bauer wollte seinen Grund nicht verkaufen.« Plötzlich stieg Wasti auf die Bremse und sein Wagen wäre beinahe ins Schlingern geraten. »Der Bauer, der nicht verkaufen wollte, das war der Ortsbauer, der Aschauer Fritz. Das haben sie neulich am Stammtisch erzählt.«

»Schau an, dann kommt sein Tod ja jemanden ganz gelegen. Aber jetzt fahr weiter Wasti. Du blockierst ja die ganze Straße.«

»Zum Hintersee oder ins **Klausbachtal** 35?«, wollte Wasti wissen.

»Einmal um den Hintersee herum und dann zum **Auzinger** 36 auf einen Kaffee«, entschied Katherl.

Völlig glatt lag der kleine See vor ihnen. Die noch schneebedeckten Berge spiegelten sich in ihm. Trotz des Sonnenscheins war die Luft noch kühler und Katherl legte sich ein Wolltuch um ihre Schultern.

»Meinst du, der Bauunternehmer hat etwas mit dem Mord zu tun?«, griff Wasti das Thema wieder auf.

»Wenn er Linkshänder ist, dann ist er durchaus verdächtig. Kennst du ihn?«

»Ich weiß nur, was man sich am Stammtisch über ihn erzählt. Dass er aus Wuppertal stammt, einen alten Bauernhof in der Ramsau gekauft hat und nun jeden Tag in der

Lederhose herumstolziert, als wäre seine Familie schon seit Generationen hier ansässig. Und dass er das Feld gekauft hat, um seinen Betrieb dort zu bauen. Doch der Ortsbauer, der Aschauer eben, hat ihm einen Strich durch die Rechnung gemacht, denn ihm gehört ein kleiner Streifen auf dem Zufahrtsweg und den hat er nicht verkauft.« Der Aufschrei im Gemeinderat war groß gewesen, weil man auf die Gewerbesteuer scharf war.

»Aber doch nicht an so einem idyllischen Ort«, fand Katherl.

»Die Idylle zahlt keine Gewerbesteuer«, gab Wasti zurück.

Inzwischen waren sie halb um den See spaziert. Der Weg führte durch ein kleines Wäldchen, das bis an das Ufer reichte.

»Von der Idylle allein kann man nicht abbeißen«, gab Katherl zu. »Aber wenn es keine Idylle mehr gibt, dann kommen auch keine Gäste mehr, und von denen leben sehr viele Menschen im Talkessel. Das ist das Problem mit dem ständigen Wirtschaftswachstum. Immer mehr muss es sein, und dabei wird manches, wie die Idylle, immer weniger.«

»Aber die Menschen hier müssen doch auch von etwas leben«, warf Wasti ein.

»Sicher«, gab Katherl zurück, »aber schau her.« Sie zeigte auf den großen Felsen, der im Hintersee wie eine kleine Insel lag und auf dem eine windschiefe Tanne malerisch wuchs. »Das kann kein Gewerbegebiet aufwiegen. Auch kein neues Wellnesshotel oder sonst was.« Gemeinsam genossen sie den Ausblick. Wasti musste Katherl recht geben. Ein »immer mehr« würde das Schöne unwiederbringlich zerstören. »Wir sind schon gesegnet, hier wohnen zu dürfen.« Wasti hatte gerade seinen poetischen Moment.

»Alle sind wir Gesegnete, bis auf diejenigen, denen eine Heugabel in das Herz gerammt wurde.« Katherl brachte die Stimmung wieder auf den Boden der Tatsachen. »Der Aschauer freilich hat nichts mehr von der schönen Aussicht.«

Schweigend gingen sie weiter. An einem der Staffeleien vom **Malerrundweg** 37 blieben sie noch einmal stehen. Auf der Staffelei war eine Reproduktion eines Ölgemäldes angeschraubt, das genau den Ausblick von dieser Stelle zeigte. Der Maler war vor über 200 Jahren hier gestanden und hat die Landschaft festgehalten. Nun konnte man Bild und Original vergleichen. »Schau«, meinte Katherl, den Berg hier hat er etwas größer gemalt und das Ufer schaut auch etwas anders aus.«

»Warum hat er es nicht so gemalt, wie es ist? Es ist doch schön so.«

»Wasti, das nennt man künstlerische Freiheit. Er wollte die Natur bei uns noch schöner machen.«

»So ein Schmarrn, das ist doch gar nicht möglich!«

»Da hast du allerdings auch wieder recht.«

Als sie den See einmal umrundet hatten, spazierten sie hinüber zum Gasthof Auzinger, der am Anfang des Klausbachs und damit des **Nationalparks Berchtesgadens** 38 lag. In der holzvertäfelten Wirtsstube setzten sie sich und bestellten Kaffee und frischen Topfenstrudel mit Vanillesoße. Die meisten Gäste saßen draußen, aber Katherl war es dann doch zu kühl. Man merkte, dass die Sonne um diese Jahreszeit noch nicht viel Kraft hatte. Außerdem, und das war der eigentliche Grund, wollte sie hören, was der hiesige Stammtisch zu dem Mord am Ortsbauern Aschauer zu sagen hatte. Tatsächlich musste sie nicht lange darauf warten, denn am Stammtisch herrschte eine lebhafte Diskussion, wer dem Fritz eine Heugabel in die Brust gerammt haben könnte. Anscheinend war das Mordopfer nicht der beliebteste Ramsauer gewesen. Die Liste jener, die mit ihm im Clinch lagen, war lang.

Mit gespitzten Ohren genossen Katherl und Wasti ihren Topfenstrudel. Die Stammtischbrüder zählten alleine achte Bauern auf, die mit dem Ortsbauern im Streit lagen. Derweil war der Ortsbauer doch eigentlich der Vertreter und Sprecher der Bauernschaft. Dazu kam noch ein Nachbar, über dessen Grund er immer wieder ohne Erlaubnis mit seinem schweren Bulldog fuhr und einmal sogar dessen Rosenbeete untergepflügt haben soll. Fritz Aschauer war deswegen angezeigt worden, doch der Richter hatte ein Herz für Bauern und der Angeklagte die richtigen Verbindungen ins Landratsamt. Das hat den Nachbarn mehr als gewurmt.

»Selbst der Herr Pfarrer hatte Streit mit ihm«, wusste einer zu berichten, nachdem er einen tiefen Zug von seinem Hellen genommen hatte.

»Aber der werd eam dann doch ned um'bracht haben.«

»Wer weiß. Der Aschauer hatte doch ausgerechnet am Tag vor der Fronleichnamsprozession seine Gülle auf die Wiesen um die Kirche ausgebracht. Mei hat des gestunken. Des hat dem Herrn Pfarrer gar nicht gefallen.«

»Aber deswegen bringt man doch keinen um. Woher soll der Pfarrer überhaupt eine Heugabel hergehabt haben? Der weiß doch dar nicht, wie man damit umgeht.«

»Trotzdem, der Pfarrer kann ganz schön jähzornig werden.« Das allerdings war kein Geheimnis im Dorf. So mancher Ministrant hatte schon die eine oder andere Kopfnuss einstecken müssen und als die Weihnachtsschützen einmal zu spät kamen, hat er sie vor der versammelten Gemeinde zusammengestaucht, als wären es Schulbuben und keine ausgewachsenen Männer.

»Ich glaub, ihr spinnst jetzt«, warf die Bedienung ein, die eine neue Runde Bier auf den Tisch stellte. Die Männer schwiegen grummelnd. Mit der Marie, der Bedienung, wollten sie es sich nicht verscherzen. Sie besaß eine natürliche Autorität und außerdem wusste sie genug über jeden Einzelnen am Stammtisch, da wollten sie nicht, dass Marie beim nächsten Frauenbundtreffen aus dem Nähkästchen plauderte. Als Bedienung bekam sie allerhand mit, was die Männer sich erzählten.

»Der Fritz junior wird sich freuen«, schwenkten sie vom Pfarrer weg zu weiteren möglichen Tätern. »Der Alte wollte ja nicht an den Preiß aus Wuppertal verkaufen.«

»Geh, wegen eines Grundstückes tötest du doch deinen eigenen Vater nicht.«

»Sag das nicht«, gestand einer der Männer. »Ich hätte meinen Stiefvater liebend gerne eine Heugabel hineingerammt, wenn nicht gleich ins Herz, dann wenigstens in seinen wertes Hinterteil.« Die Runde schwieg kurz, denn sie alle wussten, dass besagter Stiefvater den Stiefsohn gerne und ausgiebig verdroschen hatte. Von seinen Albträumen, in denen bis heute der Stiefvater regelmäßig auftauchte, wussten die anderen, nur redeten sie nie darüber. Schließlich waren sie ein Stammtisch und nicht bei der Gruppentherapie.

»Wer soll ihn denn nach eurer Meinung nach umgebracht haben? Ihr habt ja bald die ganze Ramsau aufgezählt.« Marie lehnte an der Theke. Alle Tische waren versorgt, also konnte sie beim Stammtisch etwas mitreden, was sie nur zu gern tat.

»Der Lederhosenpreiß war es auch nicht, denn der war gestern noch in Hannover. Zur Tatzeit heute früh saß der im Auto auf der Autobahn und ist mit seinem Audi Q7 mit 220 Sachen am Chiemsee vorbeigezischt.« Marie freute sich an den plötzlich ihr interessiert zugewandten Gesichtern des Stammtisches. »Ich habe meine Quellen bei der Polizei, die haben mir das erzählt.« Dass sie ein Gspusi mit dem Lehner Schorsch hatte, das war allgemein bekannt. Einzig die Frau vom Lehner Schorsch ahnte nichts. Was besser war, sonst hätte Marie vielleicht bald mit einer Heugabel in ihrer Brust und ihrem schönen Busen gesteckt. »Die Polizei vermutet einen Mord im Affekt. Ein Streit, der es… eskulmiert«, sie zögerte, »ein Streit halt, der heftig wurde, einer rastet aus und wird zum Mörder.«

»Also doch der Herr Pfarrer!«

»Geh, red koan Schmarrn!«

Marie stieß sich von der Theke ab und ging zu Katherl und Wasti, hinüber, die zahlen wollten. Wasti bestand darauf, Katherl einzuladen, was ihr gar nicht recht war, aber sie wollte mit ihm nicht darüber diskutieren. Sie genoss die Zeit mit ihm, allerdings sollte er sich nicht immer dazu verpflichtet fühlen, sie einzuladen.

»Wenn man denen so zuhört«, meinte Wasti später im Auto, »dann hatte die halbe Ramsau eine Hass auf den Aschauer.«

»Offensichtlich gibt es viele Verdächtige, aber nur einer ist der Mörder.«

»Oder Mörderin«, ergänzte Wasti, dem das Bild der beherzt zustoßenden Katherl noch lebhaft vor Augen stand.

Auf dem Rückweg bat Katherl ihn, kurz bei der Kirche stehen zu bleiben. Die Polizeiabsperrung war verschwunden. Auf dem Friedhof hatten sich einige Menschen versammelt. Katherl schaute sofort nach ihren Blumen. Aber der warme Frühlingswind hatte sie ausgetrocknet und sie ließen alle Blätter hängen.

Jemand hatte ein Grablicht auf die Stelle gestellt, an der Katherl am Morgen die Leiche entdeckt hatte. Auch ein paar Blumen lagen dort.

»Also war er entweder doch nicht so unbeliebt oder die Blumen liegen aus Dankbarkeit da, dass sich jemand ein Herz gefasst hat«, raunte Wasti, was ihm einen strengen Blick von Katherl einbrachte. Sie bückte sich und räumte so gut es ging das Grab ihrer Tante auf. Darum sah sie den Sohn des Ermordeten als Erste. Als auch die anderen Anwesenden ihn bemerkten, verstummten sie. Sie traten zu Seite und bildeten eine Gasse, durch die der junge Fritz Aschauer bis nach vorn ging. Er hielt ein Grablicht in der Hand, stellte es ab, kramte in seiner Jackentasche, zog eine Streichholzschachtel heraus und zündete es an.

Katherl fuhr zusammen. Der junge Mann hatte das Streichholz mit der linken Hand gehalten. Plötzlich ging ein Murmeln durch die Menge. An der Friedhofstür stand ein Mann, der aussah, als wäre er einem Trachtenlehrbuch entsprungen. Zu der kurzen Lederhose trug er von einer alten Ramsauerein gestrickte Wadelstrümpfe, für die sie von dem Lederhosenpreiß den doppelten Preis verlangt hatte. Über dem blütenweißen Hemd hatte er eine graue Trachtenjacke gezogen und in der Hand hielt er den grünen Filzhut. Bei jedem Schritt wippte der riesige Gamsbart. Auch wenn er in Tracht gekleidet war, erkannte Katherl in ihm sofort: den »Lederhosenpreiß«, den Bauunternehmer mit dem Grundstücksproblem. Bei ihm schaute es einfach aus wie eine Verkleidung. Er würde halt nie ein Einheimischer werden, nicht in hundert Jahren. Der Mann ging ebenfalls durch die Menge nach vorn, stellte sich neben den Sohn des Opfers, schüttelte ihm die Hand, sprach ihm sein aufrichtiges Beileid aus, das er etwas zu laut tat, und seine Worte hingen nun unpassend zwischen den Gräbern. Auch er hatte ein rotes Grablicht mitgebracht, das er nun anzündete und zu den anderen stellte.

Katherl zupfte Wasti am Ärmel. Es war Zeit, nach Hause zu fahren.

»Soso, der Sohn ist also Linkshänder. Meinst du, er war es?«

Katherl zögerte. »Wenn Wut im Spiel ist, dann kann daraus schnell ein Unglück geschehen. Die Waffe ist zur Hand und schon ist es passiert. Schrecklich, die Vorstellung, den eigenen Vater …«

Beide hingen auf der Heimfahrt ihren Gedanken nach. Wasti ließ Katherl zu Hause aussteigen und fuhr dann weiter zu seinem kleinen Bauernhof. Als er an der Stalltür vorbeikam, sah er die Einstichlöcher, die die Heugabel hinterlassen hatte. »Dieses Katherl!«

»Wasti«, sagte Katherl am nächsten Morgen am Telefon zu ihm, »wir gehen heute wandern. Aber bitte zieh dazu deine Lederhose an. Die alte, die du sonst immer zum Arbeiten anhast.« Wasti fragte erst gar nicht nach, warum sie das wünschte. Wenn Katherl ihre Feldwebelstimme vernehmen ließ, dann befolgte man am besten ihren Befehlen. Keine Stunde später holte er sie in der gewünschten Aufmachung ab.

»Sehr fesch«, kommentierte sie sein Aussehen und stieg ein. Selber hatte sie ein Baumwolldirndl an, dazu alte Bergstiefel, die ihrer Mutter gehört haben müssen, und einen speckigen Rucksack, wie man ihn auf alten Drucken von Wilderern im Gebirge her kannte.

»Wo hast du denn den ausgegraben?«

»Auf dem Dachboden lag der. Muss wohl von meinem Großvater stammen. Der ist mit dem zusammen mit dem Prinzregenten Luitpold zur Jagd gegangen.«

Derart ausgestattet, fuhren sie in die Ramsau.

»Wir machen eine kleine Bergtour«, verriet Katherl.

»In der Verkleidung?«

»Nicht Verkleidung. Sondern so, wie zu der guten alten Zeit.«

»Ob die nur immer so gut war die alte Zeit, bezweifle ich.«

»Park hier«, wies Katherl ihn an.

»Hier, mitten im Dorf?« Wasti gefiel es gar nicht, als sein eigener Großvater verkleidet durch die Ramsau zu stiefeln.

»Geh, jetzt stell dich nicht so an. In der Ramsau fällst du in dem Aufzug sicher nicht auf.«

Da hatte Katherl natürlich recht. Im Talkessel fiel man eher auf, wenn man modern gekleidet war. Im Dirndlkleid oder Lederhose schaute einen niemand schief an. Auch konnte man zu jeder Tages- und Nachtzeit sich in Funktionsbekleidung blicken lassen. Denn dass man früh auf dem Berg oder nachts noch schnell einen Runde joggen war, wenn es sein musste mit Stirnlampe, war bei den sportbegeisterten Berchtesgadenern nicht ungewöhnlich. Jemand mit Anzug oder stylisher Kleidung fiel da viel eher auf. Darum war sich Katherl sicher, dass ihnen im Dorf keine Aufmerksamkeit zuteilwerden würde. Nur bei einem sollten sie Interesse wecken, und zu dem waren sie gerade auf dem Weg. Sie gingen den Hochgart hinauf, rechts floss der von der Schneeschmelze volle Pletzergraben. Wasti wunderte sich, warum sie für die Besteigung des gerade mal 856 Meter hohen Kunterwegkogels bergwandermäßig ausgerüstet waren. Denn das war mehr ein Spaziergang denn eine Bergwanderung.

Der Weg führte weiter zur **Kirche Maria Kunterweg** 39, deren Deckengemälde von der Vertreibung der Protestanten aus dem Berchtesgadener Land erzählte. So weit mussten sie gar nicht gehen. »Gleich sind wir da«, sagte Katherl. Das ließ Wasti ungläubig stehen bleiben.

»Wir sind doch gerade erst losgegangen. Schwächelst du schon?«

»Für heute muss es reichen. Ich verspreche dir, die nächsten Tage gehen wir auf die **Halsalm** 40, heute ist es eher eine Erkundungstour, wenn man so will.« Katherl zeigte zu dem stattlichen Anwesen, das durch die Bäume sichtbar wurde.

»Das ist unser Ziel heute.« Wasti zog die Augenbrauen hoch. »Eine Erklärung bekomme ich nicht?«

»Manchmal ist es besser, wenn du dich ganz natürlich verhältst, was du nicht kannst, wenn du weißt, worum es geht.«

Jeder andere Mann hätte auf diese Aussage hin berechtigt verschnupft reagiert. Wasti wusste, dass sie recht hatte. Schon als kleiner Bub hatte er nie ein Geheimnis für sich behalten können. Einmal hatte er sogar von sich aus dem Nikolaus gebeichtet, dass er alle Türchen seines Adventskalenders aufgemacht hat und die Schokoladentäfelchen dahinter gegessen hatte. Der Nikolaus mit seinem Kramperl war so überrascht von dem treuherzigen Geständnis, dass sie sich ein Lachen nicht verkneifen konnten. Was wiederum den kleinen Wasti verwundert hatte. Die Kramperl lachen doch sonst nie. Darum war es besser, Wasti wusste nicht zu viel.

Sie traten aus dem Wald heraus auf die Lichtung und marschierten über die Wiese direkt auf den Hof zu. Vor der mit rotem Marmor eingefassten Tür stand ein Mann, sah die beiden Wanderer und ließ sie näher kommen.

»Gott zum Gruße, ihr Wandersleute!«, rief er ihnen entgegen, was Wasti fast zum Lachen gebracht hätte. Er erkannte in ihm den Mann, den alle den »Lederhosenpreiß« nannten und den sie gestern auf dem Friedhof gesehen hatten. Eigentlich hieß der Unternehmer Heinrich Borsky. Er machte seinem Spitznamen alle Ehre, denn er trug tatsächlich eine aufwendig bestickte Lederhose.

»Griaß di!«, entgegnete Katherl und blieb auf ihren knorrigen Wanderstab gestützt stehen. Wasti hatte es sich verkniffen einen Kommentar zu diesem Wanderstock zu geben, der für den Riesen Abfalter vom Untersberg passender gewesen wäre.

»Griaß Gott«, sagte Wasti etwas zu betont, was ihm einen Rempler von Katherl einbrachte. Borsky kam ihnen entgegen, schirmte mit seiner Hand die Augen gegen die Sonne ab, die über dem **Hochkalter** 41 gestiegen war, und sagte: »Wo seid ihre denn hin unterwegs?«, fragte er sie. Wie es sich gehörte, duzte er sie. Genauer gesagt, wenn er ein Einheimischer gewesen wäre, dann hätte er sie duzen dürfen. So klang es etwas, noch dazu verbunden mit seinem Hochdeutsch, mehr als komisch.

»Wir wollen auf den Kunterwegkogel«, antwortete Katherl. Ihr Plan war aufgegangen. Borskys Wunsch, sich auf Teufel komm raus mit der einheimischen Bevölkerung anzufreunden, ließ ihn Vertrauen fassen zu solch prachtvollen Vertretern, wie sie Katherl und Wasti heute darstellten.

»Das ist schön«, bemerkte er. »Von dort hat man eine vortreffliche Aussicht auf die Ramsau.« Dabei betonte er den Ortsnamen auf der ersten Silbe, wie es viele Nordlichter taten.

»Ja, von oben schaut die Welt immer ganz anders aus. Klein und überschaubar.« Mit ihrem Stock deutete Katherl in das Tal hinab. »Da vergisst man für einen Moment, dass auch schlimme Dinge passieren.« Borsky nickte. »Schlimme Dinge passieren überall.«

»Das stimmt. Aber ein Mord passiert nur selten«, brachte Katherl schnurstracks das Thema auf den Tisch.

»Furchtbar, nicht wahr?« Borsky setzte ein betrübtes Gesicht auf. »Der arme Herr Aschauer. Welche Tragik, auf solch grausame Art und Weise ermordet zu werden.«

»Er war aber auch ein schwieriger Mensch, was sich die Leute im Dorf erzählen.« Wasti hatte das Gefühl, er musste auch etwas zur Unterhaltung beitragen. Er schielte zu Katherl hinüber, ob er etwa was Falsches gesagt hatte, aber sie nickte zu seiner Erleichterung. »Nun, wir Bauern sind halt ein eigenes Völkchen.«

Bei dieser Äußerung hätte Katherl fast losgeprustet. Was bildete sich der großkopferte »Lederhosenpreiß« eigentlich ein! Sich als Bauer zu bezeichnen, das war ja die Höhe. Laut sagte sie: »Mord ist in der Ramsau eher die Ausnahme.« Katherl betonte den Ortsnamen richtig – auf der zweiten Silbe. »Übrigens haben Sie gehört, er ist mit einer Heugabel umgebracht worden.«

»Mit einer Heugabel? Es war eine Mistgabel, hat man mir erzählt.«

»Also mir hat man von einer Heugabel im Dorf erzählt. Schließlich san mir Einheimische, uns erzählt man alles.« Diese Spitze gegen Borsky hatte gesessen. Schließlich fühlte er sich auch als Einheimischer und damit in seiner Ehre verletzt. Er stapfte zum Stall hinüber und kam mit einem bäuerlichen Arbeitsgerät wieder. »Mit so einer Mistgabel wurde der Aschauer ermordet!« Borsky streckte sie vor. »Man hat dir einen Blödsinn erzählt.«

Katherl und Wasti schauten sich an. Was Borsky in der Hand hielt war ganz offensichtlich eine Heugabel. So eine, wie sie in der Brust des Ortsbauern gesteckt hatte.

Polizeioberwachtmeister Reuber glaubte Katherl zunächst kein Wort. Mit den Händen in die Hüfte gestemmt stand sie vor ihm im Polizeirevier und verlangte, dass er Heinrich Borsky sofort verhaften müsse.

»Nur weil der Mann zu blöd ist, eine Heugabel von einer Mistgabel zu unterscheiden, macht das ihn noch nicht zu einem Mörder.«

»Wenn er aber eine dreizinkige Heugabel von einer Mistgabel mit vier viel breiteren Zinken nicht unterscheiden kann, wieso hat er dann das richtige Mordwerkzeug geholt? Doch nur, weil er als Mörder wusste, womit der Aschauer Franz umgebracht worden war.« Bedächtig wog Reuber seinen Kopf hin und her. Borsky war keiner, mit dem man sich anlegen wollte. Der hatte Freunde ganz weit oben. Das könnte für ihn kleinen Polizisten unangenehme Konsequenzen haben. Eine Strafversetzung in ein Münchner Problemviertel zum Beispiel. Reuber blätterte in seinen Akten. Beim Obduktionsbericht blieb sein Blick hängen.

»Außerdem ist das Opfer von einem Linkshänder umgebracht worden. Wissen Sie, ob Herr Borsky Linkshänder ist?«

»Nein, das haben wir nicht gesehen«, gestand Wasti ein.

»Doch, das haben wir gesehen.« Katherl beugte sich vor. »Gestern, auf dem Friedhof hat er doch die Grabkerze angezündet. Das Streichholz muss er in der linken

Hand gehalten haben, denn er hat die Kerze in der Rechten gehabt. Da bin ich mir ganz sicher.«

Reuber war nicht überzeugt, versprach aber, einmal bei Borsky vorbeizufahren.

Ihre Tour zur Halsalm gingen Katherl und Wasti dann vier Tage später. Oben blickten sie über den Hintersee hinein in das Berchtesgadener Tal bis zum Gebirgsstock des Hohen Gölls.

»Schon blöd«, meinte Wasti schließlich, »wenn man Bauer spielt, aber die Namen seiner Spielsachen nicht kennt.«

»Er ist sicher der Erste, dem eine Mistgabel zum Verhängnis wurde, und der deswegen ins Gefängnis wandert.«

»Borsky wollte sich mit dem Aschauer zu einem Gespräch in aller Frühe treffen, um ihn doch noch umzustimmen.«

»Das hat mir der Reuber erzählt«, bestätigte Katherl. »Der hat ja seinen Hof nicht weit von der Kirche und dort wollten sie sich treffen, auf neutralem Boden sozusagen und vor den Blicken der neugierigen Ramsauern geschützt.«

»Deswegen auch der frühe Zeitpunkt.«

»Genau. Der Ortsbauer wollte anscheinend nicht, dass man ihm mit dem Borsky verhandeln sah.«

»Nur dass die Verhandlung aus dem Ruder gelaufen war.«

»Sie fingen das Streiten an«, ergänzte Katherl, »und dann ist es passiert. Borsky muss dem Aschauer die Heugabel aus der Hand gerissen und ihn erstochen haben.«

»Warum hatte er eigentlich eine Heugabel dabei?«

»Das habe ich mich auch lange gefragt. Aber ich war noch einmal bei Marie im Auzinger und sie ist eine wahre Informationsquelle. Sie hat mir erzählt, der Aschauer hat eine neue Hüfte bekommen, war aber zu eitel, mit einem Krückstock herumzugehen. Deswegen stützte er sich auf der Heugabel ab. Das fiel bei einem Bauern nicht weiter auf.«

»Und der Reuber wollte dir dann immer noch nicht glauben?«

»Erst als sich zwei Zeugen gemeldet haben, die Borsky in der Früh gesehen haben, fing er das Ermitteln an. Anscheinend haben sie irgendwelche DNA-Spuren gefunden, das war ihnen dann mehr Beweis als meine Hinweise. Hauptsache, der Mörder sitzt hinter Schloss und Riegel.«

Die Sonne brachte den Schnee auf den Bergen zum Leuchten, während sich auf den Wiesen im Tal das erste frische Frühlingsgrün ausbreitete.

»Ich bin froh, dass das Gewerbegebiet nicht gebaut wird. Unsere Landschaft ist einfach viel zu schön, um sie zuzubauen.«

»Mit dir hier in der schönen Landschaft zu sitzen ist überhaupt das Schönste.« Sie lächelten sich an, dann schauten sie wieder etwas verlegen auf die Berggipfel.

26 Im Ortsteil **Unterstein** in Schönau am Königssee befindet sich nicht nur die Touristinformation, sondern auch ein kleiner Bergkurgarten mit Kneippbecken und einem runden Gradierwerk. Während die Eltern etwas für ihre Gesundheit tun, können die Kinder gleich daneben auf dem Spielplatz toben. Im Winter bietet das Gelände einen rasanten Schlittenhang.

27 Eine ungewöhnliche Landschaft stellt das **Wimbachgries** dar. Der breite Schuttstrom schafft fast unmerklich jedes Jahr 4.500 Tonnen Gestein aus dem Tal. Bis zum Gasthof Wimbachschloss ist der Weg sogar kinderwagentauglich. Zur Wimbachgrieshütte ist es dann noch ein gutes Stück, aber der Weg lohnt sich wegen der faszinierenden Landschaft im Rücken des Watzmanns.

28 Wer informiert sein will, was in Berchtesgaden los ist, sollte den **Berchtesgadener Anzeiger** lesen. Seit 1882 ist er die Heimatzeitung für das Berchtesgadener Land. Die tägliche Serviceseite listet alle Termine und Veranstaltungen der Region auf.

29 Den Name »**Zauberwald**« trägt dieser Fußweg zwischen dem Bergsteigerdorf Ramsau und dem Hintersee zu Recht. Er folgt der Ramsauer Ache und führt an großen Findlingen vorbei quer durch den Wald. Das Wasser bahnt sich seinen Weg durch die fast urwaldartige Landschaft. Hölzerne Brücken sorgen für trockene Füße.

30 Am Ende des Weges gelangt man zum **Hintersee.** Durch einen Felssturz wurde vor über 3.000 Jahren der Klausbach blockiert und der Gebirgssee aufgestaut. Gemütlich sollte man um den See herum spazieren und die verschiedenen Ausblicke genießen. Im Winter die Schlittschuhe nicht vergessen, denn er friert fast immer zu.

31 Am Anfang des Wimbachgries liegt das Wimbachlehen mit seiner eigenen Schafszucht. Die Wollprodukte kann man im Hofladen erwerben. Hier bezahlt man auch den Eintritt zur **Wimbachklamm**. Das tosende Wasser hat sich eine enge Schlucht in das Gestein gegraben. Über Holzstege und Brücken führt der Weg durch das dramatische Naturschauspiel.

32 Oberhalb vom Bergsteigerdorf Ramsau bietet die **Deutsche Alpenstraße** beeindruckende Ausblicke in die Landschaft. Auch Queralpenstraße genannt, verbindet sie über 450 Kilometer das Berchtesgadener Land mit dem Bodensee. Prachtvolle Schlösser, herrliche Seen, urige Dörfer und immer wieder unbeschreibliche Panoramaausblicke auf die Alpen kann man auf dieser Ferienstraße erleben.

33 Der Blick auf die Ramsauer Dorfkirche **St. Sebastian** ist legendär. Er bietet alles, was für Bayern steht – einen munteren Gebirgsbach, die barocke Kirche, die Berge im Hintergrund und den weiß-blauen Himmel über allem. Die spätgotischen zwölf Apostel im Inneren sind von besonderem Wert.

34 Mit seinen 1.304 Metern ist der **Grünstein** in Schönau am Königssee nicht besonders hoch. Dafür ist er auch für den Ungeübten zu erreichen und bietet ein richtiges Bergerlebnis. Den Watzmann ist zum Greifen nahe und das Berchtesgadener Tal breitet sich vor den Augen aus. In der Grünsteinhütte gibt es eine schöne Brotzeit.

35 Am Eingang zum Alpennationalpark liegt das Klausbachhaus. Das alte Bauernhaus beherbergt eine Informationsstelle des Nationalparks. Die geteerte Straße führt in das **Klausbachtal** hinein. Im Winter kann man bequem bis zur Hirschfütterung spazieren und die schönen Tiere in ihrem Winterquartier beobachten.

36 Wer eine original oberbayerische Wirtschaft aus der guten alten Zeit sehen möchte, muss unbedingt im **Gasthof Auzinger** einkehren. Die historische Gaststube, die bayerische Küche und die freundlichen Wirtsleute passen wunderbar zusammen. Der Gasthof ist nach Babette Auzinger genannt, die ihn 1879 übernommen hatte. Die Landschaftsmaler des 19. Jahrhunderts hatten diesen Fleckchen Erde entdeckt und so entstand eine Künstlerkolonie. Die Bilder der Maler machten die Schönheit der Gegend in ganz Deutschland bekannt und förderten so den Tourismus.

37 Der **Malerrundweg** in der Ramsau zeigt die Bilder an ihrem Entstehungsort. Sie waren sozusagen die ersten Werbebilder des Berchtesgadener Landes. Der

Rundweg um den Hintersee ist so malerisch, kein Wunder, dass er die Künstler inspiriert hat.

38 Der **Nationalpark Berchtesgaden** wurde 1978 gegründet und ist der einzige Alpen-Nationalpark Deutschlands. Sein Markenzeichen ist der Steinadler. Rund 16 Adlerpaare leben heute im Nationalpark, in dem die Natur Natur sein darf und der Mensch nicht weiter in die natürlichen Prozesse eingreift. Die vielen Führungen sind informativ und dazu noch kostenlos.

39 Protestanten werden die Rokokokirche **Maria Kunterweg** mit gemischten Gefühlen betrachten. Zeigt doch das Deckengemälde die Vertreibung der protestantischen Bevölkerung von 1733 aus der katholischen Fürstpropstei Berchtesgaden.

40 Eine abwechslungsreiche Rundwanderung führt zur **Halsalm** hinauf. Die traditionell bewirtschaftete Alm bietet einen herrlichen Ausblick auf den Hintersee. Rund drei Stunden benötigt man für den Weg, die langen Pausen nicht eingerechnet, in denen man die Natur genießt.

41 Der **Hochkalter** mit seinen 2.607 Metern ist nur etwas für geübte Bergwanderer. Doch bis zur Blaueishütte, unterhalb des gleichnamigen Gletschers auf 1.680 Metern gelegen, kommt man auch mit etwas weniger Kondition. Den fantastischen Blick in die Alpen hat man allerdings nur vom Gipfel aus.

WER DIE BÖSEN GEISTER STÖRT

Früher floss die Sole in ausgehöhlten Baumstämmen vom **Salzbergwerk** 42 in Berchtesgaden zur Saline in Bad Reichenhall. Heute führt der **Soleleitungsweg** 43 die alte Trasse entlang. Katherl war bei diesem herrlichen Frühlingswetter nicht die Einzige, die unterwegs war. Denn das Schöne an diesem Weg war nicht nur die Aussicht, sondern dass er recht eben auf der Höhe entlang führte. Im lichten Wald blühten die Leberblümchen und die Himmelsschlüsselchen hatten den blauen Himmel aufgesperrt. Eigentlich könnten die kleinen Blumen auch Herzensschlüsselchen heißen, denn ihre fröhliche gelbe Farbe ließ einem nach dem langen Winter das Herz aufgehen. Es roch nach Wald und Wachstum. Vereinzelt summten erkundungslustige Bienen umher, um die ersten Blüten aufzusuchen. Schade, dass Wasti keine Zeit hatte, fand Katherl. Aber er musste im Stall eine Leitung reparieren und deswegen war sie ausnahmsweise allein unterwegs, was für die beiden inzwischen eher ungewöhnlich war. Neben der Aussicht und der Bequemlichkeit des Weges machten ihn vor allem die Gasthäuser beliebt, an denen er vorbei führte. Eines davon war das Söldenköpfl, das in Sichtweite von Katherl auftauchte. Als sie auf die Terrasse trat, musste sie enttäuscht feststellen, dass alle Tische besetzt waren. Sie hatte sich schon damit abgefunden, sich reinsetzen zu müssen, als ihr am anderen Ende jemand zuwinkte. Katherl erkannte den Polizeihundeführer Moritz Hauser.

»Setz dich her, Katherl.« Er wies auf den freien Platz ihm gegenüber. »Ganz schöner Andrang heute.«

»Kein Wunder bei diesem Wetter.« Katherl nahm die Einladung gerne an. »Drinnen sitzen zu müssen, wäre direkt eine Strafe.«

»Das muss man genießen.« Mit einer ausholenden Bewegung zeigte Hauser auf alles – sein Bier, die Berge und den blauen Himmel.

»Das ist eben das Problem, dass wir eigentlich in Berchtesgaden zu gar nichts kommen dürften vor lauter Genießen«, lachte Katherl. »Immer ist es schön und beeindruckend, schauen die Berge besonders aus und die Landschaft herrlich. Da ist man direkt froh um einen Regentag.«

»Da ist was Wahres dran. Immer genießen geht nicht. Darum verliert man manchmal den Sinn für das Schöne um einem herum, da hat der Alltag uns fest in der Hand.« Hauser nahm einen tiefen Schluck.

»Wenn man hier wohnt, dann hat man ein wenig die Pflicht finde ich, all diese Schönheit angemessen zu würdigen. So viele Gäste kommen extra hierher, um Urlaub zu machen, und wir dürfen das ganze Jahr hier wohnen.«

»Eigentlich fast ein Luxus, oder?«

Beide schauten schweigend auf das Panoramabild, das sich vor ihnen ausbreitete.

»Ein schöner Luxus, und gar nicht teuer. Die Berge gibt es umsonst.« Katherl lächelte. Da spürte sie eine kalte Schnauze an ihrer Wade. »Wen haben wir denn da?«, rief Katherl aus und kroch halb unter den Tisch. »Das ist ja Püppi.« Der Polizeihund fand nämlich, dass es höchste Zeit war, ihm wenigstens etwas Beachtung zu schenken. Heftig wedelte er mit dem Schwanz, als Katherl ihn zu kraulen anfing. »Du bist der Allerbeste, Püppi.« Der braune

Gebirgsschweißhund drückte sich genüsslich an Katherl. »Was hast du denn da am Halsband?« Es war ein kleiner Lederbeutel. »Ist da deine Adresse drin oder ein Leckerli für Notlagen? Nein, jetzt weiß ich es. Du bist ein Polizeihund und dort bewahrst du deine Handschellen auf.«

Hauser seufzte.

»Nanu, Moritz, was gibt es denn da zu seufzen? Habe ich etwas Falsches gesagt«, fragte Katherl verdutzt.

»Nein, das nicht.« Hauser seufzte wieder und musste einen weiteren tiefen Schluck von seinem Bier nehmen. »Es ist nur so, dass meine Frau Marianne ihm das Ledertäschchen an das Halsband gebunden hat.«

»Und was ist drin?«

»Das ist es ja gerade.« Hier zögerte Hauser etwas, aber er kannte Katherl schon lang genug und sie war keine der berüchtigten Berchtesgadener Ratschkathln. »Da drinnen steckt ein Heilstein. Ein Hundeheilstein.«

»Ein was?« Fast hätte sich Katherl an ihrem Erdbeerkuchen mit dem großen Klecks Sahne aus der **Berchtesgadener Land Molkerei** 44 verschluckt.

»Ein Heilstein, damit Püppi sich auf seine Arbeit als Spürhund besser konzentrieren kann.« Hauser nestelte verlegen an der Hundeleine.

»Aha.« Katherl war etwas verständnislos. Da erzählte ihr Hauser, dass Marianne seit einiger Zeit mit den Alpenschamanen vom Untersberg unterwegs war.

»Seitdem trommelt sie bei Vollmond, und überall stehen Räucherkerzen. Und im Garten hat sie eine Venusblume aus Steinen gelegt, damit unser Energiefluss besser wird, hat sie behauptet.«

Katherl hatte schon von den Alpenschamanen gehört. Die Gruppe traf sich entweder in **Johannishögel** 45 mit

Blick auf den **Untersberg** 46 oder gleich auf dem Untersberg selbst. Mit ihren Zeremonien riefen sie diverse Erdgeister an. Der Untersberg war seit alters her sagenumwoben, da passten die Alpenschamanen schon hin. Die alten Sagen berichteten von Zeitlöchern und ein mancher war vom Berg verschluckt worden. Und als er wieder herauskam, war draußen viel mehr Zeit vergangen als im Berg selber. Nur als die Alpenschamanen bei der spektakulären Höhlenrettung vor ein paar Jahren meinten, dass der Untersberg sich mit dem Unglück gegen die weitere Erforschung seines Inneren wehren würde, war sie damit bei den Bewohnern des Tals auf wenig Verständnis gestoßen.

»Mir ist das Ganze nicht geheuer«, rückte Hauser mit der Sprache heraus. »Seitdem sammelt Marianne Kräuter und bittet die Erdmutter um Hilfe. Außerdem drängt sie mich dauernd, ich soll mitkommen, das würde meinem Energiefluss helfen und mir Kraft geben. Aber mir gibt nur das hier Kraft.« Er hob sein Glas und prostete Katherl zu.

»Das ganze kostet mich nur viel Kraft, und zwar Nervenkraft.« Hauser beugte sich zu Katherl hinüber. »Ich glaube, das geht dort nicht mit rechten Dingen zu«, und er wurde noch leiser. »Drogen sage ich nur.« Unruhig blickte er sich um, ob jemand mithörte. »Ich kann als Polizist einpacken, wenn das mit meiner Frau und den Spinnern dort oben rauskommt.«

»Na, so schlimm wird es schon nicht sein«, wollte ihn Katherl beruhigen. Ohne Erfolg. Hauser war sich sicher, dass er zum Gespött der Dienststelle werden würde.

»Außerdem war mir meine alte Marianne lieber als die Schamanin vom Untersberg, wie sie sich neuerdings nennt.«

Katherl schaute Hauser mitleidig an. Plötzlich eine Alpenschamanin im Haus zu haben, war nicht nur für einen Berchtesgadener Mann nicht leicht zu verkraften. Da kam ihr eine Idee.

»Moritz, weißt du was, ich werde mich mal unter die Alpenschamanen mischen. Mich interessiert seit einiger Zeit, was die so treiben. Es kursieren die wildesten Gerüchte, und wie eine alte Hexe schaue ich sowieso aus.«

»Das würdest du machen? Ich will Marianne nicht überwachen und sie kann ja gerne an einen Geist im Untersberg glauben, aber ich habe Angst, sie lässt sich da auf etwas ein, was sie nicht mehr unter Kontrolle hat.« Dass er ein wenig eifersüchtig auf den Alpenschamanen war, von dem Marianne schwärmte, wollte er Katherl aber nicht erzählen. Brauchte er auch nicht, denn sie ahnte es. Es war abgemacht, Katherl wurde undercover zur Alpenschamanin.

»Wasti, ich habe uns bei einem Workshop angemeldet.« Katherl hockte auf der Hausbank, während Wasti unter seinem Fendt Bulldog lag und herumschraubte. Die eine Mutter saß fest, er bekam sie einfach nicht auf. Darum schenkte er der Neuigkeit nicht die notwendige Aufmerksamkeit. Er hatte noch nie in seinem Leben an einem Workshop teilgenommen, außer man würde den Erste-Hilfe-Kurs gelten lassen.

»›Trete in Kontakt mit Mutter Erde‹ heißt der Workshop und er findet am Untersberg mit bei den Alpenschamanen statt.«

»Autsch!« Vor lauter Schreck war Wasti hochgefahren und hatte sich den Kopf gestoßen. Gedämpft fluchend rutschte er unter dem Bulldog hervor. Er hatte das ungute Gefühl, dass es besser war, von Angesicht zu Angesicht mit Katherl zu reden.

»Noch mal ganz langsam. Was machen wir beide?«

»Einen Workshop am Untersberg.« Katherl lächelte ihn an. »Um mit der Erdmutter in Kontakt zu kommen.«

»Katherl, schau mich an.« Er zeigte auf seine staubige und mit Erde verschmierte Arbeitshose. »Glaub mir, ich bin genug mit der Erde in Kontakt.«

»Wir wollen ja auch mehr geistig mit ihr Kontakt aufnehmen.«

»Du nimmst mich auf den Arm!« Das war wohl einer der komischen Scherze von Katherl.

»Nein, Wasti, es ist mein voller Ernst. Am Wochenende geht's los. Übrigens Trommeln und Rasseln sind ausdrücklich erwünscht.«

Wasti zeigte mit dem Schraubenschlüssel Katherl einen Vogel. »Ich mache wirklich viel für dich, aber bei den Verrückten vom Untersberg werde ich mich nicht blicken lassen.«

Eine Woche später befanden sich die beiden im **Marienheilgarten** 47 in Großgmain, zusammen mit acht anderen Teilnehmern, die ebenfalls zwecks Kontaktverbesserung zur Erdmutter den Kurs gebucht hatten. Wasti biss die Zähne zusammen. Neben ihm stand eine Frau, die Federn in ihr Haar geflochten hatte und eine Gänseblümchenkette um ihren Hals trug.

»Ich bin die Mareike«, stellte sie sich vor.

»Wasti«, kam die etwas einsilbige Antwort.

»Servus, und ich bin das Katherl. Wasti ist heute etwas angespannt, er braucht unbedingt mehr positive Energie, nicht wahr?«

Wasti funkelte sie so böse an, wie es ihm möglich war – also nicht wirklich böse.

»Beachte den alten Brummbär gar nicht. Er ist noch nicht so ganz überzeugt, ob er tatsächlich mit der Erdmutter in Kontakt treten will.«

»Ach, das kenne ich. Mein Freund wollte damals auch nicht mit und wurde dann ganz verwandelt. Der Berg hat ihn zu einem anderen Menschen gemacht.« Sie schaute Wasti fröhlich an. »Du wirst sehen, Chi-Bumm macht das ganz, ganz toll und einfühlsam.«

»Ist dein Freund heute auch dabei?«, fragte Katherl nach.

»Nein, wir haben uns kurz darauf getrennt. Anscheinend hatten ihn die Berggeister aufgefordert, in der Gegend herumzuvögeln. Aber freie Liebe, das ist nicht so mein Ding. Aber entschuldigt, ich will noch meine Atemübung vorher machen.«

Katherl nickte verständnisvoll und Wasti schnaubte verständnislos.

»Wer ist denn dieser Chi-Bumm?«, wollte er wissen.

»Das ist unser Alpenschamane, der den Kurs gibt. Er müsste eigentlich gleich kommen.«

»Nun ja, wer an unerklärliche Zeitphänomene glaubt, muss nicht pünktlich kommen. Der kann immer sagen, er ist in einem Zeitloch festgesteckt, auch wenn es nur der übliche Stau auf der A 8 war.«

Wasti schaute missmutig die anderen Teilnehmerinnen und Teilnehmer an. Er stutzte. »Ist das nicht die Marianne, die Frau vom Hunde-Hauser?« Er schaute Katherl fragend an.

»Das ist sie, tatsächlich«, sagte sie, vielleicht etwas zu schnell. »Schau, sie winkt uns zu.«

Wasti zog die Augenbrauen nach oben. Ihm dämmerte etwas. »Sag mal, sind wir wegen ihr da? Hattest du im Söldenköpfl nicht neulich den Hunde-Hauser getroffen?«

Katherl rückte mit der Wahrheit heraus. »Ich habe Moritz versprochen, mich bei den Alpenschamanen ein wenig umzuschauen. Außerdem interessiert mich wirklich, was die machen.«

Zu mehr Erklärung kamen sie nicht, denn ein Mann trat hinzu und sofort verstummten alle Gespräche. Fasziniert schaute Wasti ihn an. Chi-Bumm sah aus wie eine Mischung aus Indianer und Trachtler. Er trug eine Lederhose, aber dazu Wildlederstiefel, die mit Perlen verziert waren. Das Leinenhemd war weit geöffnet und verschiedene Ketten baumelten vor seiner Brust, an denen ein Ledersäckchen hing, wie Püppi eines hatte. Seine Haare waren zu einem Pferdeschwanz gebunden und eine große Adlerfeder steckte in ihnen.

»Ist er nicht beeindruckend?«, wisperte Mareike.

»Irgendwie schon«, musste Wasti zugeben. Es war eine beeindruckende Frechheit, dass er eine Lederhose mit diesem anderen Schnickschnack trug.

Chi-Bumm begrüßte sie mit einer Anrufung der Erdmutter und mit der damit verbundenen Bitte, alle zu segnen. »Am Anfang holen wir uns hier im Marienheilgarten Kraft für die Zeremonie. Jeder sucht sich seinen Kraftort und tankt an diesem Kraftfeld, bis ihr voller guter Energie seid. Ihr werdet sie auf dem Berg brauchen.« Chi-Bumm scheuchte sie mit wedelnden Armbewegungen wie Hühner auf. Während er sich eine Zigarette anzündete, wanderten die Teilnehmer umher. Diese bestanden, neben Katherl und Wasti, Marianne und der Federnfrau Mareike, aus einem älteren Ehepaar, das sich als Lehrer für Mathematik beziehungsweise Handarbeit vorgestellt hatte, und drei anderen Frauen sowie einem schweigsamen jungen Mann. Die Teilnehmerinnen und Teilnehmer suchten sich ihre Kraftorte. Manche hockten sich zu dem Steinkreis, andere zu dem Herzmosaik aus Stein oder zu einer Figur, die mitten im Garten stand. Zu der war Marianne gegangen und Katherl stellte sich daneben. Schweigend und mit gesenkten Liedern standen sie da. Katherl linste durch ihre halb geöffneten Augen, um zu sehen, wie Marianne Energie tankte. Doch sie unterließ es, wie sie ihre Hände zum Himmel emporzustrecken. So viel Energie würde sie schon nicht brauchen.

Wasti hatte sich schnell von der Gruppe abgesondert und ein Bankerl am äußeren Rand des Gartens gefunden. Hier setzte er sich hin, Kraftfeld oder nicht, es war ein schönes Plätzchen, das musste er zugeben.

Nach 20 Minuten, Katherl hatte schon angefangen, unruhig von einem Bein auf das andere zu treten, bat Chi-Bumm, dass sich alle versammeln, und erklärte die Weiterfahrt zum Untersberg.

»Das sind mir die Richtigen«, sagte Wasti, als sie zum Wanderparkplatz Hallthurm fuhren. »Erst Kraft tanken und dann mit dem Auto weiterfahren. Ökologisch scheint mir das nicht zu sein.« Aber die Zeit auf dem Bankerl hatte ihm gefallen, was er aber nie zugegeben hätte. Für sich hatte er dort beschlossen, den Tag mit Katherl zu genießen und ihr zuliebe bei dem ganzen Blödsinn mitzumachen. Solange er nicht trommeln musste.

Sie parkten am Hallthurm und marschierten los. Chi-Bumm vornweg, seine Trommel schlagend. Nur wenn er rauchte, schwieg sie. Auf dem **Maximiliansreitweg** 48 ging es das erste Stück entlang, um dann Richtung Nierntalkopf links abzuzweigen.

»Der Untersberg«, erzählte Mareike, die neben Wasti ging, anscheinend hatte sie ihn zu ihrem Begleiter auserkoren, »ist ja das Herzchakra Europas. Der Dalai Lama hat das gesagt. Ist das nicht fantastisch? Der ganze Berg pulsiert wie das Herz und strahlt seine ganze Energie ab. Das ist hier alles so aufgeladen und unglaublich mystisch.« Mareike hatte sich in Fahrt geredet und war ungefähr genauso schwer zu stoppen wie ein Lastwagen mit versagenden Bremsen auf der **Roßfeldpanoramastraße** [49].

»Es gehen ganz viele Energielinien von ihm aus. Zusammen mit dem Watzmann und dem Hohen Göll, als den drei heiligen Bergen in Berchtesgaden, bildet er ein richtiges Dreieck.«

Hier wollte Wasti einwerfen, dass drei Punkte immer ein Dreieck bilden und das war keine Mystik, sondern Mathematik. Er ließ es aber bleiben, denn am Berg brach man keinen Streit vom Zaun.

»Unterirdisch«, fuhr Mareike fort, »ist er mit den zwölf Untersbergkirchen verbunden, in denen die Untersbergmandl ihre nächtlichen Messen feiern. Und vielleicht erleben wir eine Zeitanomalie. Stell dir vor, wir verbringen nur einen Tag am Berg und wenn wir herunterkommen, sind inzwischen Jahre vergangen. Chi-Bumm hat schon viele solcher wahnsinnigen Erlebnisse auf dem Berg gehabt.«

Die Zeitanomalie erlebte Wasti gerade, denn das Ganze hier war reine Zeitverschwendung. Er beschleunigte seinen Schritt. Wäre doch gelacht, wenn er sich nicht ganz elegant von der Federnfrau absetzen könnte. Aber er hatte sich getäuscht. Mareike hielt spielend mit, ohne in ihrem Redeschwall gebremst zu werden. Gerade erzählte sie ihm von einer Ley-Linie, die von der Stiftskirche in Berchtesgaden über München bis nach Karlsruhe führte. »Entlang dieser heiligen Linien spannt sich ein ganz besonderes Kraftfeld.«

Wenn man lang genug sucht, dachte Wasti bei sich, finden sich immer Orte, die auf einer Linie liegen. Etwas Besonderes schien ihm das nicht zu sein.

»Am Untersberg gibt es verschiedene Portale in die Anderswelt. Die Berggeister gewähren manchmal einen Blick auf die andere Seite. Aber um da nicht verrückt zu werden, muss man geistig schon sehr weit entwickelt sein.«

Und du hattest definitiv einen Blick zu oft in die Anderswelt, war sich Wasti sicher.

Katherl ging mit ruhigen Schritten neben Marianne her. Auch die erzählte begeistert von ihren Erlebnissen mit dem Schamanen.

»Am schönsten sind die Sonnenwendfeuer. Die geben mir so viel Kraft.« Im Winter waren sie auf dem **Hochschwarzeck** 50 gewesen und hatten gemeinsam das große Feuer angezündet. »Das war richtig magisch.«

Das konnte sich Katherl gut vorstellen. Im Dunkeln auf einem schneebedeckten Berg ein Feuer zu entfachen, musste einfach beeindruckend sein. Allerdings hörte sie aus den Erzählungen von Marianne heraus, dass sie neben Kindern und Haushalt noch etwas anderes in ihrem Leben haben wollte.

»Den eigenen Horizont erweitern, neue Leute kennenlernen mit anderen Iden, das finde ich faszinierend.« Katherl verstand sie. Ihr Mann hatte Püppi und die ganzen Ausbildungslehrgänge in ganz Bayern und sie sollte daheim nur alles in Ordnung halten.

»Es tut gut, etwas Frisches zu erleben«, gab ihr Katherl recht. »Deswegen sind Wasti und ich auch hier.«

»Dass Wasti dabei ist, finde ich beeindruckend. Moritz würde nie mit mir hier mitgehen.«

»Ja, mein Wasti, das ist so ein alter Schamane!« Die beiden Frauen lachten. »Mit der blonden Federnfrau scheint er sich prächtig zu unterhalten.« Katherl zeigte nach vorn, wo die beiden mit flottem Schritt um die nächste Wegkurve bogen.

Wasti hatte gedacht, Mareike mit seinem Tempo abhängen zu können, aber sie hielt mit ihm Schritt. Schließlich blieb er etwas außer Atem stehen und sagte anerkennend: »Also, dass du bei dem Tempo noch munter reden kannst, Respekt!«

»Weißt du, ich mache viel Sport. Pilates, Yoga und Ausdauertraining. Da werde ich so einen Berg auch schaffen, selbst wenn wir in Düsseldorf nur die längste Theke der Welt und keine hohen Berge haben.«

»Da fährst du den weiten Weg her, um am Berg zu trommeln?«, fragte Wasti überrascht.

»Natürlich. Ein Wochenende mit Chi-Bumm hilft mir ungemein, um meine Batterien wieder aufzuladen. Du hast es ja gut, du lebst hier. Wir aus der Stadt haben viel mehr das Bedürfnis, mit der Erde wieder in Berührung zu kommen.«

Die Bemerkung, dass auch Düsseldorf auf Erde gebaut ist und seines Wissens, auch wenn er noch nie dort gewesen war, nicht in der Luft schwebt, verkniff er sich und fragte stattdessen: »Was machst du beruflich?«

»Ich bin Rechtsanwältin«, sagte Mareike. Der Blick von Wasti sprach Bände. Sie lachte, strich sich über ihre Federn im Haar und sagte: »Vor Gericht trage ich natürlich keine Federn. So weit ist unsere Gesellschaft noch nicht, das ist mir schon klar.«

Eine G'studierte, die auf solchen Mumpitz hereinfiel? Unglaublich! Aber bitte, wenn sie was vom Untersberg hören wollte, dann konnte auch er ihr was erzählen. Schließlich war er hier der Einheimische und seine Schullehrerin hatte manchmal vom Untersberg erzählt. »Man muss aber aufpassen, wenn man ein Untersbergmandl trifft. Sie locken einen in die Höhlen und zeigen einen riesigen Schatz aus Gold. Aber hinterher findet man den Eingang zu der Höhle nie mehr, also lieber gleich die Taschen voller Gold stecken.«

»Danke für den Tipp! Werde ich mir merken.«

»Wenn du gefahrlos die Untersbergmandl sehen möchtest, dann kannst du das in Bad Reichenhall tun. Wasti erzählte Mareike von den Untersbergmandln aus Messing am Solebrunnen in der Wandelhalle.

Im Eisenrichterwald bog Chi-Bumm vom Weg ab. Die Bäume standen dicht und sie mussten sich durch das Dickicht zwängen. Nach ein paar Minuten lichtete sich der Wald und eine Wiese wurde sichtbar. Das war das Ziel ihrer Wanderung. Das Lehrerehepaar aus Wuppertal war froh und ließ sich erschöpft nieder. Zwei Frauen, die nicht viel geredet hatten, tranken gierig aus ihren Wasserflaschen und Mareike holte schon einmal ihre Trommel hervor. Marianne stand mit Katherl am Rande der Lichtung. Als Wasti sie, forsch wie er nun mal war, betreten wollte, wurde er von Chi-Bumm zurückgepfiffen.

»Halt, nicht hineintreten. Wir müssen den Platz erst energetisch reinigen.« Zu diesem Zweck holte er aus seinem Rucksack eine Räucherschale, in die er eine Räucherkohle legte, sie anzündete und aus seinem Lederbeutel, den er um den Hals trug, einige Kräuter darüber rieseln ließ. Mareike durfte die Trommel schlagen, während Chi-

Bumm mit der einen feinen Kräuterduft verströmenden Schale die Stelle gemessenen Schrittes umrundete. Als er einmal herum war, wobei er einmal beinahe über einen Stein gestolpert wäre, so sehr war er auf seinen Rauch und die Beschwörungen konzentriert, die er murmelte, ging er zur Mitte. Hier verbeugte er sich in alle vier Himmelsrichtungen. Zumindest in jene Richtungen, die er dafür hielt. Wasti war sich da nicht sicher, er hatte gelernt, dass Süden im Süden und Norden im Norden liegt und nicht irgendwo zwischendrin. Aber wer wollte hier kleinlich sein.

»Ich, Chi-Bumm, Schamane vom Untersberg rufe die große Erdmutter an. Wir stellen uns unter ihren Schutz. Sei hier bei uns in dem heiligen Kreis.«

»Ich bin mir sicher, dass in seiner Geburtsurkunde nicht Chi-Bumm steht«, flüsterte Wasti Katherl zu, »sondern wahrscheinlich Heinz oder Martin. ›Ich, Heinz, rufe die Erdmutter‹ klingt gleich nicht mehr beeindruckend.« Katherl musste kichern, was ihr einen geübt drohenden Blick von der Lehrerin einbrachte. Als der Platz gereinigt war – von was auch immer, wunderte sich Katherl, hier mitten auf dem Berg gab es nur unberührte Natur –, durften sie sich im Kreis aufstellen.

»Wir vollziehen jetzt ein Begrüßungsritual, damit wir hier auf diesem Platz willkommen sind.« Wer eine Trommel dabeihatte, forderte Chi-Bumm sie auf, solle sie doch bitte zum Lob der Erdmutter und den Berggeistern erklingen lassen.

Das ist eigentlich der Punkt, an dem ich gehen sollte, überlegte Wasti. Dass er es nicht tat, würde er sicher noch lange bereuen.

»Gut, dass ich meine zweite Trommel mitgenommen habe«, sagte Mareike fröhlich und ehe Wasti wusste, wie ihm geschah, hielt er eine kleine Trommel in seinen großen Händen. Zögerlich schlug er im Takt mit den anderen auf das Trommelfell und betete für eine plötzlich auftauchende Zeitanomalie.

»Wenn das meine Schafkopfspezeln erfahren, bin ich geliefert für alle Zeiten«, beschwerte er sich bei Katherl.

»Das werden die Berggeister schon verhindern.« Katherl lächelte ihn aufmunternd zu, spürte aber innerlich ein schlechtes Gewissen. Vor allem, da nun im Kreis getanzt wurde. Zwei Schritte nach links und drei nach rechts. Auf diese Weise umrundeten sie langsam die Wiese. Chi-Bumm entfachte inzwischen ein kleines Feuer in der Kreismitte, auf das er immer wieder die getrockneten Kräuter warf. Der würzige Duft, der rhythmische Schlag der Trommeln, die kreisende Bewegung – Wasti entspannte sich zusehendes und selbst die Sorge um seinen in letzter Zeit so anfälligen Fendt Bulldog war weit weg.

Auch Katherl konnte sich der hypnotischen Wirkung der Zeremonie nicht entziehen. Deswegen war sie sich hinterher gar nicht sicher, wann die Gestalt im Wald aufgetaucht war. Irgendwann war sie in ihr Blickfeld geraten und zuerst dachte sie an eine Halluzination. Denn die Gestalt im Wald glich Chi-Bumm. Er trug Lederhose und Indianerschmuck, nur hatte er einen speckigen Lederhut auf dem Kopf, in dem die Adlerfeder steckte. Nach und nach sahen auch die anderen ihn und die Konzentration war vorbei. Der Rhythmus ging durcheinander und nichts passte mehr zusammen. Chi-Bumm merkte das und blickte vom Feuer auf. Der andere Mann trat aus dem Wald. »Na, Chi-Bumm, mal wieder hier unterwegs? Obwohl wir dir gesagt hatten, dass du mieser Betrüger dich hier nicht mehr blicken lassen sollst?« Der Angesprochene richtete sich zu seiner vollen Größe auf und schaute finster, sagte aber nichts.

»Chi-Bumm, oder soll ich nicht lieber Heinz Blümel aus Gelsenkirchen zu dir sagen? Mal wieder ein paar gutgläubige Opfer für deinen Hokuspokus gefunden?« Der Mann war an den Kreis getreten und das Lehrerehepaar wich ängstlich auseinander und machte ihm Platz. »Heinz, hast du beim letzten Mal nicht verstanden, dass wir Alpenschamanen dich hier nicht dulden werden? Du bist keiner von uns! Bevor du den gutgläubigen Menschen hier vom magischen Untersberg erzählst, kläre sie lieber über dein Strafverfahren wegen Verstoßes gegen das Heilpraktikergesetz auf. Das wird sie vielleicht mehr interessieren als die Zeitphänomene, die du angeblich erlebt hast. Das einzige Zeitphänomen war nämlich dein Gefängnisaufenthalt vor zwei Jahren wegen Betrugs! Also verschwinde von hier, ein für alle Mal!« Bei den letzten Worten warf er etwas Schwarzes in den Kreis. Mareike schrie auf und die beiden anderen Frauen fielen mit ein.

Eine große schwarze Krähe lag tot vor ihnen.

Chi-Bumm war kreidebleich geworden. Da stürzte er plötzlich brüllend auf den anderen, doch der war schneller, sprang zurück und war einen Augenblick später zwischen den Bäumen verschwunden.

»Dich mache ich fertig!«, schrie er ihm nach. Als er sich umdrehte, schauten ihn zehn ratlose bis bestürzte Gesichter an. In Windeseile packte Chi-Bumm seine Sachen zusammen und verschwand ebenfalls. Nur ein wütendes »Scheiße!« hinterließ er auf der Lichtung, das sich über den Kräuterduft legte und den letzten Rest der besonderen Stimmung vernichtete.

Das Lehrerehepaar hatte sich als Erstes wieder gefasst. »He, was ist mit unserem Geld? Wir haben den Kurs vorher bezahlt! 300 Euro für uns beide. Die wollen wir zurück!« Sie schauten entsetzt in die Runde. »Der kann doch nicht einfach so abhauen?«

»Komisch, von mir hat er nur 85 Euro verlangt.« Mareike stand, ihre Trommel in der Hand, ratlos da. Schnell stellte sich heraus, dass jeder Teilnehmer unterschiedlich für die Kontaktaufnahme mit der Erdgöttin am Untersberg gezahlt hatte. Das trug nicht zur Verbesserung der Stimmung bei.

»Wie viel hast du für den Blödsinn gezahlt?«, wollte Wasti wissen.

»Mein lieber Wasti, dich hier mit der Trommel im Kreis tanzen zu sehen, war mir jeden Euro wert.«

»Du weißt schon, dass ich das für niemanden auf der Welt getan hätte, außer für dich?«

»Da weiß ich und ich schätze es sehr.« Katherl stellte sich auf ihre Zehenspitzen und küsste Wasti.

Die anderen Teilnehmerinnen und Teilnehmer packten nach und nach ebenfalls zusammen und schweigend verließen sie die Lichtung.

»Das Feuer!«, rief Wasti aus, als die letzte angehende Schamanin gegangen war. »Das lassen die einfach brennen. Da kann der ganze Untersberg abfackeln. Das würde den Berggeistern nicht gefallen.« Mit dem Wasser aus seiner Trinkflasche löschte er es und trat mit seinen Bergschuhen den letzten Rest Glut aus. Gewissenhaft überzeugte er sich, dass nichts mehr glimmte, bevor auch sie den Rückweg antraten. Schweigend marschierten sie durch den Wald. Eigentlich hätte es ihnen egal sein können, trotzdem war dieses unerwartete Ende belastend.

Der Streit unter den Alpenschamanen hatte den ganzen Tag noch absurder gemacht.

»Wasti«, fing Katherl an, die ihm vorschlagen wollte, ihn als Entschädigung ins Berchtesgadener Bräuhaus einzuladen, als sie weiter vorn einen Entsetzensschrei hörten. Kurz schauten sie sich alarmiert an, dann liefen sie los. Ein gutes Stück weiter stießen sie auf die restlichen Teilnehmer, die in einem Kreis um etwas standen. Im ersten Augenblick dachte Katherl, sie würden wieder eine Zeremonie abhalten. Doch Wasti, größer als sie, hatte erkannt, was sich dort befand. Schließlich sah es auch Katherl. Chi-Bumm lag neben dem Weg am Boden. Sein Gesicht war voller Blut und die stolze Adlerfeder klebte am zertrümmerten Hinterkopf. Der Lehrer fühlte nach dem Puls, schüttelte dann den Kopf. Chi-Bumm war in die ewigen Jagdgründe eingegangen.

»Ich rufe meinen Mann an, der ist Polizist.« Marianne zog ihr Handy hervor und wählte. Katherl sah sich aufmerksam um. Die Teilnehmerinnen und Teilnehmer standen geschockt da. Mareike hatte die Hand vor dem Mund geschlagen, der Lehrer nahm seine Frau schützend in den Arm, eine der drei Frauen sah aus, als müsste sie sich gleich übergeben, während die anderen beiden nur geradeaus starrte. Der junge Mann hatte sich eine Zigarette angezündet und schaute zu Boden. Anstatt mit der Erdmutter hatten sie Kontakt mit dem Tod aufgenommen.

»Moritz und seine Kollegen sind bald da«, informierte Marianne die Umstehenden.

»Wir sollten alle hier warten, bis die Polizei kommt«, sagte Katherl laut. Sie hatte bemerkt, dass der junge Mann und eine der Frauen sich absondern wollten. Die Gruppe entfernte sich von dem Toten und etwas oberhalb setzten sie sich ins Gras am Wegrand. Von hier aus konnte man den erschlagenen Chi-Bumm oder besser Heinz Blümel nur erahnen.

»Chi-Bumm ist gestürzt, oder?« Mareike brach das Schweigen. »Beim Herunterlaufen gestolpert und dann unglücklich auf einem Stein gelandet.«

»Ich glaube nicht, dass es ein Sturz war«, sagte der Lehrer leise. »Sein Kopf ist völlig zertrümmert. Der ist ihm eingeschlagen worden.«

»Das glaube ich auch.« Katherl nickte dem Lehrer zu. »Ein Sturz kann solche schweren Verletzungen nicht hervorrufen. Er ist erschlagen worden.«

Diese Information mussten alle erst einmal verdauen.

»Es ist wichtig«, fuhr Katherl fort, dass jeder nachdenkt, ob er etwas gesehen oder gehört hat, als er auf dem Rückweg war. Hat euch jemand überholt oder habt ihr im Wald jemanden gewesen?«

Alle schüttelten den Kopf. Es hatte auch keiner nach dem Erlebnis mit der Krähe auf etwas geachtet. Alle waren sie mehr oder wenig eilig zurückgegangen.

»Wart ihr in einer Gruppe zusammen?«, fragte Katherl? Doch auch das konnte keiner beantworten. Jeder war vor sich hin gegangen und hat dabei nicht auf den anderen geachtet.

»Erst hier unten kamen wir alle wieder zusammen«, sagte eine der Frauen.

»Ich glaube, ich war der Erste bei dem Toten«, sagte der junge Mann plötzlich und überraschte alle, dass er tatsächlich sprechen konnte.

»Er lag da am Wegrand, beinahe wäre ich an ihm vorbeigegangen. Ich war ganz in Gedanken, bis ich die Blutlache gesehen habe. Das ganze Blut überall. Erst die tote Krähe, dann der tote Chi-Bumm.« Der Mann blickte hoch. »Das hätte ihm eine Warnung sein müssen.«

»Ich halte das nicht mehr aus!« Eine der Frauen, die bisher nur apathisch dagesessen war, sprang auf und wedelte hysterisch mit den Händen. »Das ist so entsetzlich, das machen meine Nerven nicht mehr mit!« Immer noch mit den Händen in der Luft sprintete sie los, schrie auf, als sie an dem Toten vorbeilief, und war auf dem Weg ins Tal verschwunden.

»Kannte jemand sie?«, fragte Katherl, aber alle schüttelten den Kopf. »Bei den anderen Workshops war sie nicht dabei gewesen«, meinte Marianne.

Ganz verübeln konnte man ihr die Reaktion nicht. Katherl wäre auch lieber im Tal, als hier oben mit einer Leiche am Berg. Schweigend wartete die Gruppe. Als Mariannes Handy klingelte, erschraken alle. Es war ihr Mann, der nach dem genauen Platz fragte. »Geht einfach den Weg weiter, ihr kommt automatisch zu uns und …«, sie zögerte, »der Leiche.«

Püppi war als Erste da und bellte, als er die Gruppe gefunden hatte. Freudig sprang er zu Marianne und begrüßte sein Frauchen. Danach kam Moritz Hauser heftig schnaufend herauf und erst ein gutes Stück später Polizeiobermeister Reuber. Püppi sprang zwischen seinem Herrchen und Frauchen hin und her, bis er schnüffelnd im Wald verschwand. Kurz darauf bellte er.

»Da ist jemand«, rief Hauser und folgte seinem Hund in den Wald. Dabei ächzte er gewaltig. Er war aus der Übung und seine Bergkondition ließ zu wünschen übrig. Hauser stutzte, denn im ersten Augenblick dachte er, der Mann, den Püppi gerade gestellt hatte, wäre der Tote. Dieselben

Lederhosen und dieselben Indianersachen, wie sie der Tote trug. Püppi knurrte Angst einflößend.

»Nehmen Sie den Hund weg!«, bat der Mann. Hauser pfiff Püppi ein Stück zurück, aber nicht viel.

»Kommen Sie bitte mit. Und denken Sie erst gar nicht daran, zu fliehen. Mein Hund ist viel schneller als Sie, glauben Sie mir.«

»Ich wollte nur nachsehen, was das für eine Aufregung hier unten ist«, versuchte der Mann sich zu erklären, Püppi immer im Blick.

»Kommen Sie!« Hauser war kurz davor, seine Waffe zu zücken. Ein Toter am Untersberg und seine Frau mittendrin, das ging ihm ganz schön an die Nieren und machte ihn nervös.

»Das ist der andere Schamane«, rief Mareike aus, als Hauser mit dem Mann aus dem Wald trat. »Der hatte Streit mit Chi-Bumm!«

»Aber gedroht hatte er ihm«, stellte Katherl richtig.

»Vielleicht haben sie hier unten ihren Streit fortgesetzt und er da«, Mareike zeigte auf den angeblich echten Alpenschamanen, »hat ihn erschlagen!«

»Was?«, rief der entsetzt aus. »Was soll ich gemacht haben?«

»Tun Sie nicht so überrascht«, fuhr ihn Mareike an. »Dort unten liegt Chi-Bumm mit eingeschlagenem Schädel.«

»Oh mein Gott.« Seine Bestürzung wirkte echt. »Ich hatte die Schreie gehört und bin wieder umgekehrt. Ich wollte zum **Stöhrhaus** 51 hinauf«, erzählte er.

»Sie können aber genauso gut hier unten auf Chi-Bumm gewartet haben.« Mareike funkelte ihn finster an.

»Um mich dann hier oben zu verstecken?«

»Ein Mörder kehrt immer zum Ort seiner Tat zurück«, zitierte der Lehrer die alte Derrick-Weisheit.

»Ich würde sagen«, schaltete sich Reuber ein, »bevor hier noch mehr Anschuldigungen durch die Luft schwirren, gehen wir alle nach unten. Dort wartet ein Polizeibus auf Sie und meine Kolleginnen und Kollegen werden Ihre Aussagen aufnehmen.«

Dass sie endlich von dem Toten wegkonnten, erleichterte alle. Moritz hob Marianne den Rucksack auf den Rücken, dann drückte er sie fest an sich, bis Püppi sich dazwischendrängte. Marianne beugte sich vor und kraulte den Hund.

»Darf ich ihn mit hinunternehmen? Dann fühle ich mich sicherer.« Moritz schaute kurz zu seinem Vorgesetzten, denn schließlich war Püppi im Dienst. Doch Reuber hatte nichts dagegen einzuwenden, und Marianne nahm Püppi an die Leine. Nacheinander gingen sie im Gänsemarsch den Weg entlang. Die anderen Frauen hatten sich um Wasti geschart, sodass Katherl das Schlusslicht bildete. Sie nahm ihren Rucksack und wollte gerade losgehen, als ihr ein Bauchgurt auffiel, den jemand im Gras vergessen hatte. Sie hielt ihn hoch und rief: »Wem gehört der hier?« Alle drehten sich um, schüttelten aber den Kopf. Katherl zog den Reißverschluss auf und Briefe sowie ein Foto kamen zum Vorschein. Katherl stieß einen Pfiff aus, der Püppi aufhorchen ließ. Auf dem Foto sah man Chi-Bumm Arm in Arm mit der Frau, die vorhin hysterisch davongelaufen war. Sie standen an einem weißen Strand mit Palmen und tiefblauem Meer. Seine Freundin also, dachte Katherl. Kein Wunder, dass sie vorhin total fertig mit den Nerven war und nur noch wegwollte. Der Brief war ein Liebesbrief und Katherl wollte ihn gar nicht lesen, aber ihr Blick war auf den Namen am Ende gefallen und der lautete »Heinrich«. Das kam ihr seltsam vor und darum las Katherl ihn ganz. Der Briefschreiber berichtete von seinen Kursen am Untersberg, schrieb, wie sehr er die gemeinsame Zeit in München bei ihm genossen hatte und dass der Urlaub, für den er sich ausdrücklich bedankte, einfach traumhaft war. »Möge die Kraft der Erde und des Himmels dich behüten. In ewiger Liebe, dein Seelenpartner Heinrich.« So schloss der Brief. Wieso Heinrich aus München und nicht Heinz aus Gelsenkirchen? Wieder pfiff Katherl, dass auch Hauser seine Ohren spitzte.

»Ist alles in Ordnung?«, wollte er wissen.

»Moritz, ihr müsst sofort eine Personenfahndung herausgeben. Diese Frau«, sie tippte auf das Foto, »ist die Mörderin von Chi-Bumm oder wie immer er geheißen hat.«

Die Schleierfahnder auf der Autobahn A 8 sind sehr fähige Leute. Gerade hatten sie sich eine Brotzeit beim Burger King bei der Ausfahrt Bad Reichenhall geholt und saßen in ihrem dunklen Audi, als ihnen die blonde Frau auffiel, auf die die Beschreibung passte, die gerade reingekommen war. Die beiden Polizisten nickten sich zu. Die Pommes würden sie mal wieder kalt essen müssen.

Katherl und Wasti standen auf dem Parkplatz, als die Meldung kam, dass die Verdächtige gefasst worden war. Unruhig tigerte Polizeioberwachtmeister Reuber auf und ab. Er hatte seine Leute in den Wald geschickt, um die Tatwaffe, wahrscheinlich einen großen Stein, zu finden.

»Sie war es«, war sich Katherl sicher. »In dem Augenblick, als der andere Alpenschamane ihn als Heinz aus

Gelsenkirchen entlarvt hatte, wusste seine Freundin, dass sie auf einen Betrüger hereingefallen war. Nicht weil er kein richtiger Alpenschamane wer, sondern weil er ihr eine falsche Identität vorgespielt hatte, deswegen musste er sterben.«

»Ein Heiratsschwindler und ein falscher Alpenschamane …« Reuber schüttelte den Kopf.

»Als ob es echte Alpenschamane geben würde.« Wasti blieb bei seiner Meinung.

»Ich jedenfalls habe vorerst die Nase voll von Alpenschamanen, ob echte oder falsche«, sagte Marianne und drückte die Hand ihres Mannes. Hauser strahlte. »Wir können doch auch ohne Trommeln und Räucherwerk auf die Berge gehen. Du darfst nur nicht so rasen, denn ich bin etwas aus der Übung.«

»Das machen wir!« Marianne gab ihrem Mann einen Kuss. Püppi bellte dazu freudig, als wüsste sie, dass er bald mit Herrchen und Frauchen gemeinsam wandern gehen würde.

»Er wird geküsst«, maulte Wasti zu Katherl hinüber.

Da kam Mareike und gab dem völlig verblüfften Wasti einen großen Schmatz auf die Wange.

»Ich glaube, ohne dich wäre ich nicht mehr vom Berg heruntergekommen. Du warst so ruhig wie ein Fels in der Brandung.« Sie zupfte sich eine Feder aus den Haaren und steckte sie ihm in ein Knopfloch. »Danke dir.«

Auch von Katherl verabschiedete sie sich herzlich und fuhr wie die anderen, nachdem sie alle ihre Aussagen gemacht hatten, davon.

Wasti und Katherl saßen schon im Auto, als sie Moritz zurückwinkte. »Die Kollegen haben einen blutverschmierten Stein gefunden und die Verdächtige ist zusammengebrochen, als man ihr das Foto gezeigt hat. Sie hat alles gestanden. Es war so, wie du es gesagt hast, Katherl. Als sie erfahren hat, dass ihr Freund, den sie finanziell mit enormen Summen unterstützt hat, ein ganz anderer war, sind bei ihr die Sicherungen durchgebrannt und sie hat ihn auf dem Weg erschlagen.«

»Pech nur für sie, dass sie den Bauchgurt hatte liegen gelassen.«

Katherl bedankte sich bei Moritz und schließlich fuhren auch sie los.

»Weißt du was«, sagte sie zu Wasti, »nach dem ganzen Trommeln und Räucherwerk brauche ich etwas richtig herzhaft Bayerisches. Ich lade dich ins Bräuhaus ein.«

Dagegen hatte Wasti ganz und gar nichts einzuwenden. »Bloß gut, dass ich weiß, dass du das Katherl bist.«

»Und ich weiß, dass du der Wasti bist. Aber als du trommelnd im Wald getanzt hast, war ich mir nicht sicher, ob ich diesen Wasti wirklich kenne.«

»Ein Wort noch darüber und ich kenne dich wirklich nicht mehr«, drohte er ihr.

»Von mir erfährt es niemand.« Katherl hielt ihre Finger zum Schwur nach oben. Das beruhigte Wasti. »Aber diese Mareike hat dir schon gefallen, oder«, neckte Katherl ihn und zupfte die Feder aus dem Knopfloch. Wasti wurde rot. Doch die Feder ließ er als Erinnerung am Armaturenbrett liegen.

42 Das **Salzbergwerk** ist eine der Hauptattraktionen in Berchtesgaden. Seit 500 Jahren werden die Stollen in den Berg getrieben, um das Salz aus dem Gestein zu waschen. Wie das funktioniert, erfährt man bei einem Besuch unter Tage.

43 Entlang des heutigen **Soleleitungsweges** waren die hölzernen Rohre, die sogenannten »Deicheln«, installiert, um die Sole von Berchtesgaden zur Saline in Bad Reichenhall zu schaffen. Den Rohren war die herrliche Aussicht egal, den heutigen Spaziergängern allerdings nicht.

44 Für ihre hervorragenden Produkte ist die **Berchtesgadener Land Molkerei** in Piding bekannt. Sie ist eine Genossenschaft, die Bestes aus der Bergbauernmilch aus der Region herstellt. Am Logistikzentrum an der Autobahn A 8 klebt das größte Folienbild der Welt. Es zeigt die Milchwirtschaft im Berchtesgadener Land.

45 Auch wenn der **Johannishögel** nur 705 Meter hoch ist, hat man dennoch einen schönen Blick in das Berchtesgadener Voralpenland. Auf seiner Kuppe steht die Kirche St. Johann. Schon in vorchristlicher Zeit gab es hier wahrscheinlich einen heidnischen Kultplatz. Wie es sich in Bayern gehört, steht neben der Kirche ein zünftiges Wirtshaus.

46 Sagenumwoben ist der **Untersberg** seit alters her. Die Untersbergmandl horten Gold in den Tiefen des Bergers und Kaiser Karl schläft in den steinernen Gewölben. Die spektakuläre Rettung eines Höhlenforschers 2014 machte die Riesending-Schachthöhle weltweit bekannt. Es ist die derzeit tiefste und längste bekannte Höhle Deutschlands.

47 Neben der Wallfahrtskirche Großgmain und im Angesicht des mythischen Untersberges befindet sich der **Marienheilgarten**, der Natur und Philosophie, Religion und Mythologie, Astrologie und Numerologie verbindet. Wer wie Wasti an all das nicht glaubt, kann einfach den schönen Garten genießen.

48 Der **Maximiliansreitweg** ist ein leichter Wanderweg, der durch das gesamte Bischofswieser Tal führt. Er ist Teil des Maximilianswegs, der von Berchtesgaden bis zum Bodensee führt. Er wurde nach König Max II. von Bayern benannt.

49 Die **Roßfeldpanoramastraße** ist eine mautpflichtige Höhenstraße. Sie ist die höchst gelegene durchgehende Straße Deutschlands, denn ihr Scheitelpunkt liegt auf stolzen 1.560 Metern. Auf dieser Straße lässt sich durchs Autofenster die Bergwelt erleben.

50 Die Naturrodelbahn am **Hochschwarzeck** ist für die ganze Familie eine Mordsgaudi. Entweder zieht man seinen Schlitten nach oben oder man fährt bequem mit der Sesselbahn zum Gipfel.

51 Das **Stöhrhaus** am Untersberg ist lohnender Zielpunkt für eine Tageswanderung. Übernachtet man dort, kann man am nächsten Tag den ganzen Untersberg überqueren.

MORDSBERG

»Komm rein, das Wasser ist herrlich!« Sie lachte und der Wind wehte ihr Haar ins Gesicht. Mit einer geübten Bewegung strich sie es wieder hinter ihr Ohr. Als er zögerte, spritzte sie ihn nass. »Das ist ganz schön kalt«, sagte er und sprang dann beherzt in die Wellen. Er schwamm auf sie zu, packte sie, warf sie in die Luft und ließ sie zurück ins Meer platschen. Als sie wieder auftauchte, hing ein Stück Seetang an ihrer Backe. Er streckte seine Hand danach aus. Das war das erste Mal, dass sie sich küssten.

»Gleich sind wir oben!« Wasti drehte sich nach Katherl um, die ein gutes Stück hinter ihm ging.

»Lügner«, keuchte sie. »Es sind zwar schon ein paar Jahre her, dass ich auf dem **Schneibstein** 52 war, aber an so viel kann ich mich erinnern, dass der Gipfel noch ein gutes Stück weit weg ist.« Katherl stützte sich auf ihren Wanderstöcken ab. »Früher bin ich hier hoch wia a junge Gams ’nauf.« Sie richtete sich wieder auf. »Ich glaube, ich werde alt. Halt, Wasti, sag es nicht, ich weiß, mit fast 70 Jahren bin ich eine alte Schachtel, die lieber im Tal bleiben sollte.«

»Willst du was trinken?« Wasti schickte sich an, seinen Rucksack vom Rücken zu nehmen.

»Nein, danke. Wer rastet, der rostet. Das ist und bleibt ein wahrer Spruch.« Katherl griff ihre Stecken und marschierte weiter. In aller Früh waren sie an der Jennerbahn

Talstation vorbei, den Hochbahnweg hinaufgegangen. Die morgendliche Kühle war über dem Tal gelegen und vom Königssee her zog sich der Nebel der Königsseer Ache entlang. An den **Königsbachalmen** 53 hatten sie eiskaltes Brunnenwasser getrunken. Außer ein paar Kühen war ihnen niemand begegnet und selbst diese waren noch träge auf den Almhängen gelegen. Die Sonne würde erst später über den Hohen Göll kommen, darum war Katherl um ihre warme Strickjacke froh. Sie waren weiter zum Schneibsteinhaus gewandert, an dem der Wirt gerade die Fensterläden öffnete.

»Seid's schon früh unterwegs!«, hatte er sie gegrüßt. Am **Carl-von-Stahl-Haus** 54 saßen die Gäste vor der Hütte und tranken ihren Morgenkaffee. Vom Jenner kamen die ersten Wanderer herüber, die mit der Bahn nach oben gefahren waren, um nach unten zu wandern. Etwas, was Katherl überhaupt nicht verstehen konnte. Hinaufwandern war doch viel schöner als dieses Hinablaufen, das nur auf die Gelenke ging. Einen Berg bestieg man von unten, da waren sich Katherl und Wasti einig. Er hatte zwar vorgeschlagen, vom Parkplatz Hinterbrand loszugehen, aber das hatte Katherl brüsk abgelehnt. Insgeheim wollte sie wissen, ob sie wirklich schon zum alten Eisen gehörte oder ob nicht doch noch etwas von ihrer jugendlichen Kraft vorhanden war. Wasti schritt voran, als würde er in der Ebene laufen. »Mei, was bin ich als Holzknecht in die Bergen hoch- und runtergelaufen«, erinnerte er sich. »Später, als Ranger beim Nationalpark, sind die jungen Burschen mir gar nicht nachgekommen.« Die Berchtesgadener liebten es nicht, wenn jemand schneller in ihren Bergen unterwegs war als sie selber. Sportverrückt waren sie schon immer. Wenigstens bin ich in einem Alter, dachte

Katherl, in dem man ohne Gesichtsverlust Wanderstecken hernehmen durfte.

Der Schneibstein besaß keinen Gipfel im eigentlichen Sinn, sondern eher eine flache, grasbewachsene Kuppe. Hier oben schien die Sonne, trotzdem pfiff der Wind kalt. Deswegen suchten sie sich eine windgeschützte Kuhle und machten Pause. Wasti polierte einen Apfel an seinem Pulloverärmel und biss dann herzhaft hinein. Katherl packte ihr Käsebrot aus und ließ es sich schmecken. »Komisch, dass es am Berg immer besser schmeckt.«

»Das macht die Höhenluft«, erklärte Wasti ernst. »Die weitet unsere Geschmacksnerven.«

Katherl stutzte. Als sie sein schelmisches Grinsen sah, schlug sie nach ihm. »Du alter Antreiber! Fast hätte ich dir geglaubt.«

»Vermutlich ist es, weil man die Brotzeit weit hinaufgetragen hat, das macht sie einfach besser.«

Lange blieben sie nicht sitzen, denn sie hatten beschlossen, die **Kleine Reib'n** 55 zu gehen. Der Blick in das fremdartige Hagengebirge ließ sie auf ihrem Weg immer wieder innehalten.

»Es schaut aus wie auf dem Mond«, fand Wasti. »Wahrscheinlich haben die Amis ihre Mondlandung hier gedreht. Sie mussten nur aufpassen, dass ihnen keine Steinböcke durch das Bild sprangen.« In diesem Gebiet traf man meistens die stolzen Bewohner der Bergregion an.

»Schau, dort drüben liegen welche.« Wasti zeigte in die Ferne. Katherl beschattete ihre Augen. Zwischen dem Geröll sah sie tatsächlich eine Gruppe der herrlichen Tiere liegen. Das Hagengebirge glich einem Hochplateau, das von einzelnen grünen Flächen durchzogen war. Ansonsten lag es karstig und unwirtlich vor ihnen. Die verschiedenen Grautöne der Steine und Felsen verstärkten den Eindruck einer fremden Landschaft, die ganz für sich stand. Sie brauchte keinen Menschen, um als schön gesehen zu werden, abweisend wie sie war. Es gab Landschaften, die benötigten die Menschen. Der Chiemsee zum Beispiel, wurde durch die weißen Segel der Boote noch idyllischer. Oder das Voralpenland, das durch die Felder und die vereinzelten Dörfer strukturiert wurde. Das alles brauchte das Hagengebirge nicht. Hier oben wurde der Mensch gerade mal geduldet. Er war ein Eindringling, der bei gutem Wetter umherwandern durfte und schauen musste, dass er wieder heil ins Tal kam. Am Berg hatte Katherl immer das Gefühl, nur Gast zu sein. Vielleicht stammte daher die Ehrfurcht, die der Mensch am Berg empfand. Einmal war Katherl an der Ostsee gewesen und angesichts der endlosen Weite des Meeres hatte sie genau das gleiche Gefühl wie in den Bergen. Die Bergketten der Alpen erinnerten sie an die Wellenberge, die sich hintereinander staffelten, bis sie sich im Blau des Himmels verloren. Konnte man sich vorstellen, dass dazwischen, in den Tälern, Menschen lebten, die ihrem Alltag nachgingen, arbeiteten und wie sie heute aus dem Tal auf einen Gipfel gestiegen waren und vielleicht geradewegs zu ihr herüber blickten?

»Mist, verdammter!« Wastis Fluch riss Katherl aus ihren Betrachtungen. »Vorsicht, Steinschlag!« rief er laut, denn er hatte aus Versehen einen Stein losgetreten, der nun über die Felskante nach unten polterte. Wasti hasste es, wenn sein Tritt einen Stein löste, obwohl es in den Bergen schnell passieren konnte. Er empfand es als Fehler seinerseits, der ihn noch lange danach wurmte. Deswegen beugte er sich über die Felskante, um nachzusehen, wohin der Stein gefallen war. Den Stein sah er zwar nicht, dafür etwas anderes. Entsetzt schrie er auf. »Mein Gott, ich habe jemanden erschlagen!« Sofort machte er sich daran, über die Felskante nach unten zu kraxeln.

»Wasti, pass auf!«, rief ihm Katherl noch zu, aber er war schon verschwunden. »Was macht er denn!«, stöhnte sie auf und beeilte sich, zu der Stelle zu gelangen, an der Wasti eben noch gestanden war. Auf ihre Stecken gestützt beugte sie sich über die Kante. Es ging ziemlich steil nach unten. Was Katherl dann sah, ließ auch sie sofort hinunterklettern.

»Wasti!«, rief sie, der ein gutes Stück vor ihr lief und immer schneller wurde, rutschte und stolperte, dass Katherl angst und bang um ihn wurde. »Wasti, nicht so schnell!« Sie wollte nicht, dass er ausrutschte und sich das Genick brach. Es reichte, dass auf dem Felsen vor ihnen eine Frau mit zerschmettertem Körper lag.

»Ich habe sie mit dem Stein eben erschlagen!« Wasti sprang hilflos vor und zurück, unfähig, sich zu entscheiden, wie er helfen sollte.

»Die hast du nicht erschlagen«, versuchte Katherl ihn zu beruhigen, als auch sie unten angekommen war. »Die Frau muss von oben heruntergefallen und mit ganzer Wucht mit dem Rücken auf dem Fels aufgeprallt sein.« Der Körper der Frau hatte sich regelrecht um den Fels gewickelt. Ihr Rückgrat war völlig in die Gegenrichtung verbogen, als wäre jeder Wirbel einzeln gebrochen. Ihre Augen starrten leblos in den tiefblauen Himmel. Das Blut um ihren Kopf herum hatte den Felsen rot eingefärbt. Nur ein paar Blutkoageln schimmerten noch feucht, der Rest war getrocknet. Fast sah es so aus, als würde sie auf dem Fels sonnenbaden. Dazu passte der bunt gestreifte Bikini, den sie seltsamerweise trug.

Die Rettungsleitstelle hatten sie mit Wastis Handy informiert. Beide setzten sich etwas abseits und warteten auf den Hubschrauber der Bergwacht. Katherl hatte Wasti mehrmals das mit dem trockenen Blut erklärt und auch, dass ein losgetretener Stein nicht solche tödlichen Verletzungen hervorrufen konnte. Mit der Zeit hatte er sich etwas beruhigt.

»Sie hat ja nur einen Bikini an«, rief er plötzlich aus. Ihm war das im ersten Schock zunächst gar nicht aufgefallen.

»Sie hat keinen Rucksack, keine Bergschuhe, überhaupt keine Ausrüstung. Nur den Bikini«, fasste Katherl ihre Beobachtungen zusammen.

»Wer läuft denn in dem Aufzug in den Bergen umher? Das hat man doch nur am Strand oder im Schwimmbad an«, wunderte sich Wasti.

»Und wer stürzt dann noch ab?«, ergänzte Katherl.

»Eine Verrückte. Ganz klar.« Wasti war sich sicher. Die Touristen liefen doch auch mit Flipflops in den Bergen umher, warum also nicht im Bikini?

»Ich weiß nicht. Ich habe mir ihre Fußsohlen angeschaut, die sehen nicht aus, als wäre sie barfuß über die Steine gelaufen.«

»Dann hat sie ihre Schuhe halt oben ausgezogen.«

»Aber oben lag nichts herum.«

Wasti zuckte mit den Schultern. Sie schwiegen.

Katherl schaute auf die Frau. »Jung ist sie. Vielleicht 23, 24 Jahre.«

Wasti vermied es, genauer hinzuschauen. »Jung und leichtsinnig!«

Da fiel ihm sein Stein wieder ein. »Und wenn mein Stein doch …«

»Sie war schon tot«, schnitt ihm Katherl das Wort ab.

»Außerdem muss sie ein Stück weiter oben abgestürzt sein. Dein Stein fiel weiter unten des Weges hinunter. Da hätte er sie sowieso nie treffen können.«

Wasti schaute hinauf, maß die Abstände und musste Katherl recht geben.

»Es ist eh gut, dass du den Stein losgetreten hast. Wer weiß, wann die Frau sonst gefunden worden wäre. Sie wird sicher schon vermisst.« Damit Wasti nicht länger die Tote ansehen musste, schickte sie ihn nach oben auf den Weg, um dort auf die Bergwacht zu warten und um sie zu der Absturzstelle zu lotsen. Dankbar kletterte Wasti zurück. Katherl wartete, bis er hinter der Felskante verschwunden war, stand dann auf und eilte zu der Toten. Eingehend betrachtete sie die Leiche. Der Bikini war mit grünen und blauen Streifen versehen und saß ziemlich knapp. Die Gummibänder schnitten in die Haut, als ob der Bikini gar nicht der ihre wäre, da er mindestens eine Nummer zu klein war. Katherl trat ganz dicht heran, aber selbst aus der Nähe wies der Zustand der Fußsohlen nicht darauf hin, dass sie barfuß unterwegs gewesen war. Katherl ging um den Fels herum. Die hellbraunen Haare waren blutverklebt, ihr Gesicht leicht geschminkt. Ein hübsches Mädchen, dachte Katherl. Eine junge Frau, die ihr ganzes Leben noch vor sich gehabt hätte und nun tot im Hagengebirge lag. Irgendwo gab es eine Familie, die keine Tochter mehr hatte. Katherl seufzte. Vielleicht hatte der Mensch wirklich nichts in den Bergen verloren.

Das Tackern des Hubschraubers kam näher. Er flog eine Kurve und landete auf dem Schneibstein. Die Bergwachtler stiegen aus und liefen geduckt aus dem Windstrudel der Rotorblätter. Zuletzt stieg Polizeioberwachtmeister Reuber, Hundeführer Hauser und der junge Polizeianwärter Peter Burger aus. Der Polizeihund Püppi sprang voraus. Er liebte es, mit dem Hubschrauber zu fliegen. Daheim hatte er zwar vor dem Staubsauger panische Angst und verkroch sich in dem hintersten Eck, wenn er ihn nur sah, doch der Hubschrauber machte ihm nichts aus. Wasti redete mit den Männern und führte sie zu der Stelle. Alle kletterten zu Katherl und der Leiche hinunter.

»Abgestürzt!«, fasste Reuber den Sachstand zusammen. Dann konnten die Bergwachtler die Leiche in den schwarzen Plastiksack packen. Sie legten ihn auf eine Trage und schafften ihn den Hang hinauf zum Hubschrauber. Am langen Tau sollte die Leiche ausgeflogen werden.

Katherl schaute den Polizisten Reuber erwartungsvoll an. »Und?«, fragte sie.

»Was und?«, fragte der zurück. »Wir werden versuchen, ihre Identität herauszufinden. Vermutlich wird der Zentralcomputer schon eine Vermisstenanzeige ausspucken«, erklärte Reuber die weitere Vorgehensweise der Polizei. »Vielleicht meldet ein Hotel oder eine Pension sie als vermisst.«

»Das war es dann?« Katherl konnte es nicht glauben. »Aber ihr Bikini? Der ist mindestens eine Nummer zu klein!«

»Ja und? Junge Frauen …«, Reuber wusste nicht recht, wie er sich ausdrücken sollte, »sie wollen ihre Weiblichkeit betonen.« Reuber dachte an seine pubertierende Tochter, die sich ganz und gar nicht nach seinem Geschmack kleidete, und war froh, wenn sie überhaupt ein Bikinioberteil anhatte. Er verstand gar nicht, warum Katherl das so wichtig war. Frauen eben, da war nichts logisch. Das war Reubers lebenslange Erfahrung, die ihm bis jetzt jeder Mann, mit dem er darüber geredet hatte, bestätigte. Allerdings hatte er nicht mit allzu vielen Männern darüber gesprochen, das war dann doch zu privat. Im Winter reichte Biathlon und Skirennen und im Rest des Jahres Fußball. Mehr Themen brauchte es im Leben eigentlich nicht. Reuber machte sich daran, zu dem wartenden Hubschrauber aufzusteigen. »Wasti, schafft ihr den Weg nach unten allein? Im Hubschrauber haben wir keinen Platz mehr.« Wasti schaute zu Katherl, die nickte. »Freilich! Eigentlich wollten wir die Kleine Reib'n und über die Gotzen Alm zurückgehen. Aber das werden wir zeitlich nicht mehr schaffen.«

»Wir gehen wieder über das Stahlhaus zurück«, entschied Katherl.

Sie wandte sich an Hauser, der noch neben ihr stand. »Moritz, irgendetwas stimmt hier nicht. Das war kein gewöhnlicher Absturz. Das passt alles nicht zusammen. Keine Spur von einem Rucksack oder von ihrer Bergausrüstung. Das ist doch seltsam.« Hauser fuhr sich durch sein Haar, das langsam an den Schläfen grau wurde. »Komisch ist das schon.«

»Könnte Püppi nicht nach den Sachen der Toten suchen?«

»Könnte sie.« Ganz sicher war er sich nicht, Püppi war sehr gelehrig, ob sie aber immer verstand, worum es ging, das stand auf einem ganz anderen Blatt. »Ich bleibe mit euch oben und suche mit Püppi die Gegend ab«, entschied er. Laut rief er: »Chef, ich denke, es ist besser, wenn ich die beiden ins Tal begleite.« Reuber fand das ein hervorragendes Angebot und bestieg mit dem Polizeianwärter den Hubschrauber. Er hatte alles andere als Lust, selbst zu Fuß den Rückweg anzutreten, fing doch in drei Stunden das FC-Bayern-Spiel an.

Gewissenhaft suchten die drei mitsamt Hund die Umgebung ab. Püppi schnüffelte eifrig umher, aber außer einer alten Bananenschale, die sie stolz zu ihrem Herrchen trug, fanden sie nichts. Keine Schuhe oder sonstige Kleidung der jungen Frau, nichts, was darauf hindeutete, wie sie in ihrem Bikini hier hochgekommen war.

»Hören wir auf«, sagte Katherl schließlich, »da ist einfach nichts.«

Die beiden Männer schienen erleichtert. »Gehen wir zum Jenner hinüber und kehren in der Bergstation ein. Wir können dann mit der Seilbahn hinunterfahren.« Der Vorschlag traf auf die Zustimmung der beiden Männer.

Die Talfahrt später absolvierte Püppi mit hechelnder Zunge aufrecht mit beiden Pfoten am Fenster abgestützt. Das war ein Tag ganz nach ihrem Geschmack.

»Zefix«, fluchte Hauser, als sie unten standen. »Ich habe ja gar keinen Streifenwagen dabei.«

»Wir können dich doch zum Revier fahren«, meinte Wasti. Katherl fand das eine gute Idee. Vielleicht wusste man dort inzwischen mehr über die Tote.

Die Polizeistation von Berchtesgaden war in einer alten Villa gegenüber dem **Haus der Berge** 56 untergebracht. Als Wasti geparkt hatte, stieg Katherl wie selbstverständlich mit Hauser und Püppi aus und steuerte auf die Dienststelle zu. Wasti wartete, aber als Katherl tatsächlich durch die Tür trat, spurtete er hinterher. Eigentlich hatte er sich auf eine Dusche und ein kühles Bier gefreut, aber wie es aussah, musste er dies verschieben.

»Anna Lohberg!« Mit dem Namen der Toten empfing sie Reuber. Er nickte dem Polizeianwärter Peter Burger auffordernd zu. Der öffnete den Aktenordner, den er in der Hand hielt, und las vor: »Anna Lohberg, am 7. Juli 1995 geboren, wohnhaft in Lüdenscheid, Steuerfachgehilfin, ledig, keine Kinder.« Burger blickte auf. »Sie hatte im Explorer Hotel in der Schönau ein Einzelzimmer gemietet. Die vom Hotel haben sie auch als vermisst gemeldet, nachdem sie gestern Abend von einer Bergtour nicht zurückgekommen war.

»Weiß man, wohin sie gehen wollte?«, fragte Katherl nach.

»Laut dem Rezeptionisten wollte sie tatsächlich auf den Schneibstein gehen.«

»Da war sie dann auch, nur ist sie nie wieder heruntergekommen. Erst heute im Leichensack der Bergwacht.« Katherl schaute Reuber auffordernd an, der zeigte aber keinerlei Anstalten, mehr als nur einen unglücklichen Absturz in dem Fall zu sehen. Sie bedankte sich bei Peter Burger und verabschiedete sich von Reuber.

Wasti sah seine Chance auf einen gemütlichen Nachmittag gekommen, doch er wurde eines Besseren belehrt.

»Wir fahren zum Hotel und reden mit dem Rezeptionisten.«

Ergeben fuhr Wasti los.

Das moderne Hotel, das ganz auf die Bedürfnisse seiner sportlichen Kunden zugeschnitten war, lag am Fuße des Grünsteins. Katherl und Wasti betraten die Lobby und fühlten sich augenblicklich alt. Junge, sportliche Menschen in eng anliegender Funktionskleidung saßen in den brauen Sesseln oder tippten auf dem großen Bildschirm herum, der voller Fotos war. Das grobe Holz der Einrichtung erinnerte Wasti eher an seinen Stall als an ein Hotel. Aber er war auch nicht die Zielgruppe, dachte er sich.

Der junge Mann an der Rezeption erklärte einem Gast gerade den besten Weg zur Schönfeldspitze. »Ansonsten ruf doch im **Bergsteigerhaus Ganz** [57] die **Bergauskunft** [58] an, die kann dir sicher weiterhelfen. Warte, ich schreibe dir die Telefonnummer auf.«

»Lass mal, habe ich schon gegoogelt«, sagte der Mann und hielt sein Smartphone hoch. »Den **Rauhen Kopf** [59] – kann ich den mit dem Mountainbike machen?«

»Nein, der ist nur zu Fuß erreichbar. Aber die Kneifelspitze ist ein beliebtes Mountainbike-Ziel. Oder du radelst zur Litzlalm, aber die Tour ist weiter.«

Der Gast bedankte sich und vertiefte sich wieder in sein Smartphone.

»Was kann ich für euch tun?«, fragte der Rezeptionist freundlich.

»Wir sind wegen Anna Lohberg da, der jungen Frau, die Sie gestern als vermisst gemeldet haben.«

»Die Tote?« Der Mann flüsterte, wie es jeder Rezeptionist der Welt getan hätte.

»Genau«, bestätigte Katherl. »Wir beide haben sie gefunden.«

Der junge Mann schaute sie bestürzt an. »Die Polizei sagte, dass es sehr wahrscheinlich Frau Lohberg ist. Es ist entsetzlich. Gestern in der Früh hat sie an unsere elektronischen Pinnwand noch ein Foto gepostet.« Er ging zu dem großen Bildschirm. »Hier, sehen Sie.« Er drückte darauf herum und dann erschien das strahlende Gesicht von Anna Lohberg auf dem Bildschirm. Katherl erkannte sie sofort. »Das ist sie«, murmelte sie. Das Foto der fröhlichen Frau zu sehen, traf Katherl fast noch mehr als der Anblick der Toten selbst.

»Sie war vor zwei Tagen oben auf dem Hochkalter, da

hat sie auch am Gipfel das Foto von sich aufgenommen.« Er zeigte auf den Text, den sie zu dem Foto geschrieben hatte: »Es ist so genial hier oben!! Bin voll stolz, dass ich es geschafft habe!!!! Und morgen pack ich den Schneibstein zum Entspannen ;)«

»Wie war Frau Lohberg ausgerüstet? Auf dem Foto schaut es aus, als hätte sie normale Wanderkleidung an.«

»Sie war, wie eigentlich alle unsere Gäste, gut ausgerüstet«, bestätigte der Rezeptionist.

»Wissen Sie, was Sie gestern an hatte?«

»Nein, das tut mir leid, in der Früh ist es gerne etwas troubelig, da habe ich gar nicht darauf geachtet. Aber wenn sie unpassend gekleidet gewesen wäre, dann wäre es mir sicher aufgefallen. Unser Haus legt großen Wert darauf, dass alle Gäste wieder sicher ins Tal kommen.«

Außer sie stürzen ab, aber da kann das Hotel auch nichts dafür, dachte Katherl.

»Warten Sie.« Der Mann drückte auf ein kleines Feld und ein weiterer Text erschien. »Da hat jemand auf den Post geantwortet.« Interessiert las Katherl den Eintrag: »Das ist eine Megatour. Die nehme ich mir für den nächsten Urlaub vor! Lena :)«

Wohnt diese Lena auch bei ihnen?

»Ja, alle Gäste können an unserer Pinnwand ihre Fotos und Kommentare hochladen.«

»Ist diese Lena gerade im Haus?

»Nein, heute wollte sie zum Hocheck aufsteigen. Heute Abend müsste sie wieder da sein.«

»Würden Sie dieser Lena bitte meine Telefonnummer geben? Ich würde gerne mit ihr über Anna Lohberg sprechen. Das würde uns helfen, die ganze Situation zu verarbeiten. Das nimmt einen doch schon sehr mit.« Da hatte

Katherl nicht einmal gelogen. Wasti war der beste Beweis dafür, bleich wie er war. Der Rezeptionist hatte durchaus Verständnis dafür und versprach, die Telefonnummer weiterzugeben.

Katherl bedankte sich und wollten gerade das Hotel verlassen, als Wasti sie am Ärmel zupfte und auf den Parkplatz zeigte. »Schau, die Polizei kommt auch noch einmal her.« Der junge Polizeianwärter Burger stieg aus und kam auf die Hoteltür zu.

»Wir warten«, raunte Katherl Wasti zu und drückte ihn in einen der braunen Sessel neben eine Frau, deren mächtige Oberweite in einem eng anliegenden Sportdress steckte. Wasti wusste gar nicht, wohin er schauen sollte, als die Frau ihn überrascht, aber auch erfreut ansprach: »Heu, Sie sind mir aber en janz en Stürmischer! Wohl ein echter Bayer?«

»I bin a echter Königsseer«, präzisierte Wasti und schaute angestrengt an ihrem linken Ohr vorbei. Interessiert beugte sich die Frau näher zu ihm. »Dann sind Sie ein waschechter Einheimischer?« Und ehe er noch etwas sagen konnte, hielt die Frau ihr Handy hoch und machte ein Foto von dem echten, verschwitzten und bleichen Königsseer. Katherl hatte sich neben die Rezeption gestellt und tat so, als wäre sie in die ausgelegten Prospekte vertieft.

»Polizeianwärter Burger«, stellte sich der junge Polizist vor. »Ich müsste bitte in das Zimmer von Frau Lohberg.«

»Warum das denn?«

»Es ist eine reine Routineangelegenheit. Nur um sicherzugehen, dass alles seine Richtigkeit hat. Dann erst können wir das Zimmer frei geben.«

»Es war doch ein Unfall, oder?«, fragte der Rezeptionist.

»Eindeutig ein Unfall. Und sobald wir alles abgeklärt

haben, geben wir das Zimmer frei.« Burger nahm die Zimmerkarte in Empfang.

»Zimmer Nummer 115. Hier den Gang nach hinten und dann ein Stockwerk nach oben«, erklärte der Mann von der Rezeption. Burger bedankte sich, tippte an seine Mütze und ging.

»Komm, Wasti!« Katherl zog Wasti aus dem Sessel hoch und von der Frau weg, mit der er gerade eine Unterhaltung über Bergtouren angefangen hatte.

»Es tut mir leid, dass ich dich von der charmanten Dame losreißen musste, aber mich interessiert das Zimmer der Toten. Katherl lief eilig um die Ecke des Gebäudes auf den Seiteneingang zu. Dort befand sich die Werkstatt, in der die Gäste ihre Mountainbikes reparieren oder ihre Skier wachsen konnten. Erschreckt blickte ein Radlfahrer auf, der gerade seine Kette ölte, als Katherl und Wasti vor ihm vorbeirannten. »In den ersten Stock hinauf«, sagte Katherl. Die Tür zu Zimmer 115 stand offen. Vorsichtig schlichen sie sich heran und Katherl äugte durch die Tür. Der Polizist durchsuchte wie erwartet die Sachen der Toten. Er hob die Kleidungsstücke hoch, schaute in den Schrank und griff in die große Sporttasche, die ihr als Gepäck gedient hatte. Er ging in das Bad, das ganz mit Holz umkleidet war. Katherl hörte, wie er darin herumging. Dann kam er wieder heraus, sah sich ein letztes Mal um und bevor er heraustrat, waren Katherl und Wasti schon im Treppenhaus verschwunden.

»Der hat auch nichts Verdächtiges gefunden.« Katherl klang enttäuscht. »Nichts deutet darauf hin, warum sie im Bikini auf dem Schneibstein ihren Tod gefunden hat.«

»Katherl, kannst du bitte nur für einen Moment aufhören, von der Toten zu reden?«

Der Mann in der Werkstatt, durch die sie wieder das Hotel verließen, schaute sie überrascht an. »Verrückte Bayern«, murmelte er und fettete seine Kette weiter.

»Du hast natürlich recht. Für heute reicht es. Bring mich doch bitte nach Hause.«

Als Katherl zu ihrem Häuschen kam, blinkte der Anrufbeantworter. Eine junge Frauenstimme stellte sich als Lena Gruber vor und dass sie gerade die Nachricht von Katherl bekommen hatte. Sie nannte ihre Handynummer und dass sie jetzt erreichbar wäre. Katherl wählte die Nummer. Lena Gruber war ihr sofort sympathisch. Sie war bestürzt über den Tod, aber sie hatte mit Anna nur einmal beim Frühstück zusammen gesessen und waren da ins Reden gekommen.

»Könnten wir uns treffen?«, fragte Katherl. »Ich habe sie nur tot gesehen und mich würde es beruhigen, mit jemanden zu reden, der sie kannte, als sie noch lebte.« Das leuchtete Lena Gruber ein.

»Ich gehe um sechs in die Pizzeria Jolly, denn die haben hier im Hotel kein Restaurant. Kommen Sie doch dorthin.« Katherl nahm das Angebot dankbar an. »Woran erkenne ich Sie«, fragte Gruber.

»Ich bin eine alte Königsseerin mit Dirndl und Gretelzöpfen. Sie erkenne mich sicher.«

So war es dann auch. Als Katherl mit ihrem rotem Waschdirndl das beliebte italienische Lokal betrat, winkte ihr eine Frau zu.

»Ich hoffe, Sie finden mich nicht aufdringlich«, eröffnete Katherl das Gespräch.

»Nein, ich kann Sie nur zu gut verstehen. Außerdem bin ich zwar gerne am Berg allein unterwegs, aber ich hasse es, allein zu essen.«

Zunächst plauderten sie über die Berge, die Touren, die Gruber schon kannte, und langsam näherten sie sich dem Thema Anna Lohberg.

»Wir haben uns beim Frühstück unterhalten. Sie war eine ganz begeisterte Berggeherin und kannte fast alle Berge hier. Selbst die Watzmannüberschreitung hatte sie schon bewältigt. Ich würde mich das nicht trauen.«

»Hat sie auch etwas Privates erzählt?«

»Eigentlich hat sie nur von den Bergen geschwärmt, und dass sie überlegt hat, hier herzuziehen. Der Berge wegen, und damit sie möglichst weit weg von ihrem Exfreund sei.«

»Ihrem Exfreund?«

»Mehr hat sie dazu nicht gesagt. Ich habe aber auch nicht nachgefragt, denn im Urlaub will man sich erholen und nicht über Exfreunde reden. Das kann einem ganz schön die Stimmung vermiesen. Man will höchstens seinen Traummann hier treffen.« Lenas Augen wurden groß, als ob sie genau diesen Traummann gerade erblickt hatte.

Katherl blickte sich um, aber es war der Ober mit ihren Pizzen. Mit einem durch die Bergluft gestärkten gesunden Appetit stürzte Anna sich darauf und auch Katherl merkte, dass sie einen riesigen Kohldampf hatte.

Erst, als die großen Teller leer waren, griffen sie wieder ihr Gespräch auf.

»Eines fällt mir noch ein«, sagte Lena und legte das Besteck zu Seite. »Anna hatte noch etwas gesagt, es war ein wenig seltsam. Ich fühle mich nirgends so sicher wie hier in den Bergen, waren ihre Worte.«

»Hatte sie sich bedroht gefühlt?«

»Den Eindruck hatte ich eigentlich nicht. Sie wirkte ganz gelöst und einfach nur glücklich, in den Bergen zu sein.«

Sie redeten noch eine ganze Weile über Berchtesgaden im Speziellen und das Leben im Allgemeinen, und erst als beide heftig gähnten, verabschiedeten sie sich.

»Ich will morgen noch auf die Schärtenspitze wandern und dann geht es zurück nach Hause.«

»Soll ich Sie ins Hotel mitnehmen?«, bot Katherl ihr an.

»Nein danke, aber es ist ja nicht weit und nach der Pizza tut mir etwas Bewegung sicher gut.«

Was für eine nette junge Frau, dachte Katherl auf dem Heimweg, und welche Schande für die Männerwelt, dass sie keinen Freund hatte. Ihre Männerwelt in Form von Wasti hatte schon drei besorgte Nachrichten auf ihrem Anrufbeantworter hinterlassen. Wahrscheinlich denkt er, ich liege mit Bikini tot im Straßengraben. Sie wählte mit schlechtem Gewissen seine Nummer. Eigentlich hätte sie sich um ihn Sorgen machen müssen, so blass wie er den ganzen Tag über gewesen war. Doch Wasti war wohlauf, was an der Dusche und dem frischen Bier lag und dem Rückruf von Katherl. Sie berichtete von ihrem Gespräch eben.

»Kann ihr Exfreund eine Rolle in dem Ganzen spielen?«

»Katherl, ich glaube, du interpretierst da zu viel in alles hinein.«

»Gut, für euch mag es durchaus normal erscheinen, dass eine junge Frau ohne Ausrüstung im Bikini tot auf dem Berg liegt, aber mir scheint die ganze Sache komisch zu sein.« Wütend legte sie auf.

Sie wollte gleich Wasti noch einmal anrufen und sich entschuldigen, ließ es aber bleiben. Was war nur mit den Männern los?

»Ich liebe dich!« Ungläubig sah er sie an. Das durfte sie ihm nicht antun. Sie durfte nicht solche Dinge sagen. »Ich liebe dich!«, sagte er wieder. Doch sie stieß ihn weg, wich ihm aus und als er die Hand ausstreckte, ging sie drei Schritte zurück.

»Es ist vorbei. Lass mich in Ruhe!« Sie konnte nicht mehr. Er erdrückte sie, seine Anwesenheit legte sich wie ein Eisenring um ihre Brust. »Ich kann dich nicht mehr lieben.« Er schien nicht zu begreifen, worum es ihr ging. »Verschwinde aus meinem Leben!« Sie brauchte Platz, brauchte Raum, brauchte Luft.

Er ging. Sein gequälter Gesichtsausdruck schmerzte sie, denn sie liebte ihn immer noch. Aber anscheinend nicht genug, um ihn zu ertragen.

Am nächsten Vormittag rief Katherl bei Hauser an und erkundigte sich nach dem Stand der Ermittlungen. »Der Reuber ist der Meinung, dass sie beim Sonnen aus Versehen abgestürzt ist.«

»Und ihre Kleidung?«, unterbrach ihn Katherl.

»Die hat vielleicht jemand mitgenommen. Ein Wanderer hat sie liegen gesehen und mit ins Tal genommen. Wir haben unsern Polizeianwärter darauf angesetzt. Er soll die Fundbüros und Touristinformationen abklappern und auch in den Hotels nachfragen, ob ein Rucksack oder Ähnliches abgegeben worden sei. Da ist der Junge beschäftigt und lernt gleichzeitig den Talkessel besser kennen.«

Katherl schnaubte, als sie den Hörer wieder auflegte. Das sah ihr nicht nach großem Polizeieinsatz aus, sondern eher nach einer Sparversion davon. Katherl merkte, wie sie wütend wurde. War sie die Einzige, die der zu kleine Bikini stutzig machte? Die fehlende Ausrüstung, der Fundort, das alles passte doch nicht zusammen!

Sie musste raus, musste sich bewegen, sonst platzte ihr noch der Kragen. Mit großen Schritten lief sie den Hanauerstein hinunter, an der Gemeinde vorbei hinunter zum **Königsseer Fußweg** 60. Die alten Bäume entlang der Königsseer Ache beschatteten den Weg. Das Wasser rauschte und langsam entspannte sie sich. Wahrscheinlich hatte Wasti recht und sie sah tatsächlich Gespenster. Es war ein Unfall. Anna Lohberg ist aus Versehen oben abgestürzt. Die junge Frau hatte sich in die Sonne gelegt und beim Aufstehen vielleicht von der grellen Sonne geblendet nicht aufgepasst und war über die Felskante gestürzt. Ein Wanderer hat ihre Sachen mitgenommen und zum Fundbüro gebracht. Der junge Burger würde das heute finden. Wenn Wasti den Stein nicht losgetreten hätte, wären sie ja auch achtlos an ihr vorbeigegangen, weil die Tote vom Weg nicht direkt zu sehen gewesen war. Das machte Sinn und die Polizei tat genau das Richtige, nämlich von dem Naheliegendem auszugehen. Katherl schnaufte tief ein. Sie fühlte sich besser. Es roch wunderbar nach Sommer.

»Es war ein tragischer Unfall«, sagte sie sich. Etwas beruhigt ging sie weiter, am Campingplatz vorbei durch die Unterführung und über die Holzbrücke zum Königssee vor. Hier befand sich eine beliebte Badestelle und zahlreiche Sonnenanbeter lagen auf der Wiese am See. Wagemutige schwammen bis nach Christlieger hinüber, andere planschten nur in dem auch im Sommer sehr kaltem Wasser. Katherl sah, wie die Schwimmer versuchten möglichst flach zu schwimmen, denn nur die oberen Zentimeter waren von der Sonne gewärmt. Weiter unten wurde es verdammt kalt. Sie blickte hinüber zu den Bootshäusern, zu den Touristen an der Seelände, die darauf warteten, mit den Booten nach St. Bartholomä zu fahren, und beschloss, sich in der Eisdiele ein Eis zu holen – einmal auch Tourist spielen. Sie wollte sich gerade umdrehen, als ihr Blick ein letztes Mal über die Leute am Ufer glitt. Da war etwas. Nein, da war jemand, den sie aus den Augenwinkeln gesehen hatte und der da nicht hingehörte. Aufmerksam sah sie sich die Menschen an, einer nach dem anderen. Dann entdeckte sie ihn. Sie erkannte ihn zuerst an seiner zackigen Kurzhaarfrisur. Es war der junge Polizeianwärter Peter Burger, der jetzt eigentlich die verschwundene Ausrüstung von Anna Lohberg suchen sollte. Aber was tat er? Lag bredlbroad in der Sonne und rührte sich nicht. Die Wut, die Katherl erfolgreich sich ausgeredet hatte, war sofort wieder da. Das war doch die Höhe! Sie wollte schon losstürmen, als die Stimme der Vernunft sie überzeugte, dass er vielleicht nur eine Pause machte. Gut, das ließ Katherl gelten. Also stürmte sie nicht aufgebracht los, sondern wartete ab. Sie setzte sich auf eine Bank, rückte sich den Sonnenhut zurecht und beobachtete den reglos daliegenden Mann. Er hatte seine Uniform ausgezogen und trug eine sportlich geschnittene Badehose.

Katherl schreckte hoch. Sie musste eingenickt sein. Aber Peter Burger war anscheinend ebenfalls eingeschlafen, denn er lag immer noch da. Katherl schaute auf ihre Uhr. Also das war mehr als nur eine Pause. Ihre Wut machte sich wieder bemerkbar. Aber sie konnte ihn schlecht zum Arbeiten auffordern, das stand, wenn dann nur Polizeioberwachtmeister Reuber zu. Na, dem werde ich etwas erzählen. So ein faules Bürschchen, das er da zugewiesen bekommen hat. Das ging einfach nicht. Anweisung war Anweisung, wo kämen wir da hin, wenn die Polizei sich in ihrem Dienst einfach in die Sonne legte. Sie beschloss, weiter zu warten. Eigentlich mischte sich Katherl nicht gerne in die Angelegenheiten anderer Menschen ein, aber in dem Fall hatte sie selbst ein Interesse, dass hier ordentlich gearbeitet wurde. Dazu fühlte sie sich der toten Anna Lohberg gegenüber verpflichtet.

Endlich rührte sich Burger. Katherl sah, wie er sich reckte und streckte und langsam aufstand. Er bückte sich, um sein Handtuch, auf dem er gelegen war, auszuschütteln. Plötzlich war Katherls Wut wie verflogen, dafür wurde ihr furchtbar schlecht. Die Erkenntnis traf sie mit Wucht in die Magengrube. Sie hatte die ganze Zeit den Mörder von Anna Lohberg beobachtet. Sie drückte ihren Sonnenhut tief in die Stirn und machte sich unauffällig auf den Heimweg. Als sie außer Sichtweite von Peter Burger war, rannte sie, als wären alle Berggeister auf einmal hinter ihr her.

Als sie kurze Zeit später vor ihrer Haustür stand, zitterte sie so, dass sie den Schlüssel fast nicht in das Schloss bekommen hätte. Ruhig atmen, ermahnte sie sich. Wenn sie nur das Bild der toten Anna Lohberg nicht immer vor ihren Augen hätte. Ein junges Leben, zerstört aus Liebe, aus falscher, egoistischer Liebe. Endlich schnappte das Schloss auf und sie stürmte in das Haus, riss sich den Hut vom Kopf und zerrte an ihrer Bluse. In der Küche ließ sie kaltes Wasser über ihre Hände laufen und langsam beruhigte sie sich. Sie rief Wasti an und beorderte ihn her. »Wir müssen zum Polizeirevier!«

Püppi sprang erfreut auf Katherl zu, als sie die Polizeistation betrat. Wasti war besorgt, denn derart aufgeregt hatte er Katherl noch nie erlebt. Auf der Herfahrt hatte sie sich geweigert, etwas zu erzählen und hat ihn auf später vertröstet. »Es wäre nur gerade unvernünftig, wenn ich in der Gemütswallung Autofahren würde.« Mehr hatte sie nicht gesagt.

Im Polizeirevier bat Katherl Moritz Hauser, der nachgesehen hatte, wen Püppi da so stürmisch begrüßte, Polizeioberwachtmeister Reuber und den jungen Polizeianwärter zu holen. Hauser brachte Katherl und Wasti in das mit dunklem Holz getäfelte Besprechungszimmer, das ein beeindruckendes herrschaftliches Wohnzimmer abgegeben hätte, wenn nicht die zweckmäßigen Tische und Stühle darinnen gestanden wären. Kurz darauf kamen die drei Polizisten und sie schauten Katherl erwartungsvoll an. Dadurch, dass sie am Tag zuvor eine Leiche gefunden hatte, blickte Reuber über den nicht ganz protokollarischen Ablauf der Situation hinweg.

»Katherl, was ist los?«, eröffnete er das Gespräch.

Katherl stand auf, richtete sich ihre Schürze, sammelte sich kurz und stellte zunächst drei Fragen: »Hatte Polizeianwärter Peter Burger vorgestern einen freien Tag? Hatten Sie ihn beauftragt, in dem Zimmer von Anna Lohberg im Explorer Hotel auf Spurensuche zu gehen? Und haben Sie ihn beauftragt, heute im Tal nach ihrer Ausrüstung zu suchen?«

Reuber überlegte und antwortete: »Ja, nein und ja! Also Burger hatte frei, weil er am Wochenende Dienst hatte, und nein, ich wollte heute Hauser zum Explorer Hotel schicken, damit die Familie von Anna Lohberg ihre Sachen bekommt, und ja, Burger hat heute alles abgegrast, aber er konnte nichts finden. Nirgends ist eine Bergausrüstung abgegeben worden.«

Die Antwort schien Katherl erwartet zu haben. »Dann muss ich sie darauf hinweisen, dass Peter Burger seine Exfreundin Anna Lohberg am Schneibstein ermordet hat.« Wie absurd diese Behauptung wirkte, wurde Katherl erst in diesem Augenblick bewusst, als sie die Gesichter der Männer sah. Sie drückten absolute Verblüffung aus.

»Peter Burger hat nämlich ein Badetuch, das farblich genau zu dem Bikini der Toten passt, einem Bikini, der ihr mindestens eine Nummer zu klein war«, versuchte sie die Erklärung nachzuschieben, doch die machte es nicht besser. Selbst Wasti vermutete einen Sonnenstich oder eine Verwirrtheit in Folge des Schocks.

»Ich sehe, ich muss weiter ausholen.« Katherl wunderte sich, wie schwer die Männer doch von Begriff waren. »Anna Lohberg hatte Probleme mit ihrem Exfreund, das hat sie Lena Gruber, ihrer Bekanntschaft vom Hotel erzählt. Dieser Exfreund, also Sie, Peter Burger, haben Sie aber nicht vergessen können, und da Sie wussten, dass Anna gerne um diese Zeit den Berchtesgadener Bergen unterwegs war, haben Sie sich hierher beworben. Sie haben ihr aufgelauert und sie vorgestern auf dem Schneibstein überrascht. Dort haben Sie sie gezwungen, den Bikini anzuziehen. Er war ihr zu klein, aber nicht, weil es nicht ihr eigener, sondern weil es ein alter Bikini von ihr war. Das hatte mich am Anfang in die Irre geführt, da ich davon ausging, dass der Bikini Anna gar nicht gehörte. Doch es war ihrer, nur von früher, als sie noch etwas schlanker war. Den haben Sie aus irgendeiner kranken Fantasie heraus Anna anziehen lassen und sie dann vom Berg geschubst.«

Die ungläubigen Gesichter der beiden Polizisten und von Wasti wurden immer größer, hin und her gerissen von Katherls abenteuerlichen Geschichte und dem gesunden

Menschenverstand wussten sie sich keinen Reim auf das Ganze zu machen. Peter Burgers Wangenknochen traten deutlich hervor, da er angesichts der Anschuldigungen die Zähne fest aufeinanderbiss.

»Keiner hatte Sie gesehen, ein gut durchdachter Plan. Die Ausrüstung und Kleidung nahmen Sie mit als Erinnerung und als Trophäe. Dann durchsuchten Sie noch einmal das Zimmer, um sicherzugehen, dass nichts auf sie als Exfreund darin hinweisen würde. Alles wäre gut gegangen. Nur begangen Sie einen entscheidenden Fehler. Anstatt Ihren Auftrag auszuführen, die Ausrüstung von Anna zu suchen, legten Sie sich lieber in die Sonne, denn Sie wussten, dass die Ausrüstung bei Ihnen zu Hause sicher liegt. Doch Berchtesgaden ist klein, auch wenn wir fünf Gemeinden im Talkessel haben, man läuft sich schnell einmal über den Weg. Sie hätten das zum Bikini passende Handtuch nicht benutzen dürfen. Aber es erinnerte sie an frühere Zeiten mit Anna, nicht wahr? Das hat Sie verraten. Die gleichen farbigen Streifen, das war kein Zufall.«

»Aber wie hat er Anna Lohberg gezwungen, diesen Bikini anzuziehen?« Reuber kannte Katherl und wusste, dass sie keine Spinnerin war, aber diese Geschichte warf doch einige Fragen auf.

»So habe ich sie gezwungen.« Peter Burger hatte mit einer auf der Polizeiakademie trainierten Handbewegung seine Dienstwaffe gezückt und richtete sie jetzt auf Katherl. »Sie verhalten sich jetzt alle ganz ruhig, sonst erschieße ich diese alte Hexe als Erstes.« Wasti war kurz davor, den jungen Mann anzuspringen oder sich wenigstens als lebendes Schutzschild vor Katherl zu werfen, doch sie brachte ihn mit einer beruhigenden Handbewegung dazu, sich wieder zu setzen.

»Ich wollte nicht, dass sie abstürzt«, fing er zu reden an.

»Das glaube ich Ihnen. Sie wollten sie erschießen, dort oben, mit ihrem Bikini, der sie an die guten Zeiten erinnerte«, sagte Katherl gerade heraus.

Der angespannte Kiefer von Burger machte ein mahlendes Geräusch. »Ja«, spie er aus und umgriff seine Waffe fester. »Ich wollte sie erschießen, doch dann trat sie zurück, von mir weg und dann …« Den Rest wussten alle.

»Burger, lassen Sie den Unsinn, Sie machen alles noch schlimmer!« Reuber versuchte, die Aufmerksamkeit mehr auf sich zu lenken. Denn immerhin hatte er auch eine Waffe umgeschnallt. Ob er sie nur schnell genug würde ziehen könnte, da war er sich nicht sicher. Seine Ausbildung lag etwas länger zurück als bei dem Jungen, der frisch von der Polizeischule kam.

Eine Pistole, auf ein Frauenherz gerichtet, kann Männer in Schach halten, aber nicht einen Hund. Plötzlich sprang Püppi vor und verbiss sich in einen völlig überrumpelten Burger. Ehe er es sich versah, wurde er von Reuber entwaffnet, während Püppi ihn mit ihrer Pfote niederdrückte. Sie fletschte die Zähne und zeigte, dass sie alles andere als ein Püppchen war. Ganz so, wie sie es im letzten Ausbildungsabschnitt »Stellen nach stiller Aufforderung« gelernt hatte.

Am Spätnachmittag kamen sie alle bei Katherl zusammen. Katherl und Wasti saßen an die warme Hauswand gelehnt da, während Reuber sich auf die kleine Mauer setzte. Hauser kam aus dem Streicheln und Loben seinem Püppi gar nicht mehr heraus und kniete neben dem Held des Tages.

»Wir haben Annas Ausrüstung und ihr Handy bei Burger gefunden. Er hatte sich so was wie einen Schrein mit

Dingen von ihr in einer Ecke eingerichtet. Richtig gruselig«, berichtete Reuber. »Aber Katherl, ich verstehe nicht, wieso das Handtuch dich auf alles gebracht hat?«

»Das liegt vielleicht daran, dass ich eine Frau bin. Eine alte zwar, aber trotzdem bekomme ich ein wenig mit, was gerade in Mode ist. Und vor ein paar Jahren gab es diese Sets, bestehend aus Handtuch mit farblich passendem Bikini. Nicht dass ich daran interessiert gewesen wäre, ich habe in meinem ganzen Leben noch keinen Bikini getragen, aber ich kann mich noch gut an die Werbung daran erinnern.«

»Ich sehe schon, die Polizei muss ab sofort beruflich Modemagazine lesen.«

Katherl blinzelte in die Sonne, die ihre letzten Strahlen über das Lattengebirge schickte. »Die arme Anna. Unglaublich, was eine fehlgeleitete Liebe anrichten kann.«

»Hier, zieh ihn an!« Er warf ihr die beiden Teile vor die Füße. Sie erkannte den bunt gestreiften Bikini sofort und dass er ihn aus der Mülltonne gefischt haben musste, nachdem sie ihn weggeschmissen hatte, lange nach ihrer Trennung, das machte ihr Angst. »Es wird wieder so wie damals werden. Du liebst mich und ich liebe dich. Wir werden im Meer baden und uns küssen. So wie am Anfang!« Sie rührte sich nicht. »Du bist krank. Du hast in meinem Abfall gewühlt!«, fuhr sie ihn an. Er lachte. »Jeden Tag. Dein Abfall hat mich dir nahe sein lassen. Ich wusste, was du isst, was du für Shampoo benutzt und wann du deine Tage hattest.« Er fuhr sich mit seiner Zunge über die Lippen.

Erst als er seine Dienstwaffe gezogen hatte, hob sie den Bikini zitternd auf. Nackt vor ihm zu stehen, störte sie nicht so sehr, wie diesen Bikini anzuziehen. Das fand sie viel erniedrigender. Und am meisten entsetzte sie, dass sie in dem Moment dachte, wie viel sie in den letzten zwei Jahren zugenommen hatte. Sie konnte seine Nähe nicht ertragen. Daran hatte sich nichts geändert. Sie brauchte Platz, brauchte Raum, brauchte Luft. Dann trat sie ein paar Schritte zurück.

Am nächsten Tag wanderten Katherl und Wasti erneut zum Schneibstein hinauf. Diesmal ließen sie sich Zeit, gingen langsam und bedächtig. An der Unglücksstelle holte Wasti ein Holzkreuz hervor, das er noch abends in seiner Werkstatt geschreinert hatte, und Katherl legte es auf den Fels, auf dem Anna Lohberg gestorben war. Sie beteten nicht, denn alles – der Fels, der Himmel und die Steinböcke dort hinten – war Gebet genug.

52 Der **Schneibstein** erreicht eine Höhe von 2.276 Metern. Dank der Jennerbahn kann man bequem die ersten 1.170 Meter davon mit der Seilbahn überwinden. Auf diese Weise ist der 2.000er relativ leicht zu bezwingen.

53 Die **Königsbachalm** am Jenner ist in einem eineinhalbstündigen Wegmarsch vom Königssee aus zu erreichen. Für den Geübten Wanderer ist sie ein beliebter Zwischenrast, für den Wanderanfänger ein lohnendes Ziel.

54 Carl von Stahl war Österreicher, der in Amerika im 19. Jahrhundert ein Vermögen gemacht hatte. Er stiftete 1923 den Bau der nach ihm benannten Berghütte. Das **Carl-von-Stahl-Haus** ist ein guter Ausgangspunkt für die mehrtägige Hütten-Tour durch das Steinerne Meer, der Großen Reib'n.

55 Die **Kleine Reib'n** ist im Sommer wie im Winter eine beliebte, aber lange und kräftezehrende Tagestour. Sie führt über den Schneibstein weiter am Rande des Hagengebirges zum Seeleinsee und von dort durch den Stiergraben zur Priesbergalm. Der Umweg über die Gotzen Alm ist allerdings durchaus lohnend.

56 »Vertikale Wildnis« lautet das Motto der Ausstellung im **Haus der Berge** in Berchtesgaden. Es zeigt eindrucksvoll die Flora und Fauna von den Tiefen des

Königssees bis hinauf zu den Gipfeln der Berge. Die ausgestopften Tiere dürfen gestreichelt werden und die alle Sinne ansprechende Ausstattung macht Lust auf Natur.

57 Im **Bergsteigerhaus Ganz** wird an allen Ecken und Enden geklettert. Selbst draußen kann man an der Fassade hochkraxeln, die echten Berge immer im Blick. Die 200 Routen bieten für den Anfänger bis zum Profi alles, was das Kletterherz höher schlagen lässt.

58 Die **Alpine Auskunft** im Bergsteigerhaus informiert und klärt Fragen rund um alle Touren in den Berchtesgadener Alpen. Sie ist in den Sommermonaten Montag bis Freitag von 16.00 bis 18.00 Uhr unter der Nummer 08652/9764615 erreichbar.

59 Der **Rauhe Kopf** ist ein Vorgipfel des Untersberg-Massivs und ein beliebter Aussichtspunkt. Mit seinen 1.604 Metern ist er nicht einer der ganz Großen, aber dafür trifft man hier meistens nur wenige Wanderer.

60 Wer in Berchtesgaden Wandern möchte braucht dazu nicht unbedingt die Berge erklimmen. Eben geht der **Königsseer Fußweg** dahin, der 6,5 Kilometer lang vom Berchtesgadener Bahnhof direkt zum Königssee führt. Immer an der Königsseer Ache entlang führt der auch für Kinderwägen geeignete Wanderweg.

STILLE NACHT, TODESNACHT

Keine Wolke stand am strahlend blauen Himmel. Es versprach, wieder ein heißer Tag zu werden. Schon die ganze letzte Woche war es herrlich warm gewesen, ein richtiges Sommerferienwetter. Veronika allerdings runzelte die Stirn, als sie in den Himmel blickte. »Ich muss gleich gießen gehen, bevor es zu heiß wird«, sagte sie zu sich. Als Mesnerin der Pfarrei unterstand ihr auch die Pflege der Blumen in und um der **Stille-Nacht-Kapelle** 61 in **Oberndorf** 62. Hinter ihr hing an einem Haken im Hausgang ihre Gartenschürze, die mit rosa Rosen bedruckt und am Saum grün eingefasst war. Ein Geschenk des Frauenbundes und nur deswegen trug sie diese Schürze, die eher zu einer englischen Landlady gepasst hätte, als zu der robusten Veronika. Aber wenn sie durchs Dorf ging, mussten die Frauenbundmitglieder die Schürze sehen. Wie in jeder Kirchengemeinde war es besser, es sich nicht mit den Damen zu verscherzen. Mit einem festen Knoten band sie die Schürze über dem Bauch zu, strich sie gerade und ließ den Kirchenschlüssel in die Tasche gleiten. Sie spürte sein Gewicht und wie immer beruhigte es die Mesnerin. Er war das Symbol ihrer Aufgaben und nur sehr ungern gab sie ihn aus der Hand. Die Gießkanne stand hinter dem alten **Schifferhäuschen** 63, das schon ihre Eltern bewohnt hatten und davor ihre Großeltern und so weiter. Irgendwann riss die Geschichte ab, denn das Hochwasser von 1899 hatte die Kirchenregister fortgespült. Sicher war einer ihrer Vorfahren ein Schiffer gewesen, zu einer Zeit, da das Berchtesgadener und Salzburger Salz über die **Salzach** 64 hinaus in die Welt transportiert wurde. Doch vor **Laufen** 65 gab es Stromschnellen und einen großen Felsen, den sogenannten Nocken, mitten im Fluss, der das Passieren der mit Salz schwer beladenen Schiffe unmöglich machte. Die wertvolle Fracht wurde von den Oberndorfern Schiffern durch die enge Flussschleife transportiert. Das ließen sich die Laufener gut bezahlen, und mit dem Monopol des Salztransportes um die Stadt herum waren sie reich geworden. So lange, bis die Eisenbahn kam, mit der das Salz leichter und billiger transportiert werden konnte. Laufen versank in einen Dornröschenschlaf, aus dem es bis heute nicht wieder ganz erwacht ist. Deswegen hat es sich seinen alten Charme so wunderbar erhalten.

Zufrieden ließ Veronika ihren Blick über den kleinen Garten hinter dem Häuschen gleiten. Die Lupinen blühten mit den Rosen um die Wette, und drüben im Gemüsebeet war der Salat bereit, geerntet zu werden. Die Bohnen rankten munter an den in den Boden gesteckten Ästen empor und von den Radieserln würde es heute Abend zur Brotzeit welche geben. Doch bevor sie ihren eigenen Garten goss, musste sie sich um die Kapelle kümmern. Das war für Veronika selbstverständlich. Mit der Gießkanne in der Hand schloss sie das Gartentor hinter sich und marschierte los. Im Gehen war sie froh, dass der Herr Pfarrer darauf bestanden hatte, ihre alte Eisengießkanne gegen eine leichtere aus Plastik einzutauschen. Erst hatte sie sich gesträubt, aber nachdem Pfarrer Brunner höchstpersönlich ihr sie nach dem Gottesdienst mit den Worten: »Im Auftrag von ganz oben«, überreicht hatte, gab sie klein bei. Der Weg zum Stille-Nacht-Platz war nicht weit, aber nachdem sie in diesem Sommer so viel gießen musste, war sie dem Pfarrer und seiner Beharrlichkeit insgeheim dankbar.

Der Stille-Nacht-Platz lag verlassen vor ihr. Das **Heimatmuseum** 66 mit seiner Ausstellung über die Schiffer und des Salztransportes war noch geschlossen. Doch die meisten Besucher interessierten sich nur für die Geschichte des berühmtesten Weihnachtsliedes der Welt. »Stille Nacht, heilige Nacht« war zum ersten Mal hier in Oberndorf gespielt worden. Gegenüber auf einem kleinen Hügel ruhte die Stille-Nacht-Kapelle. Die ursprüngliche Kirche, in der die kaputte Orgel gestanden hatte, die den Pfarrer Mohr veranlasst hatte, das Lied für zwei Stimmen und Gitarrenbegleitung zu dichten, gab es schon lange nicht mehr. Wegen der schweren Hochwasserschäden war sie abgerissen und an ihrer Stelle, zum Gedenken an die beiden Erschaffer des Liedes, Franz Gruber und Joseph Mohr, eine kleine Kapelle errichtet worden.

Am Brunnen ließ sie die Gießkanne volllaufen und stieg dann die Treppe zur Kapelle hinauf. Vorbei an den beiden Tannen, die im Advent mit Kerzen geschmückt weihnachtlich strahlten. Besonders am 24. Dezember, wenn das Lied erklang und die vielen Besucher im Chor mitsangen, machte sich eine ganz andächtige Stimmung breit. Jedes Jahr war es ein besonderes Erlebnis, das Veronika regelmäßig eine Gänsehaut bescherte, obwohl sie schon seit 30 Jahren Mesnerin war.

Jetzt lag kein Schnee, ganz im Gegenteil, es war so heiß, dass sich der Schweiß auf ihrer Stirn sammelte. Veronika setzte die Gießkanne ab, schnaufte durch, nestelte umständlich nach ihrem Taschentuch und wischte sich die Stirn ab. Zuerst goss sie die beiden Blumentröge mit den roten Geranien links und rechts von der Kapellentür. Anschließend holte sie den Eisenschlüssel aus der Schürzentasche, steckte ihn in das Schloss, drehte ihn, wobei sie mit dem rechten Fuß etwas gegen die Tür drückte, damit sie leichter aufging, und zog den Türflügel auf. Veronika beherrschte diese Bewegung im Schlaf, im Gegensatz zum Herrn Pfarrer Brunner, der schon einmal verzweifelt bei ihr angerufen hatte, weil er die Tür nicht aufbekam. »Mit Gefühl und etwas Druck«, hatte sie ihm erklärt, aber schließlich hatte sie hinübergehen müssen, um den Pfarrer hineinzulassen.

Die Tür schnappte in ihrer Halterung ein. Ein kurzes Rütteln überzeugte Veronika, dass sie festsaß und nicht wieder von einem Windstoß zugeschlagen werden konnte. Es waren diese Kleinigkeiten, an die eine gute Mesnerin denken musste. Durch das rechte Glasfenster der runden Kapelle, dem, das Franz Gruber gewidmet war, strömte die Morgensonne und erhellte wie mit einem Scheinwerferspot den Altar. Zuerst sah Veronika darauf die beiden Alpenveilchen, die sie auch gleich gießen musste, und sie wollte sich schon umdrehen und nach der Gießkanne greifen, als sie in der Bewegung erschrocken innehielt. Etwas passte nicht in das gewohnte Bild. Vor dem dunklen Holzaltar mit dem strahlend weißen Altartuch hockte jemand, der tief im Gebet versunken war. Gebet hin oder her, so ging es aber nicht!

»Ja sagen Sie mal!«, rief die Mesnerin aus, als sie sich von ihrem Schreck erholt hatte. »Was machen Sie denn da?«

Keine Antwort.

»Wie sind Sie hier reingekommen? Die Kapelle ist nachts zu!« Veronika ging einen Schritt auf die Person zu und sah jetzt, dass es ein Mann war. Was angesichts der

Tatsache, dass er vollständig nackt war, nicht zu übersehen war.

Ein Satanist, war das Erste, was ihr durch den Kopf ging. Schnell bekreuzigte sie sich. Gesund sah er nicht aus. Ganz fahl, aber das war bei einem Satanisten sicher nichts Ungewöhnliches. Tapfer trat die Mesnerin näher. »Brauchen Sie Hilfe?«

Immer noch keine Antwort, und als sie ihn mit den Fingerspitzen vorsichtig gegen die Schulter stupste, in Erwartung, dass der Leibhaftige ihr entgegensprang, passierte etwas mindestens ebenso Schreckliches. Der nackte Mann kippte einfach zur Seite, steif wie ein Brett. Veronika schrie auf und mit einem »Jessas Maria« stürzte sie nach draußen.

Es war das große Glück von Sieglinde Gschaftl, der Leiterin des Tourismusbüros von Oberndorf, dass sie an diesem Tag früher als gewohnt zur Arbeit erschienen war. Denn gerade, als sie das Licht in der Touristinfo anknipste, hörte sie ein Schreien. Und damit war sie sozusagen mitten im Geschehen. Etwas Besseres konnte ihr nicht passieren. Sie liebte jeglichen Skandal und eine nackte Männerleiche in der Stille-Nacht-Kapelle war sozusagen ein Fünf-Sterne-Ereignis, um in der Tourismussprache zu bleiben. Sieglinde sah die schreiende Veronika aus der Kapelle stürzen. Mehr aus Neugier, denn aus Hilfsbereitschaft lief sie ihr entgegen.

»Da Deifi! Da Deifi! Da drin!« Wie von Sinnen lief die alte Mesnerin über den Platz. Schon war Sieglinde dabei sich zurückziehen, denn mit einer verrückt gewordenen Mesnerin wollte sie nichts zu tun haben, doch die alte Frau hatte sich auf sie gestürzt und zeigte mit zitternden Fingern auf die Kapelle. »Dort drinnen, der Leibhaftige«, hauchte sie Sieglinde ins Ohr, der es trotz der Hitze eiskalt über den Rücken lief. »Der Teufel hat ein Opfer zurückgelassen. Die arme Seele saß da und dann ist er einfach umgekippt.«

Darauf konnte sich Sieglinde keinen Reim machen, setzte die Mesnerin kurzerhand auf eine Bank und sah nach, was die Ursache für deren Aufregung war. Den Satan konnte sie in der Kapelle nicht entdecken, sondern nur eine nackte Männerleiche. Kein Wunder, dass sich die alte Frau so erschrocken hatte. Denn zeit ihres Lebens hat die fromme Mesnerin wohl nicht viele nackte Männer gesehen, geschweige denn tote nackte Männer.

Polizeiwachtmeister Haberer starrte auf den Toten. Auch er bekam nicht oft eine Leiche zu sehen, schließlich war man in Oberndorf und nicht im benachbarten Salzburg.

»Wie ist er denn gestorben?«, fragte er den Arzt, den das Salzburger Kommissariat geschickt hatte. »Wer setzt sich denn zum Sterben nackt in eine Kapelle? Sicher hat der Sandler einen in der Krone gehabt und dann einen Herzinfarkt, oder, Herr Doktor?« Haberer überlegte, ob die Anrede »Herr Doktor« überhaupt richtig war, denn ein Doktor war doch jemand, der Menschen gesund machte. Aber so ein Pathodingsbums, war das überhaupt ein Doktor? Der Polizeiwachtmeister fühlte sich von der Situation etwas überfordert und er war froh, als die Salzburger Verstärkung endlich ankam und sich um alles weitere kümmerte. Damit, dass der Tote ein Sandler war, damit hatte Haberer recht. Sein ungepflegtes Äußeres war ein wichtiges Indiz dafür. Aber »Sandler« sagte man offiziell nicht mehr und Haberer machte sich eine geistige Notiz, im Bericht von einer »Person ohne festen Wohnsitz« zu sprechen.

Der Tote lag immer noch auf der Seite vor dem Altar. Inzwischen war die Vormittagshitze auch in die Kapelle gedrungen.

»Alkohol kann ich nicht feststellen«, meinte der Gerichtsmediziner. »und an einem Herzinfarkt ist er auch nicht gestorben.« Der Arzt stand auf und zog die weißlichen Untersuchungshandschuhe mit einer geübten Bewegung von den Fingern. »So eine Hitze heute wieder.«

Haberer nickte. Aber was interessierte ihn die Hitze, er wollte wissen, woran der Nackte gestorben war.

»Und das ist ja das Komische an der Sache.« Der Gerichtsmediziner schaute den Polizeiwachtmeister an. »Trotz der Hitze ist der Mann erfroren.«

»Jetzt bleib doch einmal ruhig stehen«, seufzte Katherl, die sich zum dritten Mal mit der Stecknadel gestochen hatte. »Veronika, wenn du dauernd so herumzappelst, kann ich den Saum nicht ordentlich abstecken.« Das nuschelte sie eher, denn zwischen ihren Lippen klemmte eine ganze Reihe Stecknadeln. Vor ihr, auf einem Stuhl, stand Veronika in ihrem neuen Dirndl aus einem schönen dunkelblauen Stoff. Doch an Stillstehen war nach diesem Erlebnis heute einfach nicht zu denken. »Komm, zieh es aus! Das machen wir ein andermal fertig«, meinte Katherl schließlich und half ihrer Cousine vom Stuhl. Eigentlich war Veronika ihre Großcousine, aber beide nahmen das nicht so genau. »Jetzt bin ich extra bei dem schönen Wetter hergefahren, um dir beim Nähen zu helfen, aber so macht das keinen Sinn!« Der Saum musste warten. »Also, erzähl noch einmal in aller Ruhe, was passiert ist. Aber zuerst mache ich dir einen Tee.«

Draußen im Kräutergarten ihrer Cousine wuchs auch Baldrian, von dem sie ein paar Blätter abzupfte, aufgoss und etwas ziehen ließ. Genau für solche Situationen wuchs in jedem Bauerngarten neben anderen Heilkräutern auch Baldrian. Eben zur Beruhigung, wenn man eine nackte Männerleiche gefunden hatte oder bei anderen derartigen Aufregungen.

Wenig später umklammerte Veronika den dampfenden Becher, nippte daran und berichtete erst stockend und dann immer aufgeregter von den furchtbaren Ereignissen. Davon, wie sie den Toten gefunden hatte und wie sie dachte, es wäre ein Werk des Teufels gewesen, als der Nackte langsam zur Seite gekippt war.

»Gott sei Dank war Sieglinde zur Stelle und hat die Polizei gerufen. Sie war so eine Hilfe.«

Das konnte sich Katherl vorstellen. Sieglinde, die alte Ratschen, würde alles dafür geben, bei so einem Ereignis live dabei sein zu können. »Weiß die Polizei schon, wie der Tote in die Kapelle gekommen ist?«, wollte Katherl wissen.

»Das Schloss war nicht aufgebrochen. Aber ich sperre doch jeden Abend ab.« Veronika hörte sich erbärmlich an. »Ich bin mir ganz sicher, dass ich abgesperrt habe. Aber die Polizei glaubt mir nicht. Die denken, ich wäre alt und vergesslich. Aber das bin ich nicht!«

Diplomat, der sie nun mal war, sagte Katherl dazu nichts. »Also, du bist sicher, dass die Tür verschlossen war.«

»Ganz sicher, denn ich habe sie ja heute Morgen aufgesperrt, so wie ich es immer mache. Wenn sie offen gewesen wäre, dann wäre mir das doch aufgefallen!« Die Tasse zitterte in ihrer Hand und Katherl legte ihr beruhigend ihren Arm um die Schulter.

»Du hast alles richtig gemacht. Am besten du legst dich ein wenig hin.« Sie half ihrer Cousine aus dem halb fertigen Dirndl, hängte es ordentlich auf einen Bügel, während sich Veronika auf das Sofa legte. »Hier, deck dich gut zu und den Tee stelle ich hier auf den Tisch.« Sie stopfte die Decke fest und setzte sich an den Tisch, auf den die Nähmaschine stand und Stoffreste und Schnittmusterteile lagen. »Ich bleibe noch da, wenn es dir recht ist. Die Haken am Mieder fehlen ja auch noch.« Die Haken und Ösen waren sehr klein und sie mussten in einer ordentlichen Reihe angenäht werden. Katherl setzte ihre Brille auf, kniff die Augen etwas zusammen und versuchte, den Faden durch das Nadelöhr zu bekommen.

»Die Gießkanne!«, rief Veronika so plötzlich, dass Katherl erschrocken zusammenfuhr und sich die Nadel in den Finger rammte.

»Herrgott, was ist denn los, Veronika!«

»Die Gießkanne ist noch bei der Kapelle. Ich hatte sie vor der Tür abgestellt, damit ich aufsperren kann. Die ist doch vom Herrn Pfarrer!«

»Soll ich sie holen gehen?«, bot Katherl an. Veronika nickte und ließ sich wieder auf das Sofa sinken. »Wo hast du den Hausschlüssel, damit ich dich nachher nicht aufjagen muss?«

»Der liegt immer unter dem Blumentopf mit dem Thymian. Aber leg ihn wieder zurück, sonst sperre ich mich das nächste Mal aus.«

Katherl lächelte ihrer Cousine aufmunternd zu, hoffte insgeheim auf die beruhigende Wirkung des Baldrians und ging die vergessene Gießkanne holen.

Es war nicht ungewöhnlich, dass der Stille-Nacht-Platz so voller Menschen war. Nur war das meistens zur Weihnachtszeit der Fall und nicht im Hochsommer. Die Oberndorfer standen in Grüppchen zusammen und diskutierten eifrig die Ereignisse. Im Zentrum stand Sieglinde, die zu Höchstform aufgelaufen war und jeden mit Details versorgte.

Das Blaulicht der Polizeiautos drehte sich nervös in der Hitze. Die Stufen hinauf zur Kapelle waren mit einem Polizeiband abgesperrt. Katherl sah die Gießkanne vor der Kapelle stehen, während im Inneren Männer mit weißen Schutzanzügen zugange waren.

»Entschuldigen Sie«, sprach sie den Polizisten an, der hinter dem Absperrband Wache hielt, »meine Cousine hat ihre Gießkanne dort oben vergessen und ich soll sie holen. Sie ist eine Geschenk vom Herrn Pfarrer.« Katherl war sich nicht sicher, ob das ein schlagkräftiges Argument war, denn der Polizist schaute nur kurz in die Richtung, in der Katherl deutete und schüttelte dann den Kopf.

»Die bleibt, wo sie ist. Das hier ist ein Tatort.« Mehr schien der Polizist nicht sagen zu wollen. Resigniert und unschlüssig blieb Katherl stehen.

»Sind Sie nicht die Cousine von der Veronika? Die gute Schneiderin vom Königssee, die die feschen Dirndln macht?«

Katherl drehte sich um und stand vor einer Frau, die ihr vage bekannt vorkam.

»Ich bin Sieglinde Gschaftl vom Tourismusbüro«, stellte sie sich vor.

»Wie geht es Veronika, ist das nicht eine schreckliche Geschichte und was hat ihre Cousine noch erzählt?«, sprudelte es aus ihr hervor.

Katherl wehrte die Fragen ab, was aber der Frau nichts auszumachen schien, denn sie beantwortete sie sich gleich selbst.

»Aber das Beste ist«, kurz hielt sie inne und verbesserte sich, »also das Seltsamste ist, dass der nackte Tote«, sie betonte dabei das »nackte«, »nicht an einem Herzinfarkt gestorben ist, sondern«, und hier machte sie eine dramatische Pause, die sie sich in der letzten Stunde angeeignet hatte und auf die sie richtig stolz war, »erfroren!«

Die Worte zeigten auf Katherls Gesicht die gewünschte Reaktion. »Wie, erfroren?«

»Erfroren, als hätte er im strengsten Winter die Nacht in der Kapelle verbracht und nicht im Sommer.« Sieglinde strahlte über das ganze Gesicht. Was war das für ein herrlicher Tag. Doch schon im nächsten Augenblick hatte sie sich wieder im Griff und setzte die angemessene betrübte Miene auf, mit der sie den nächsten Uninformierten ausspähte.

Erfroren im Sommer, überlegte Katherl. Das konnte nicht mit rechten Dingen zugegangen sein. Nach einem natürlichen Tod hörte sich das nicht an. Die arme Veronika. Für sie war noch nicht alles ausgestanden. Und ihre Gießkanne würde sie sicher nicht so schnell zurückbekommen.

Der Hausschlüssel lag tatsächlich unter dem Topf mit Thymian. Katherl sperrte auf und ging hinein zu Veronika, die noch brav auf dem Sofa lag. Zunächst zögerte sie, ihr von der tatsächlichen Todesursache zu erzählen, aber besser, sie hörte es von ihr, als von einer völlig überdrehten Sieglinde Gschaftl. Doch Veronika schlief fest. Der Baldrian hatte seine Wirkung gezeigt. Ihre hochgesteckten Haare waren zur Seite gerutscht und aus dem offenen Mund drang hin und wieder ein leises Schnarchen. Katherl setzte sich an den Tisch, um an dem Mieder weiter zu nähen. Fünf Haken hatte sie schon an den schwarzen, schweren Stoff gefestigt und brachte gerade den sechsten in Position, als eine Bewegung draußen vor dem Fenster sie aufblicken ließ. Auf der anderen Seite des Gartenzauns stand die Nachbarin am Kompost und schüttete den Inhalt von – und da musste Katherl genau hinschauen, um es zu erkennen – den Inhalt von Gefrierbeuteln darauf. Ein Plastiksackerl nach dem anderen leerte sie aus, knüllte sie dann zusammen und schmiss sie in die Mülltonne beim Haus. »Die gehören eigentlich in den gelben Sack, dachte Katherl unwillkürlich.

»Da wird ja mein Dirndl nie fertig, wenn du dauernd aus dem Fenster starrst«, kam es etwas krächzend vom Sofa. Veronika war aufgewacht. »Was gibt es denn so Interessantes zu sehen?«

»Deine Nachbarin hat gerade ihr tiefgefrorenes Gemüse auf dem Kompost entsorgt.«

»Ja, stell dir vor, ihr ist gestern die Gefriertruhe kaputtgegangen. Ausgerechnet bei dieser Hitze. Mir hat sie zwei Beutel mit Bohnen rübergebracht. Ich habe einen großen Topf Bohnensuppe daraus gemacht. Die können wir uns später warm machen.« Veronika zeigte zur Küche, wo auf dem Herd ein großer Topf stand.

»Weißt du, was komisch ist?«

Katherl blickte von ihrer Arbeit auf. »Was denn?«

»Dass die Grammer, also meine Nachbarin, dem Hausierer nicht das ganze Gemüse gegeben hat. Der hätte sich darüber gefreut. Bevor sie das gute Zeug auf den Kompost wirft.«

»Welchem Hausierer denn?«

»Das war am Montag, also vorgestern. Ich war gerade am Ausgeizen der Tomaten, da hat so ein Hausierer bei ihr geklingelt. Die Grammer hat aufgemacht und es hat nicht lange gedauert, da ist er eilig wieder auf die Straße zurück Richtung **Europasteg** 67 gelaufen. Die Grammer hat ein recht loses Mundwerk, die scheucht jeden Hausierer weiter. Der traut sich nicht mehr her.«

»Ach so. Aber warum hätte sie ihm das Gemüse geben sollen, da war ihre Gefriertruhe ja noch gar nicht kaputt?«

»Das ist es ja. Der hat sich von ihrer Schimpftirade nicht abbringen lassen und hat gestern in der Früh noch einmal bei ihr geklingelt. Ich war gerade beim Gießen, der Garten braucht so viel Wasser bei der Hitze, da stand er wieder vor ihrer Tür.«

»Und hat sie ihn wieder fortgejagt?«

»Eben nicht, das hat mich direkt gewundert. Sie hat ihn reingelassen, wahrscheinlich um ihn etwas von dem tiefgefrorenen Gemüse zu geben.«

»Jetzt hör doch einmal mit deinem tiefgefrorenen Gemüse auf. Was soll denn ein Hausierer damit anfangen? Die Bohnen roh lutschen?«

Veronika schien diesen Einwand überdenken zu müssen. »Du hast recht«, sagte sie nach einer Weile. »Ein Hausierer hat ja gar keinen Herd.«

Welch glorreiche Erkenntnis, dachte Katherl, tätschelte aber aufmunternd die Hand ihrer Cousine. »Und ist der Mann dann wieder rausgekommen?«

Veronika starrte durch das Fenster in den Garten. »Ich stand da«, murmelte sie gedankenverlorenen, »habe gegossen und dann die Zucchini angeschaut. Die eine will nicht in die richtige Richtung wachsen, der muss ich etwas nachhelfen.«

Und ich muss dir ein wenig nachhelfen. Katherl sah Veronika streng an. »Ist der Mann wieder herausgekommen?«

»Nein, also ich habe ihn nicht gesehen.«

»Wie sah der Mann denn aus?«, bohrte Katherl nach.

»Na, wie ein Hausiere halt ausschaut. So lange ungewaschene Haare, einen struppigen Bart, 'ne rote Schnapsnase. Der alte grüne Lodenmantel ist mir aufgefallen, den er trotz der Hitze trug.«

»Und wie sah der Mann in der Kapelle aus?«, hakte Katherl nach.

»Na, so lange ungewaschene Haare, einen struppigen Bart und obwohl er so bleich war, leuchteten die roten Adern seiner Nase ganz rot …« Veronika hielt mitten im Satz inne und schaute ihre Cousine mit großen Augen an. »Das, das …«, stotterte sie.

»War es derselbe Mann?«, fragte sie leise.

»Ich glaube schon«, hauchte Veronika. Schweigend saßen sie eine Weile da.

»Aber wie kommt er von der Grammer in die Kapelle, erfroren noch dazu?«

»Vielleicht ist er bei der Grammer erfroren?«, versuchte Katherl die Situation zu klären.

Veronika schüttelte den Kopf. »Doch nicht bei dieser Hitze. Die Grammer hat doch keinen Eiskeller wie ihn die Brauereien früher hatten. Der **Wieniger** [68] in **Teisendorf** [69] hatte früher so einen Keller, da haben sie im Winter das Eis eingelagert, um im Sommer das Bier zu kühlen.«

»Einen Eiskeller hat deine Nachbarin nicht«, erklärte Katherl. »Aber eine Gefriertruhe in der sie plötzlich Platz brauchte.«

Veronika schaute sie verständnislos an. »Wieso brauchte sie Platz?«

»Gemüse raus und Mann rein«, erwiderte Katherl lapidar.

Die beiden Frauen drehten gleichzeitig ihre Köpfe in Richtung Küche, wo der große Topf mit der Bohnensuppe stand.

»Ich glaub, ich mag keine Bohnensuppe mehr.« Die Suppenköchin verzog das Gesicht. »Aber müssen wir nicht Polizeiwachtmeister Haberer anrufen?«

»Bis jetzt haben wir nur einen Verdacht. Angenommen wir liegen falsch und wir hetzen den Haberer auf deine Nachbarin, dann ist es aus mit der guten Nachbarschaft. Und mir scheint, mit ihr sollte man es sich nicht verscherzen.«

»Gewiss nicht!«, bestätigte ihr Veronika. »Wenn die dich auf dem Kieker hat, dann stehen dir schlechte Zeiten bevor.«

Es blieb nur eines, fand Katherl. »Wir brauchen Gewissheit! Wir müssen uns die Gefriertruhe deiner Nachbarin anschauen.«

»Ja, aber ich kann nicht einfach rübergehen und mir ihre Gefriertruhe anschauen. Das klingt doch komisch.«

Katherl gab ihr recht und überlegte. »Sag mal, dein Haus und ihr Haus sind doch gleich gebaut, oder?«

»Das schon.«

Flink sprang Katherl auf, lugte durch das Fenster in den nachbarlichen Garten, murmelte »gut, sehr gut« und griff als Nächstes zum Telefon. »Wir brauchen nur etwas Unterstützung.«

Wasti stand gerade in seiner Küche, unschlüssig, was er machen sollte. Eigentlich hatte er gehofft, dass Katherl eher nach Hause kommen und sie einen schönen Spaziergang zur Eisdiele am Königssee machen würden. Aber bis jetzt hatte er noch nichts von ihr gehört. Da läutete das

Telefon. »Wasti!«, hörte er ihre Stimme und er freute sich sofort. Doch was sie ihm dann sagte, ließ ihn die Stirn in Falten legen. »Wasti, dein Freund Bernhard, der arbeitet doch beim der Firma ›Frostmann‹.« Schweigend hörte er eine Weile zu, nickte dann und wann, kratzte sich ungläubig am Kopf und wollte schon protestieren. Aber nachdem Katherl ihn drei Mal mit »Wasti, mein Liebster« angeredet hatte, gab er seinen Widerstand auf. Und kurz darauf saß er in seinem Auto mit Ziel Oberndorf. Wasti hoffte nur, auf der **Salzachbrücke** 70 nicht in einen Stau zu geraten.

Inzwischen weihte Katherl die Freundin in ihren Plan ein und dann hieß es warten. Während Veronika unruhig umherging, es dabei vermied, in die Nähe der Bohnensuppe zu kommen, nähte Katherl die restlichen Haken und Ösen an das Mieder.

»Da kommt die Grammer!«, rief Veronika aus. »Wie ich gesagt habe, sie gießt immer gegen Abend, wenn ihre Pflanzen schon am Verdursten sind.«

Katherl schaute auf die Uhr, rechnete kurz, wie lange Wasti noch unterwegs war, und meinte dann: »Jetzt interessieren wir uns einmal für ihren Garten. So von Nachbarin zu Nachbarin.«

Zunächst wollte Veronika nicht, aber Katherl zog sie einfach durch die Hintertür hinaus. »Schön ist dein Garten«, sagte sie und wusste, dass sie mit diesem Thema ihre Cousine ablenken konnte.

»Wenn nur die Hitze nicht wäre. Schau, wie durstig die Tomaten aussehen, die muss ich direkt noch einmal gießen.« Sie hielt inne, »Aber die Gießkanne ist ja bei der Kapelle!«

»Pst, nicht so laut!«, raunte Katherl ihr zu. »Dann nimm halt deine alte eiserne.«

Während nach der Gießkanne gesucht wurde, nickte Katherl der Frau Grammer zu. »Es ist viel zu gießen bei diesem Wetter, nicht wahr?«, eröffnete sie das geplante Ablenkungsmanöver.

»Ja, so eine Hitze.«

»Die Tomaten saufen was weg«, ergänzte Veronika, die herausgetreten war und anfing, ihre Tomatenpflanzen zu gießen.

»Alles staubtrocken«, bestätigte die Nachbarin. Jetzt nahm sie den Wasserschlauch und spritzte die Schubkarre ab, die zwischen den Beeten stand.

»Wir müssen sie weiter in ein Gespräch verwickeln, so lange, bis Wasti bei ihr als Frostmannlieferant verkleidet klingelt«, raunte Katherl ihrer Cousine zu. Denn das war ihr Plan. In der Zwischenzeit konnten sie durch die offene Hintertüre in den Keller huschen und den Gefrierschrank auf verdächtige Spuren überprüfen.

Es ist nur so, dass keine von beiden Probleme mit einem nachbarschaftliche Ratsch über den Gartenzaun hatten. Nur so auf Befehl wollte es nicht so recht gelingen. Gerade als Veronika zum fünften Mal: »Man muss viel Gießen bei dieser Hitze«, sagte, klingelte es endlich nebenan an der Haustür.

»Der Wasti!«, stellte Katherl leise fest. Frau Grammer drehte den Hahn ab, kippte das Wasser aus der Schubkarre und stellte sie auf. Mit einem »Es hat geklingelt« verschwand sie im Haus.

»Die Tür ist offen«, kiekste Veronika aufgeregt.

»So war der Plan«, murmelte Katherl, raffte ihren Dirndlrock und stieg über den Zaun. »Jetzt du«, drängte sie Veronika. Umständlich kletterte auch Veronika darüber. Aufgeregt huschten sie durch den Garten zur Hintertür. Von dort konnten sie einmal quer durch den Hausflur blicken, an dessen anderem Ende der Umriss von Frau Grammer in der geöffneten Haustür zu sehen war. Vor ihr stand Wasti mit der Uniform der Frostmann-Fahrer, die er sich ausgeliehen hatte. In der Hand hielt er den Katalog mit den Tiefkühlprodukten, den er nun der Grammer hinstreckte.

»Wir haben nur beste Produkte im Angebot«, versicherte er ihr gerade. »Sehen Sie nur diese herrlich saftigen Rinderrouladen. Einfach auftauen und dann im Herd fertigbacken und eins, zwei, drei, haben Sie eine schmackhafte Mahlzeit.«

Seit wann ist denn der Wasti so ein Kochexperte, wunderte sich Katherl. Normalerweise bekommt er höchstens eine Dose auf. Aber er machte seine Sache gut und lenkte die Grammer hoffentlich lange genug davon ab, zurückzukommen.

Katherl deutete auf den Kellerabgang, stupste die in den Knien zitternde Veronika an und zog sie hinter sich her, die Treppen hinab. Sie spürten kühlere Kellerluft heraufziehen. Gut, dass Katherl an eine Taschenlampe gedacht hatte. Die paar Stufen wären nicht das Problem gewesen, sondern Veronika, die sich ängstlich an sie klammerte und so ein Gehen fast unmöglich machte. Der Kellerraum war nicht groß, denn die alten Häuser waren nur zur Hälfte unterkellert.

»Dort drüben«, flüsterte Katherl und ließ den Strahl der Taschenlampe auf die Gefriertruhe fallen. »Groß genug wäre sie.«

»Schau mal«, flüsterte Veronika atemlos und zeigte auf einen roten Schalter. »Die hat einen Turbofroster! Er steht immer noch auf ›Ein‹. Meinst du, sie hat noch jemanden eingefroren?«

»Ich weiß es nicht, aber das werden wir gleich herausfinden.« Mit einem beherzten Griff zog sie den Deckel der Gefriertruhe auf.

»Leer«, stellte Veronika fest und klang fast ein wenig enttäuscht.

»Aber die Gefriertruhe funktioniert, da hat die Grammer gelogen.«

Inzwischen kämpfte Wasti verzweifelt mit einer immer ablehnender werdenden Grammer. Kein noch so verlockendes Angebot vermochte sie mehr zu interessieren und zwei Mal war sie schon kurz davor gewesen, Wasti die Tür vor der Nase zuzuschlagen, wenn er nicht mit wahren Engelszungen auf sie eingeredet hätte. Langsam erlahmten seine kommunikativen Kräfte, doch die beiden Frauen waren nicht wieder aus dem Keller aufgetaucht. Hineinhuschen hatte er sie gesehen, aber mehr nicht. Gerade als Frau Grammer endgültig die Tür zuknallen wollte, besann er sich auf einen Trick, den er einmal bei Aktenzeichen XY ungelöst gesehen hatte. Er fing etwas das Taumeln an und stöhnte. »Diese Hitze macht mir sehr zu schaffen. Hätten Sie vielleicht ein Glas Wasser?« Die Frau sah ihn zweifelnd an, aber Wasti war gerade wirklich am Ende seiner Kräfte, so viel geredet hatte er schon lange nicht mehr, vor allem nicht über die Vorzüge von Tiefkühlkost.

»Kommen Sie in die Küche, da können Sie sich hinsetzen. Sie sind ja kreidebleich.« Vorsichtig schwankend ließ sich Wasti auf einen Stuhl fallen. »Ich habe noch Kreislauftropfen, die werde ich Ihnen schnell holen.« Frau Grammer verschwand nach hinten ins Bad.

Katherl starrte immer noch in die Gefriertruhe. »Schau mal«, stupste Veronika sie an und zeigte auf etwas daneben.

Sie ließ den Lichtkegel auf einen gelben Sack fallen, der eigentlich für Plastikabfall bestimmt war. Den vermochte so ein dünner Plastiksack auch aushalten, aber nicht, wenn man ihn voll alter Kleidung stopfte, da platzte er an den Seiten auf. Ein grüner Lodenstoff wie von einem Mantel quoll hervor. Jetzt war sich Katherl ihrer Sache sicher. »Das sind die Kleider des Toten!«

Das plötzliche Aufflammen des Kellerlichts blendete sie. Erschrocken fuhren die beiden Frauen zusammen. Mit zusammengekniffenen Augen konnten sie schemenhaft eine Person auf der Kellertreppe ausmachen. Deutlicher allerdings war der schwere Eisenspaten zu erkennen, den die Grammer bedrohlich über sich hielt.

»Wer ist denn da so neugierig?«, fragte eine höhnische Stimme, die eindeutig zu Frau Grammer gehörte. Langsam hatten sich ihre Augen an das Licht gewohnt und nun sahen sie, wie die Nachbarin die letzten Stufen hinabging und die Schaufel bedrohlich näher kam.

»Ja, Frau Nachbarin!«, Katherl hatte sich als Erste wieder gefangen. »Wir suche nur, also …«, sie fing das Stottern an, weil ihr keine plausible Erklärung für ihre Anwesenheit im nachbarschaftlichen Keller einfiel. »Wir suchen die Katze«, sagte da plötzlich Veronika und Katherl war direkt stolz auf die ungewöhnlich schnelle Reaktion ihrer Cousine.

»Die Katze? Aber Sie haben gar keine Katze!«

»Doch, ich habe ihr heute eine kleine mitgebracht«, spann Katherl die Erklärung weiter. »Jetzt können Sie den Spaten wieder runternehmen. Hier scheint die Miezi nicht zu sein.«

»Warum schleichen Sie dann hierher, ohne mich zu fragen? Und wozu die Taschenlampe, ich habe doch Licht im

Keller?« Frau Grammer trat noch einen Schritt nach vorn und jetzt fiel das Licht auf das Spatenblatt. Deutlich war ein dunkler, roter, festgetrockneter Fleck darauf zu sehen.

»Frau Grammer, jetzt lassen Sie uns in Ruhe reden, aber legen Sie zuerst den Spaten weg.«

»Wir haben nichts zu bereden! Sie schnüffeln mir hinterher. Das ist es.«

»Wir haben auch nichts gefunden«, beteuerte Veronika mit weinerlicher Stimme, während sie versuchte, den gelben Sack vor ihr mit dem Fuß nach hinten zu schieben.

»Ihr habt schon zu viel gesehen«, und mit ihrem Kinn zeigte sie auf den offenen Gefrierschrank.

»Hören Sie, alles wird gut.« Katherl versuchte, die Frau zu beschwichtigen.

»Nichts wird gut, denn es war alles gut. So lange, bis er zurückkam. Da hörte es auf, gut zu sein!«

»Wer kam zurück?« Immer im Gespräch bleiben, das hatte Katherl schon oft in den Fernsehkrimis gesehen.

»Mein Mann natürlich, der alte Dreckskerl. Hatte sich einfach aus dem Staub gemacht, vor über 30 Jahren und jetzt meinte er, er kann seinen Lebensabend von mir umsorgt und finanziert hier genießen. Aber nicht mit mir.«

»Und als er nicht weggehen wollte …« Katherl ließ den Satz unbeendet in der Luft stehen.

»Da habe ich mir wieder Ruhe verschafft. Die Ruhe, an die ich mich so sehr gewöhnt habe und die ich nicht aufgeben werde.« Sie hob den Spaten noch höher.

»Halt!«, schrie Katherl. »Oben ist ein Freund von uns, er wird gleich kommen. Wir wollen doch nicht, dass jemand verletzt wird.«

»Ihr Freund also, dachte ich es mir doch. So einen windigen Tiefkühlverkäufer habe ich noch nie erlebt. Der hatte ja überhaupt keine Ahnung, und dazu noch einen Katalog vom letzten Jahr.« Frau Grammer lachte spöttisch. »Und außerdem wird Ihr Freund sicher nicht bald herunterkommen, denn so langsam müssten die Schlaftabletten wirken, die ich ihm in das Wasser getan habe. Ihm war nämlich plötzlich etwas schwindlig. Zu plötzlich! Und als ich dann euch beiden Hübschen hier unten gehört habe, war mir klar, welches Spiel hier gespielt wird. Aber das Spiel wird jetzt eingefroren.« Frau Grammer lachte wieder. »Und zwar im wahrsten Sinne des Wortes.«

Katherl sah, wie die Frau ausholte, sah das Aufblitzen des Spatens. Instinktiv hatte Frau Grammer begriffen, wer der gefährlichere Gegner war, den musste sie zuerst ausschalten. Mit der alten Veronika würde sie anschließend spielend fertig werden. Katherls Gedanken rasten, das Bild eines zusammengesackten Wastis war darunter und das einer eingefrorenen Veronika. Und das war nur ihre Schuld. Weil sie ihre Nase auch in alles strecken musste, was sie nichts anging. Gerade wollte sie sich wie ein Torwart beim Elfmeter zur Seite schmeißen, als die Grammer mitten in der Bewegung in sich zusammenklappte, wie eine Marionette, der man die Fäden durchgeschnitten hatte. Der Spaten knallte mit einem lauten Knall zu Boden. Dahinter wurde Wasti sichtbar, der triumphierend den dicken Katalog hochhielt, mit dem er gerade der Frau eins über den Schädel gezogen hatte.

»Wasti!«, rief Katherl aus, stürzte auf ihren Retter und schlang ihre Arme um ihn. Damit hatte sich für Wasti der Einsatz schon gelohnt. Doch die Umarmung währte nicht lange, denn wieder gab es einen Rums. Veronika war ohnmächtig umgefallen.

»Wer war jetzt der Tote?« Polizeiwachtmeister Haberer verstand gar nichts. Vor ihm saß, an die offene Gefriertruhe gelehnt, Frau Grammer während um sie herum ein Frostmannfahrer mitsamt Uniform stand, der aber keiner war, wie er behauptete. Daneben die alte Mesnerin, die immerzu nach ihrer Gießkanne fragte, und eine andere Frau, die behauptete, die Grammer hätte ihren Ehemann umgebracht. Dazu hielt sie ihm einen Spaten mit Blut unter die Nase und redete von DNA-Spuren, die dringend sichergestellt werden mussten. Aus der Gefriertruhe stieg wie bei einem schlechten Horrorfilm leichter Nebel auf. Haberer war wieder mal überfordert. So fühlte er sich schon den ganzen Tag, seitdem Sieglinde Gschaftl bei ihm in der Früh auf dem Polizeirevier angerufen hatte, und das hier machte es nicht besser. Der Salzburger Kriminalkommissar und die bayerische Schleierfahndung hingegen suchten nach einem rumänischen Kühllaster, der als Tatort in Betracht gezogen wurde.

»Streit und anschließend ein Mord im rumänischen Schleusermilieu«, hatte der Kommissar gemeint und aller verfügbaren Kräfte auf die Autobahn geschickt. Und nun sollte er, Polizeimeister Haberer, alle zurückpfeifen? Er nahm seine Dienstmütze ab und kratzte sich ausgiebig den Kopf. Es war schließlich die Grammer selbst, die ihm alles der Reihe nach erklärte: Wie ihr Mann plötzlich nach über 30 Jahren wiederaufgetaucht war, wie er sich nicht abwimmeln ließ und sie doch nur ihre Ruhe und ihren Garten genießen wollte. Wie sie ihn ins Haus gelockt hatte, mit dem Spaten bewusstlos geschlagen und anschließend in der Tiefkühltruhe bei Turbokühlung eingefroren hatte. »Als er um 4 Uhr in der Früh endlich steifgefroren war, habe ich ihn dann mit der Schubkarre in die Kapelle gefahren.«

»Aber woher hatten Sie den Schlüssel, denn die Tür war nicht aufgebrochen«, fragte Haberer nach.

»Ganz Oberndorf und sicher auch ganz Laufen weiß, dass die Mesnerin ihren Hauschlüssel unter einem Blumentopf aufbewahrt. Da musste ich nur bei ihr aufsperren und nach dem Kirchenschlüssel greifen, der ordentlich auf einem Haken bei der Tür hängt.«

»Aber warum nur die Kapelle?« Der Punkt ließ Katherl nicht los.

»Damit er sein letztes Gebet sprechen konnte«, spie Grammer verächtlich aus.

»Wasti, aber warum haben die Schlaftabletten bei dir nicht gewirkt?« Katherl und er saßen bei Veronika in der Stube und erholten sich mit einem Bier von ihrem Schrecken.

»Meine Liebe, ich werde doch nichts bei einer Mörderin trinken. Sie hatte es so eilig, zu euch in den Keller zu kommen, dass sie gar nichts bemerkte.«

»Was für ein Glück!« Katherl drückte ihn, was Wasti sehr gefiel.

»Was mache ich jetzt mit der Bohnensuppe?« Veronika stand in der Küche am Herd und zeigte unschlüssig auf den großen Topf.

»Also ich habe schon einen Hunger«, meinte Wasti. Katherl hingegen lehnte dankend ab. Irgendwie war ihr nicht nach Bohnen, die einem Mord haben weichen müssen. Auch der Herr Pfarrer bekam einen Teller Suppe, als er vorbeischaute, und wissen wollte, wie es seiner Mesnerin gehe. »Und außerdem habe ich Ihre Gießkanne mitgenommen. Die stand ganz vergessen bei der Kapelle.«

»Herr Pfarrer«, betonte Veronika«, das war nicht meine Schuld, sondern auf polizeiliche Anordnung hin.« Sie schloss die grüne Gießkanne wie einen verlorenen Sohn in die Arme.

»Wasti, komm, wir fahren jetzt heim«, sagte Katherl und stand auf. »Ich wünsche allen keine stille, sondern eine gute Nacht!«

61 Die **Stille-Nacht-Kapelle** in Oberndorf erinnert an den Hilfspfarrer Joseph Mohr und den Schullehrer Franz Gruber, die das bekannteste Weihnachtslied der Welt, »Stille Nacht, heilige Nacht« am 24. Dezember 1818 hier schrieben und komponierten.

62 Bis 1816 war **Oberndorf** ein Stadtteil von Laufen. Dann kam es zu Österreich und Laufen wurde bayerisch. Der Zwei-Städte-Rundweg führt durch beide Ortschaften und informiert anhand von 21 Infotafeln über die wichtigsten Sehenswürdigkeiten.

63 Ein paar der historischen **Schifferhäuschen** sind noch in Alt-Oberndorf erhalten und sie zeugen von der Vergangenheit des Ortes als Salzumladeplatz.

64 Die gesamte **Salzach** entlang gibt es einen wunderbaren, eben dahin führenden Weg. Von Laufen aus gibt es einen ausgeschilderten Weg, die Salzachrunde, mit einer Länge von 8,3 km. Im an der Salzach gelegenen Schloss Triebenbach finden die bekannten Salzachfestspiele statt.

65 Die historische Altstadt von **Laufen** mit ihren Patrizierhäusern ist sehr gut erhalten. Die Bürgerhäuser zeugen von dem Reichtum, den das Salz einmal in die Stadt gebracht hatte. Der Marienplatz bildet den Mittelpunkt der Altstadt. Die Stiftskirche Zur Lie-

ben Frau ist die älteste gotische Hallenkirche Bayerns.

66 Es ist erstaunlich, wie sich das Stille-Nacht-Lied über die ganze Welt verbreitet hat. Genau wird dies im **Heimatmuseum** in Oberndorf dokumentiert. Wie das Weihnachtslied in anderen Sprachen, zum Beispiel auf Chinesisch, klingt, können die Besucher im Museum herausfinden.

67 Der 2006 erbaute **Europasteg**, auf dessen Mitte die Landesgrenze verläuft, ist so gebaut, dass ein Hochwasser ihm, im Gegensatz zu seinen hölzernen Vorgänger, nichts anhaben kann. Am Ende des Steges liegt die Kalvarienbergstiege. Darüber thront die Kalvarienkapelle. Von dort aus ist man in zehn Minuten bei der Wallfahrtskapelle Maria Bühel, die einen Blick auf die Alpen bietet.

68 Seit 1813 ist die **Brauerei Wieninger** in Teisendorf in Familienbesitz. Empfehlenswert ist eine Brauereiführung, die jeden Mittwoch stattfindet.

69 Wer ein typisch oberbayerisches Städtchen besuchen möchte, dem sei **Teisendorf** empfohlen. Die Marktstraße mit ihren bunten Bürgerhäusern ist wie aus einem Bilderbuch. Das 300 Kilometer umfassende Wanderwegenetz rund um Teisendorf ist gut ausgeschildert. Der lieblichen Landschaft um Teisendorf sieht man gar nicht an, dass früher hier Eisenerz abgebaut wurde. Das im Sommer geöffnete Bergbaumuseum Achthal erzählt von dem wichtigen Indus-

triezweig. Die dunklen Brocken in den Mauern der Bauernhäuser der Gegend sind keine Steine, sondern Schlacke, die bei der Eisenverhüttung entstand. Abfallrecycling gab es demnach schon früher.

70 Die **Salzachbrücke** verbindet Laufen mit Oberndorf. Ihre genietete Fachwerkkonstruktion entstand von 1901 bis 1903 und zeigt die typischen Merkmale des Jugendstils. Es ist ein imposantes Beispiel der Ingenieurskunst seiner Zeit.

SÜSSE KUGEL, SÜSSER TOD

»Jedermann«, tönte es von der **Hohensalzburg** 71 herunter.

»Jedermann«, kam es von den Türmen des Doms und ein drittes Mal war der tiefe Ruf des Todes nach dem Jedermann vom nahe gelegenen **Petersfriedhof** 72 zu hören. Der Gerufene stolperte wie im Fieberwahn über die Bühne, nur er konnte seinen Namen hören. Die bunte Festgesellschaft und seine aufreizende Buhlschaft beobachteten ihn irritiert. Es blieb ihnen verborgen, dass der Tod Jedermann packen wollte.

Gebannt schaute Katherl dem Spiel auf der Bühne zu. Sie war selig, denn Wasti hatte ihr Karten für die Aufführung auf dem Domplatz bei den **Salzburger Festspielen** 73 geschenkt. Damit ging ein Wunsch in Erfüllung, den sie hatte, seitdem sie damals ein Foto von Curd Jürgens als Jedermann und Senta Berger als Buhlschaft in der Zeitung gesehen hatte. Die beiden in mittelalterlichen Kostümen vor der Fassade des **Salzburger Doms** 74 – welch ein Erlebnis das sein musste. Und endlich saß sie da und sah das Spiel vom Sterben des reichen Mannes.

Viele der Schauspielerinnen und Schauspieler kannte sie aus dem Fernsehen oder den bunten Zeitschriften beim Friseur. Diese hatten zum Beispiel ausführlich über die skandalöse Trennung von Vroni Forster, der Buhlschaft in dem Stück, von ihrem Mann, einem erfolgreichen Finanzinvestor, berichtet. Katherl wunderte sich nur über die

Rolle der Buhlschaft. Die hatte sie sich größer vorgestellt, gemessen an dem Brimborium, das um diese Rolle und ihrer Besetzung gemacht wurde. Ihr gefiel vor allem der Teufel, der keck über die Bühne turnte und das Diabolische faszinierend umsetzte. Der Tod, ebenfalls von einem bekannten Schauspieler verkörpert, musste eigentlich nur seinen mit goldener Farbe bemalten dicken Bauch von einer Bühnenseite zur anderen tragen.

Katherl schielte zu Wasti. Die Augen konzentriert zusammengezogen schaute er auf das Bühnengeschehen. Als er Katherls Blick spürte, drehte er den Kopf zu ihr und lächelte. »Bärig«, flüsterte er ihr zu. »Ganz bärig!« Damit drückte er das höchste Lob aus, zu dem ein Berchtesgadener fähig war.

Am Anfang des Stücks lag der Domplatz mit der aufsteigenden Holztribüne in greller Sonne. Dann schob sich der Schatten immer mehr über die Zuschauer, bis zuletzt nur noch die Bühne von der untergehenden Sonne erhellt wurde. Beeindruckend, aber Katherl hatte Mitleid mit den Schauspielern, denen es dort oben unglaublich heiß sein musste. Vor der Domfassade staute sich die Hitze und für die Schauspielerinnen und Schauspieler war es wie in einem Backofen. Als sich die Dunkelheit über die Stadt gelegt hatte, ließen die Scheinwerfer die weißen Steinfassade majestätisch erstrahlen. Am Ende siegte der Glaube über den Teufel und der Jedermann wurde errettet. Tosender Applaus brandete auf. Katherl und Wasti klatschten, bis ihnen die Hände rot wurden.

»Es ist ein herrlicher Abend, lass uns noch ein wenig umher spazieren«, schlug Wasti vor, als sie zum Ausgang gingen. »Nach dem langen Sitzen auf den unbequemen Holzbänken tut uns das sicher gut.«

»Gerne. Wasti, es war ein wunderbares Erlebnis, vielen Dank.« Katherl war glücklich. »Aber ich gebe dir recht, die einfachen Holzbänke haben mich auch überrascht. Da denkt man Salzburger Festspiele und alles schnieke und piekfein und dann diese einfachen Holzbretter als Sitze, damit habe ich nicht gerechnet.«

Die Zuschauer ergossen sich auf den **Residenzplatz** 75 und um ein wenig von der Menge wegzukommen, steuerten sie zuerst den Mozartplatz an.

»Can you take a picture?« Der fragende Japaner verbeugte sich höflich und hielt Wasti die Kamera hin.

»Des ko i«, antwortete er, denn auch ohne Englischkenntnisse war ihm klar, was er gefragt wurde. Noch dazu standen sie vor dem Mozart-Denkmal, an dem sich immerfort die Touristen fotografierten. Wasti bekam die Kamera in die Hand gedrückt und das junge japanische Paar stellte sich unter dem etwas streng dreinblickenden bekanntesten Sohn der Stadt Salzburg. Einem Sohn, mit dem die Stadt damals so einige Probleme hatte, bis der Erzbischof ihn schließlich aus der Stadt warf. Das war inzwischen längst vergessen und jetzt liebte man ihn umso mehr, spülte er doch einige Millionen jedes Jahr in die Stadtsäckel. Mozart muss ein recht lustiger Geselle gewesen sein, der Glücksspiele liebte und so wohl auch sein vieles Geld durchbrachte. Regelmäßig fuhr er zum Schloss Triebenbach, um sich dort die Zeit mit Billard und Kartenspiel zu vertreiben. Vielleicht brauchte er den Nervenkitzel des Spiels um Geld, um in die Stimmung fürs Komponieren zu kommen? Sozusagen als Putschmittel, denn seine meisten Werke waren nachts entstanden.

Das Paar bedankte sich mit einer weiteren tiefen Verbeugung, als Wasti ihnen die Kamera zurückreichte. Allerdings redeten sie weiter auf ihn ein. Wasti sah hilflos zu Katherl. Die löste sich aus ihren Überlegungen zu Mozart und trat hinzu. Viel Englisch verstand auch sie nicht, aber ihr wurde schnell klar, worum es ging.

»Die wollen ein Bild von uns beiden machen«, übersetzte sie die Gesten. »Picture?« fragte sie nach und zeigte auf Wasti und sich.

»Yes, please!«, kam die strahlende Antwort. Also stellten sich die beiden zusammen auf und der Mann drückte auf den Auslöser. Diese Chance nutzten gleich ein paar andere Touristen ebenfalls und fotografierten das fesche Paar.

Wasti wunderte sich. »Warum haben die uns jetzt fotografiert?«

»Mei, Wasti, weil du mit deiner Lederhose und ich mit meinem Dirndl so fesch ausschauen«, meinte Katherl. »Die denken jetzt, sie haben zwei waschechte Salzburger fotografiert.«

»Was?«, rief Wasti entsetzt aus. »Berchtesgaden«, rief er den Touristen nach. »Ich Berchtesgaden!« und zeigte dabei mit ausgestrecktem Finger auf sich. Als Salzburger wollte er auf keinem Fall im fernen Japan angesehen werden. Das Paar verbeugte sich ein letztes Mal und war in der Menge verschwunden.

»Zefix!« Das wurmte Wasti.

»Schau«, beruhigte ihn Katherl, »auf deinem Hosenträger steht ›D' Königsseer‹. Das lesen die in Japan und damit klärt sich der Irrtum auf.«

Wasti grummelte und beruhigte sich erst, als eine langbeinige blonde Schwedin in Hotpants bat, ihn fotografieren zu dürfen. Diesmal lächelte Wasti sogar.

»Gehen wir lieber.« Katherl hakte sich bei ihm unter,

sonst stehen wir noch den ganzen Abend da und werden als waschechtes Salzburger Paar abgelichtet.«

Zusammen spazierten sie weiter. Der Abend war warm. Auf dem Residenzplatz plätscherte der Neptun-Brunnen. Aufgebrezelte Festspielgäste mischten sich mit der Freizeitkleidung der Touristen. An so einem Sommerabend entfaltete Salzburg seinen ganz eigenen Charme. Eine Mischung aus Italien und barocker Residenzstadt mit einer Prise Weltläufigkeit. Den Salzburgern wird gerne von ihren Landsleuten eine gewisse Versnobtheit nachgesagt. Ein solcher Abend diente ihnen wahrscheinlich zu dieser Annahme. Über allem thronte die weiße Hohensalzburg. Der Bau des **Museums der Moderne** 76 konnte dagegen nicht ankommen und saß etwas langweilig der Burg gegenüber. »Eigentlich hatte man geplant, das Museum in den Berg zu bauen«, wusste Katherl aus der Zeitung. »Aber dazu hat ihnen letztendlich der Mut gefehlt.«

»Bei manchen modernen Bauten wäre es gut, wenn man sie in einem Berg verstecken könnte.« Wasti dachte da an das Haus der Berge, das ihm ganz und gar nicht gefiel.

»Fang nicht schon wieder mit diesem Thema an«, tadelte ihn Katherl, der der Museumsbau im Gegensatz zu Wasti gut gefiel. »Dort oben, neben dem Museum gibt es einen **Raum ohne Dach** 77. Den hat ein Künstler gebaut. Nur zur Dämmerstunde wird er aufgesperrt, und dann kann man darin sitzen und den langsam dunkler werdenden Himmel beobachten.«

»Das soll Kunst sein?« Wasti wusste nicht recht, ob ihn Katherl nicht veralberte. »Wenn ich auf meiner Hausbank sitze und am Abend in den Himmel schaue, ist das doch das Gleiche.«

»Stimmt. Nur nicht alle Menschen haben so eine schöne Hausbank mit dieser Aussicht wie du.«

»Das ist für mich eher Kunst.« Wasti zeigte auf ein Plakat, das mit einem großen Stillleben für die **Residenzgalerie** warb. »Da kann ich sofort erkennen, was dargestellt ist.«

»Aber nur, weil man erkennt, was dargestellt ist, heißt das noch lange nicht, dass man versteht, was es darstellen soll.«

Das Gespräch wurde Wasti etwas zu abgehoben. Darum lenkte er vom Thema ab. »Gehen wir lieber noch etwas trinken. Da vorne am **Alten Markt** 78 ist das **Café Tomaselli** 79.« Doch um diese Uhrzeit war es längst geschlossen, aber am Anfang der **Getreidegasse** 80 lag eine kleine Bar, vor der ein paar Tischchen draußen standen. Katherl und Wasti ergatterten zwei gerade frei werdende Plätze.

»Was ist denn das für ein rotes Getränk, das alle trinken?«, fragte sie den Ober.

»Das ist ein Aperol Sprizz«, antwortete der etwas überrascht. Aber als er die Tracht sah, war ihm alles klar. Die beiden waren heute ausnahmsweise von ihrem Bergdorf heruntergekommen in die Stadt. Das dachte er nicht hämisch, sondern fast mit etwas Neid. »Freuen Sie sich darauf. Ein Aperol schmeckt herrlich erfrischend. Herb und süß zugleich.«

»Dann passt es genau zu dir«, fand Wasti. Er bestellte einen **Stiegl-Pfiff** 81. Schweigend schauten sie den vorbeiziehenden Menschen zu. »Das ist fast wie im Theater, nur dass wir in der ersten Reihe sitzen und die Stühle bequemer sind als die Holzbänke.«

Katherl genoss es. »Das ist ein wunderbarer Abend, Wasti. Du weißt gar nicht, welche Freude du mir mit den Karten gemacht hast.« Ihre Hand griff die seine und drückte sie.

»Achtung«, unterbrach der Ober sie und Katherl zog etwas verlegen ihre Hand zurück und machte Platz für die Getränke.

»Prost!« Sie stießen an und fühlten sich ein wenig wie Kinder, die Erwachsene spielten.

»Wie schmeckt das rote Zeugs?«

»Ungewohnt, aber gut.« Katherl zuzelte an dem Strohhalm. Die Eiswürfel klirrten. »Genau das Richtige für so einen Abend.« Danach redeten sie nicht mehr viel. Ab und zu machten sie sich gegenseitig auf eine besonders aufgedonnerte Dame aufmerksam oder auf bleiche Engländer mit krebsrotem Sonnenbrand.

Als sie gezahlt hatten, reihten sie sich in die Schar ein und wurden von Beobachtern zu Beobachteten.

»Gehen wir durch die Getreidegasse und über den **Universitätsplatz** 82 wieder zurück«, schlug Katherl vor. Wasti war alles recht, solange er mit Katherl zusammen war, und ein wenig genoss er schon die neugierigen Blicke der Touristen. Ab und zu blieben sie an einem der Schaufenster stehen und lasen fasziniert die horrenden Preise.

»Schau, 400 Euro für ein Paar Sandalen!« Wasti konnte es gar nicht glauben.

»Aber gerade die wollte ich mir zum Geburtstag wünschen. Zum Heuen wären sie genau richtig.« Katherl tat enttäuscht.

»Geh, mit den Klapperln würdest du dir nur die Haxn brechen. Da hast du gar keinen Halt.«

Katherl schmunzelte bei dem Gedanken, wenn der Designer wüsste, dass seine Kreation gerade als ›Klapperln‹ bezeichnet worden waren.

Inzwischen waren sie fast am Ende der Getreidegasse angelangt. Auf der Höhe des Hotels Goldener Hirsch blieben sie stehen, um die Speisekarte und vor allem die Preise zu studieren. Auf einmal ging neben ihnen die grüne gestrichene Hoteltür mit einem Ruck auf und eine Frau stürzte heraus, krallte sich an Katherl fest, dass sie fast umgerissen worden wäre, ließ sie los und brach vor ihren Füßen zusammen. Das war so schnell gegangen, dass Katherl nicht reagieren konnte. Aber trotzdem hatte sie die Frau erkannt. Es war Vroni Forster, die Buhlschaft.

Katherl hatte sich als Erste von dem Schrecken erholt und beugte sich hinunter. »Hallo, hören Sie mich?«, sprach sie die Schauspielerin an. Sie bekam keine Antwort. Katherl zog sie an den Schultern und drehte die blonde Frau auf den Rücken, um ihr besser aufhelfen zu können. Doch das würde sie nicht mehr schaffen. Die glasigen Augen starrten tot in den sternenklaren Nachthimmel über Salzburg.

Katherl fühlte den Puls, konnte aber keinen spüren. Langsam ließ sie das schmale Handgelenk wieder sinken. Da fiel etwas aus der schlaffen Hand. Es war eine Mozartkugel. Leicht zu erkennen, wurde diese Praline doch an jeder Ecke angepriesen und massenweise verkauft. Die Forster hatte die Kugel etwas ausgepackt und an einer Stelle abgebissen. Auf dem dunkelroten Lippenstift der berühmten Schauspielerin hing noch etwas Schokolade.

»Das ist …« Wasti kannte die Frau, er hatte sie schon einmal gesehen, aber nur wo?

»Das ist Vroni Forster, die als Buhlschaft gerade noch auf der Bühne stand. Nur jetzt sie ist tot.«

»Vroni!« Ein korpulenter Mann kam aus der Tür gestürzt und kniete sich neben die am Boden Liegende.

»Vroni, was ist denn?« Der Mann blickte hoch. »Einen Arzt! Rufen Sie einen Arzt!«

Auch ihn hatten sie heute auf der Bühne gesehen. Es war Bernhard Bechter, der den Tod mit dem dicken Bauch gegeben hatte. Der Schauspieler blickte zu Katherl, die immer noch die Hand der Schauspielerin hielt, und sah sie wütend an. »Was haben Sie mit ihr gemacht?« Er packte sie an den Schultern und schüttelte das völlig überraschte Katherl. Aber nicht lange, denn Wasti stieß ihn heftig zur Seite.

»Lassen Sie das Katherl in Ruhe! Diese Frau kam herausgestürzt und ist vor uns zusammengebrochen. Wir haben gar nichts getan«, spie er heftig schnaufend aus. Das Katherl zu packen und zu schütteln, welche Unverschämtheit!

Inzwischen waren noch mehr Menschen aus dem Hotel gestürzt und beobachteten die Szene. Katherl erkannte darunter den Jedermann, Simon Simscheck, und den Teufel, den Peter Lochmann spielte, der sonst als Tatort-Kommissar über den Bildschirm flimmerte. Das zerknitterte Gesicht gehörte Hans Hellwach, den sie vor gerade mal einer Stunde als Personifikation des Glaubens auf der Bühne gesehen hatte. Ihr war bewusst, dass es eine seltsame Szene war, die sie gerade ablieferten. Ein wütender Bechter und ein noch wütenderer Wasti standen sich gegenüber, während die blonde Schauspielerin in ihrem tief ausgeschnittenen roten Kleid am Boden lag und deren Hand von einer alten Frau in Dirndlgewand gehalten wurde.

»Einen Notarzt. So ruft doch jemand einen Notarzt«, schrie Bernhard Bechter noch einmal auf.

»Der Notarzt wird ihr nicht mehr helfen können.« Katherl schaute Bechter ernst an. »Wir brauchen allerdings die Polizei!«

Um sie herum wurden erste Handys gezückt und die Szene fotografiert. Touristen drängelten sich vor, um dieses Tableau vivant festzuhalten. Sekunden später tauchten die ersten Fotos der berühmten, aber toten Schauspielerin in den sozialen Medien auf. Ein Umstand, der in Folge zahlreiche Gerichte beschäftigen sollte. Eine bekannte österreichische Boulevardzeitung wurde zu einer Zahlung einer großen Summe verklagt, da sie die Persönlichkeitsrechte durch das Abdrucken der toten Schauspielerin verletzt hatte. Es war sicher gut, dass Katherl auf allen Fotos immer nur von hinten zu sehen war und ihre Identität nie erforscht wurde. Über die Geschehnisse an diesem Abend hätte sie von allen Beteiligten sicher am besten erzählen können, was zum Tod von Vroni Forster geführt hatte. Aber eine alte Berchtesgadenerin wurde halt gerne zwischen all den berühmten Leuten übersehen.

Der nächste Auftritt gehörte dem Hoteldirektor. Also ob sein enger Kontakt zu den Schauspielern auf ihn abgefärbt hatte, warf er theatralisch die Hände in die Höhe, rief »Mein Gott!«, meinte aber eigentlich »Mein Ruf!« und wuselte umher. Am Ende der Getreidegasse fingen die Polder an zu blinken und elektronisch nach unten zu fahren, um dem Notarzt und der Polizei den Weg in die Altstadt frei zu machen. Katherl hatte mal gelesen, dass man vor einigen Jahren an allen Zufahrten diese elektronischen Polder eingebaut hatte, um den Verkehr in der Altstadt zu beschränken. Aber es wäre nicht Österreich, wenn nicht, von Freund zu Freund, die Regelung ständig unterlaufen worden wäre. Dann passierte alles ganz schnell. Die Gendarmerie riegelte die Straße ab, der Notarzt und die Rettungssanitäter packten Vroni Forster auf eine Liege und schoben sie in den Krankenwagen.

»Unklare Todesursache«, hatte der Notarzt zum diensthabenden Gendarmen gesagt, woraufhin alle, auch Wasti und Katherl, von den Gendarmen ins Hotel Goldener Hirsch gedrängt wurden. Doch vorher wickelte Katherl die angebissene Mozartkugel, die unbeachtet auf dem Pflaster lag, in ein sauberes Taschentuch und steckte es in ihre Handtasche. In der Aufregung hatte es keiner gesehen.

»Bitte, meine Herren, gnädige Damen, wenn Sie bitte auf Geheiß der Gendarmerie im Stüberl warten würden.« Der Hoteldirektor scheuchte alle mit einer überraschenden Autorität durch die Lobby hinein ins Restaurant und durch eine zweiflüglige Holztür ins sogenannte Stüberl. »Meine Gnädigste, hier entlang bitte.« Der Hoteldirektor verbeugte sich wie ein Stehaufmännchen. Hannelore Estner, die die Mutter des Jedermanns gespielt hatte, folgte schließlich der Aufforderung, genauso wie alle anderen. Katherl und Wasti wurden in dem Strom mitgezogen und kurz darauf befanden sie sich in einer aufgeregten Schar von Theaterleuten. Der Hoteldirektor schloss die Tür und anscheinend war es nur Katherl, die das Klacken des Schlüssels hörte. Sie sagte aber nichts, die Aufregung war so schon groß genug.

»Was war los?« Bernhard Bechter baute sich vor Katherl auf. Sie konnte sehen, dass in den Falten seines fettigen Gesichts etwas von der goldenen Schminke des Todes verblieben war.

»Ich darf mich vorstellen, ich bin Katherl Brandner und das ist mein bekannter Wasti Holzner. Wir standen vor den Hotel und studierten gerade die Speisekarte, wobei ich sagen muss, dass mir ein Tafelspitz für 30 Euro reichlich teuer vorkommt, als die Tür aufging und Vroni Forster, ihre Kollegin, herausstürzte, sich an mich festklammerte und schließlich tot vor unseren Füßen zusammenbrach.« Sie blickte in die Runde. »Sie sehen, Herr Bechter, wir haben nichts mit dem Tod von Frau Forster zu tun.« Das wollte sie doch klargestellt haben. »Sie hatten hier, wie ich sehe, eine kleine Feier nach der Aufführung?« Denn es war offensichtlich, so wie manche sich zielstrebig auf einen bestimmten Platz an der langen Tafel gesetzt hatten, dass alle aus diesem Raum nach draußen gestürmt waren.

»Mein 30. Bühnenjubiläum«, antwortete Bechter. »Seit 30 Jahren ziehe ich den Thespiskarren wohl mehr in den Dreck als ihn heraus.« Bechter zeigte mit seiner Hand auf die lange Tafel. »Wir wollten heute feiern. Hatten noch gar nicht richtig angefangen, als Vroni aufsprang und herausstürzte.« Er schlug die Hände vor den Mund, wandte sich ab und brach weinend auf einem der dunklen Holzstühle zusammen.

Katherl merkte, dass sie allein in der Mitte des Raumes stand, und zog sich auf die Bank zurück, die an zwei Seiten des Raumes an der Wand befestigt war. Sie war mit dem im Hotel allgegenwärtigen hellem Grün bezogen und in regelmäßigen Abständen lagen orangefarbene Kissen, in die der springende Hirsch eingewebt war. Dieses Emblem prangte auf allen Tellern und Tassen, selbst in die Wassergläser war es graviert.

Die junge Frau neben ihr beugte sich zu ihr herüber. »Das muss ja ein furchtbarer Schock für Sie gewesen sein.«

»Das war er. Wir hatten einen wunderbaren Abend, haben die Aufführung genossen und dann so etwas.« Katherl schaute die Frau genauer an. »Sie haben auch mitgespielt, nicht wahr?«

»Ich bin die Guten Werke des Jedermann. Also eigentlich heiße ich Traudl Volk. Aber mich schminken sie immer auf alt, deswegen erkennt mich niemand.«

»Dann waren alle Schauspieler heute Abend hier in dem Saal?«, fragte Katherl. Volk nickte. »Wenn Bechter einlädt, hat man gefälligst zu kommen. Manche wären lieber nach der heißen Vorstellung bloß noch mit einer großen Flasche Wasser in ihr Bett gefallen. Aber besser, man verscherzt es sich nicht mit ihm. Er kann ganz schön jähzornig werden.«

»Das hat Wasti auch schon zu spüren bekommen.«

Die meisten hatten sich auf die Bank an der Wand gesetzt, als würden sie dem festlich gedecktem Tisch, an dem sie gerade noch mehr oder minder fröhlich gesessen waren, meiden.

»Das ist das Ende!« Ein groß gewachsener Mann mit lockigen Haaren und einer Strickweste, der Katherl schon vorher aufgefallen war, stand am Tisch und stützte sich auf eine Stuhllehne.

»Wer ist das?«, flüsterte Katherl zu Traudl Volk neben ihr.

»Das ist Christian Stöcker, der Regisseur«, erklärte sie.

»Das ist verrückt!« Der Jedermann oder besser Simon Simscheck trat zu dem Regisseur und legte ihm eine Hand auf die Schultern. »Gerade saßen wir hier noch beisammen und jetzt ist Vroni tot. Das ist total verrückt. Einfach unglaublich!«

»Saßen alle um den Tisch?« Katherl wurde neugierig und Traudl Volk beantwortete gerne ihre Fragen. Da fühlte sie sich nicht so allein. Als jüngstes Ensemblemitglied hatte sie noch nicht allzu viel persönlichen Kontakt zu den Platzhirschen von der spielenden Zunft.

»Wir waren alle zusammen von der Residenz hergekommen, dort sind die Garderoben untergebracht. Wir haben uns gesetzt und Stöcker hat zu einer Laudatio auf Bechter angesetzt. Innerlich haben wir alle, glaube ich, da die Augen verdreht. Wir hatten alle Hunger und Durst und keinen Nerv auf ein Lobgesang auf den Bechter, den Arsch.«

Das letzte Wort hatte sie nur ganz leise geflüstert. Katherl signalisierte Verständnis und nicht Entsetzen über die Beurteilung des Schauspielers.

»Da sprang Vroni auf, machte einen komischen Laut, so als würde sie keine Luft mehr bekommen, und stürzte nach draußen.« Die junge Frau zog sich ihr dünnes Jäckchen noch fester um ihre schmalen Schultern. Katherl reichte ihr eines der Kissen, das sie dankbar nahm und vor ihren Bauch drückte.

»Höre ich da einen gewissen Vorbehalt dem Bernhard Bechter gegenüber heraus?«

»Das tun sie. Ehrlich gesagt, können wir uns alle hier nicht richtig leiden. Nehmen wir den Teufel, den Peter Lochmann. Seitdem er den Tatort-Kommissar spielt, ist er unausstehlich geworden. Erst heute hatte er sich unglaublich über die Vroni aufgeregt, was sie für eine dumme Gans wäre, weil sie schon wieder auf der falschen Bühnenseite stand.«

»Ist das denn schlimm?« Katherl lächelte Traudl Volk entschuldigend an. »Wissen Sie, ich gehe nicht oft ins Theater, darum kenne ich mich mit den Sachen nicht gut aus.«

»Unter uns gesagt, Vroni ist, also war nicht die begnadetste Theaterschauspielerin. Man soll ja von den Toten nicht schlecht sprechen, aber beim Film kann man eine Aufnahme so oft wiederholen, bis sie sitzt, das geht beim Theater nicht. Einmal, ich glaube es war beim Traumschiff, mussten wir eine Szene mit ihr ständig neu drehen, das hat alle in den Wahnsinn getrieben. Ich habe damals ihre Tochter gespielt und sie eine reiche Witwe.«

»Gut, aber was hat das mit ihrem Standort auf der Bühne zu tun?«

»Bei einer Inszenierung wie dem Jedermann ist alles vorher genau festgelegt, wer wo steht und was er tut. Aber Vroni hatte eine Rechts-links-Schwäche. Sie kam von der falschen Bühnenseite und Lochmann musste improvisieren. Seine ersten Sätze hatte er zu einer leeren Bühne gesprochen, bis er merkte, dass Vroni, die Buhlschaft hinter ihm stand und nicht vor ihm.«

Traudl Volk hielt inne. »Und jetzt ist sie tot.« Mit ihren großen haselnussbraunen Augen, die sich bei Nahaufnahmen mit etwas Tränen gefüllt immer gut machten, sah sie Katherl an.

»Der Tod ist immer präsent. Das ist die Lehre, die man aus dem Jedermann und den Ereignissen heute Abend ziehen kann. Stets lauert er im Hintergrund und irgendwann tritt er hervor und spielt die Hauptrolle.«

»Das haben Sie schön gesagt. Genau so ist es.«

»Entschuldigen Sie, ich will mir nur schnell meine Finger an einer Serviette abwischen, ich habe da etwas Klebriges.« Katherl stand auf und trat zu der langen Tafel. Sie war sehr geschmackvoll gedeckt, mit den weißen Tellern, auf denen ein springender grüner Hirsch gemalt war. Ein üppiges Blumenbouquet, sicher von der **Gärtnerei Doll** 83, stand vor dem Ehrenplatz. Katherl nahm eine der gestärkten Servietten und wischte sich die rechte Hand ab. Auf dem weißen Stoff blieb eine kleine Schokoladenspur zurück.

»Sie haben Vroni gefunden?« Simon Simscheck, der Jedermann, stellte sich neben sie. Fasziniert schaute sie in sein Gesicht, das nicht wirklich schön, aber auf eine beunruhigende Art intensiv war. Alles darin schien darauf aus zu sein, in Bewegung zu geraten. Selbst die Ohren wollten ihre Rolle spielen. Alles in diesem Gesicht wollte Ausdruck werden. Simscheck beugte sich vor und nahm die Mozartkugel, die auf jedem Teller als Dekoration lag. »Mann, habe ich einen Hunger.« Entschuldigend sah er Katherl an. »Vor dem Auftritt esse ich kaum etwas, eine Melange und ein Kipferl in der Früh und das war es. Hungrig spiele ich besser.«

»Bitte, bitte, Sie müssen sich nicht entschuldigen. War das Ihre Mozartkugel von Ihrem Platz?«

»Natürlich! Hier gönnt der eine dem anderen nichts, nicht einmal eine süße Mozartkugel.«

Katherl beobachtete, wie er sich die Schokokugel mit ihrem Pistazienkern und dem Nugat gierig in den Mund schob. Simscheck knüllte das Stanniolpapier zusammen und warf es achtlos auf den Tisch. Katherl beobachtete ihn dabei genau. Nichts geschah.

»Wo saß denn Vroni Forster?« Katherl deutete auf die Tafel.

»Gleich hier rechts neben Bechter, dem Jubilator.« Das sagte er mit gewisser Häme.

»Und Sie saßen hier, auch neben Bechter?«

»Genau. Wir drei, durch eine ewige Hassliebe vereint, könnte man sagen.«

»Nur dass Forster tot ist.«

»Das ist tragisch. Ein Herzinfarkt in ihrem Alter, das ist doch ungewöhnlich.«

»Glauben Sie, dass es ein Herzinfarkt war?«

»Natürlich, was soll es denn sonst gewesen sein? Vielleicht hat auch ihr Dealer ihr etwas untergeschoben, was ihr nicht bekommen war.«

»Drogen?«, fragte Katherl nach.

»Pfui, welch böses Wort. Reden wir lieber von Stimmungsaufhellern. Die braucht man ab und zu. Vor allem wenn man eine solche Scheidungsschlacht hinter sich hat wie Vroni, wer kann ihr da verübeln, chemisch die Stimmung etwas zu verbessern?«

»Müssen die restlichen Aufführungen abgesagt werden?«

»Das ist das geringste Problem. Sie glauben gar nicht, wie viele Schauspielerinnen für diese Rolle morden würden.«

Katherl zog die Augenbrauen nach oben, sagte aber nichts.

Sie schaute sich nach Wasti um, der etwas verloren ganz am Ende der Bank saß und aussah, als würde er mehr als nur seine Seele für ein großes kühles Bier hergeben. Katherl wollte sich gerade zu ihm setzen, als ihr Hannelore Estner, die in dem Stück die mahnende Mutter des Jedermanns spielte, zuvorkam. Katherl kannte die Schauspielerin nur aus den Zeitschriften bei ihrem Friseur und darin wurde kolportiert, dass sie Probleme hatte, die alte Mutter und nicht die verführerische Buhlschaft zu spielen. Einem solch schneidigen Bayern war sie aber ganz und gar nicht abgeneigt, was Katherl aus ihrer Körpersprache ablas. Ob Wasti allerdings diese Körpersprache richtig interpretieren würde, da hatte Katherl ihre Zweifel.

»Ich glaube, die hatte einen nervösen Tick«, meinte Wasti viel später, als sie endlich im Auto auf dem Heimweg waren. »Ständig hat sie an ihren Haaren so herumgezupft und mit dem Kopf gewackelt.« Bloß gut, dass das die Estner das nicht zu hören bekam, das hätte sie nur noch mehr deprimiert.

Die Stimmung im Raum wurde immer bedrückender. Noch hatte niemand bemerkt, dass sie eingeschlossen waren. Denn draußen wartete die Gendarmerie auf die Kriminalpolizei, der Notarzt hatte eindeutig eine Vergiftung bei der Toten festgestellt.

In die gespannte Atmosphäre hinein klingelte ein Handy. Das Gewölbe des Saales ließ es unnatürlich laut hallen. Sonst war es hier von den mehr oder minder sinnigen Unterhaltungen der Festspielgäste erfüllt, doch in der Stille klang der Klingelton, der Gefangenenchor von Nabucco, direkt obszön.

Bernhard Bechter hielt sein Handy in der Hand. »Ich habe es gerade erst angemacht«, sagte er entschuldigend. Er tippte auf das Display. »Was …?« Sprachlos starrte er auf das Video, das er gerade empfangen hatte. Eine Frauenstimme und die eines Mannes waren zu hören.

Katherl, die ihm am nächsten stand, blickte mit zusammengekniffenen Augen auf das Display. Trotz der Entfernung konnte sie anhand der rhythmischen Bewegung erraten, was der Mann und die Frau gerade taten. Die Frau fing das Stöhnen an. Laut und eindringlich und das Stöhnen war im ganzen Raum zu hören. Bechter starrte auf die Szene, unfähig zu reagieren, unfähig, ihr mit einem Fingerwischer ein Ende zu bereiten. Der Mann stand hinter der Frau, das konnte Katherl erkennen. Dann zoomte die Kamera auf das errötete Gesicht der Frau, die als junge Vroni Forster erkennbar wurde.

»Mach deine scheiß Pornos aus«, schrie der Regisseur

Bechter an. »Die kannst du dir später im Hotelzimmer reinziehen, aber doch nicht hier, du Schwein!«

Bechter reagierte nicht, starrte immer noch auf das Display. Katherl hatte die Frau eindeutig gekannt, nur der Mann hinter ihr, war etwas unscharf, aber es hätte ein schlankerer und jüngerer Bernhard Bechter sein können.

Die Sprengkraft dieses Filmchen war enorm. Die Medien würden sich darauf stürzen wie die Touristen auf die Mozartkugeln.

In Bechter kam Bewegung. »Du warst das.« Mit einem großen Schritt stürzte er sich auf Simscheck. »Du elendiger Hurensohn!« Damit packte er seinen Schauspielkollegen und donnerte ihn auf den Tisch. Entsetzte Aufschreie und klirrendes Geschirr. Das Blumengesteck kippte um und nur durch das beherzte Eingreifen von Hans Hellwach konnte eine Schlägerei verhindert werden.

»Er war es!«, schrie Bechter, der von zwei Männern zurückgehalten werden musste. »Er hat Vroni umgebracht. Er ist ein Mörder!« Das rief Bechter, der jeden Abend den Tod spielte, ohne jeglichen Pathos und das machte seine Anschuldigung umso ernster.

»Du warst schon immer neidisch auf uns und da dachtest du, du könntest mit uns deine Spielchen spielen.« Bechter spuckte aus und verfehlte Simscheck nur knapp. »Was wolltest du? Uns erpressen? Hat das Vroni in den Tod getrieben? Ist sie wegen dir tot?« Erneut versuchte er, Simscheck zu treffen, aber die beiden Männer, die im Stück den dicken und den dünnen Vetter spielten, zogen ihn noch weiter zurück. »Hast du nicht vertragen, dass ich sie hatte und du nicht? Ist es das? Ja, ich habe sie gevögelt, während du nur davon träumen konntest. Ja, wir haben es für Geld gemacht, aber auch, weil wir Spaß hatten. Großen

Spaß! Das hast du nie verwunden. Mein Fehler war nur, in einer schwachen Stunde dir davon zu erzählen. Ich wollte dich verletzen, aber du hast Vroni verletzt.« Bechter richtet sich zu seiner imposanten Größe aus. »Du bist ein Mörder!«, schrie er jetzt, dass es selbst draußen im Restaurant zu hören war und die feine Gesellschaft die Ohren spitzte.

»Er ist kein Mörder.« Ganz ruhig sagte das Katherl und da sie mitten im Raum stand, fühlte es sich für sie an, als stände sie auf der Bühne und wurde zur Hauptdarstellerin, während die Schauspieler zum Publikum wurden. Für beide Seiten eine ungewohnte Situation. Vielleicht wurde es deswegen mucksmäuschenstill.

»Vroni Forster wurde nicht umgebracht.« Katherl schaute den Tod an, dann den Jedermann. »Wo saßen Sie beide?« Die beiden Angesprochenen reagierten nicht. Sie waren sich nicht sicher, was die alte Frau mit dem Dirndlkleid von ihnen wollte.

»Wo saßen Sie und wo saß Frau Forster?«, wiederholte sie ihre Frage.

»Ich saß hier«, sagte schließlich Simon Simscheck und zeigte auf einen Stuhl an der Längsseite des Tisches. »Dann saß da Bernhard«, Simscheck zeigte auf Bechter, »und dann Vroni.«

»Das dachte ich mir.« Katherl trat an die drei Stühle. »Vor dem Ehrenplatz stand das größte Blumengesteck, nicht wahr?« Sie wandte sich an Bechter.

»Ja, das war Stöcker, der das arrangiert hat. Er hat ein Händchen für Inszenierungen.«

Der Regisseur lachte höhnisch auf.

»Es war nicht das erste Mal, dass das Ensemble hier in diesem Saal nach der Aufführung gefeiert hat?« Auch das wurde ihr bestätigt. »Also wussten alle, wie ein Abendessen im Goldenen Hirschen aussah?«

»Ich nicht«, meldete sich Traudl Volk. »Ich bin heuer das erste Mal mit dabei!«

Katherl drehte sich zu ihr um. »Es ist nur zu passend, dass sie die Guten Werke spielen. Sie haben mit der ganzen Sache nämlich wirklich nichts zu tun.« Katherl musste zugeben, dass ihr die Aufmerksamkeit, die ihr zuteilwurde, gefiel. Sie erahnte, was die Faszination des Schauspielens ausmachte. »Sie alle wussten, dass auf jedem Teller eine Mozartkugel liegen würde?«

Alle nickten. Das war schon Tradition im Goldenen Hirschen. Das wusste jeder. »Meine Damen und Herren.« Katherl sagte das nur, um etwas Zeit zu gewinnen. Wohin nur mit ihren Händen? Das war für jeden Redenden ein grundsätzliches Problem. Schließlich faltete sie sie vor ihrer Schürze zusammen. »Vroni Forster erlitt keinen Herzinfarkt, wie die einen glauben, sie wurde auch nicht umgebracht, wie es die anderen tun.« Katherl machte eine kleine Kunstpause. Schließlich war sie hier unter professionellen Schauspielern. »Es war aber auch kein Selbstmord.« Sie blickte in die Runde erwartungsvoller Gesichter. Wie Kinder im Kasperltheater, dachte Katherl, die darauf warteten, dass das böse Krokodil auftauchte und die Großmutter fraß. »Vroni Forster starb durch ein Versehen. Ein Versehen, das ihr passierte, weil sie eine Mörderin war.« Katherl ließ die Bombe punktgenau platzen.

Erst Stille, dann großes Geschrei.

»Sie sind ja völlig durchgeknallt«, rief Bernhard Bechter und machte eine entsprechende Handbewegung vor ihrem Kopf. Auch Hannelore Estner schien der gleichen

Meinung zu sein. »Was redet die denn für wirres Zeugs?«, wandte sie sich an Wasti.

»Katherl redet kein wirres Zeugs. Ich verstehe zwar auch nicht, was sie meint. Aber sie hat immer recht, glauben Sie mir.«

Katherl ließ die Aufregung sich etwas legen. Ruhig stand sie da und fuhr dann mit ihrer Erklärung fort. »Vroni Forster war eine Mörderin. Aber anstatt ihr Opfer umzubringen, hat sie sich aus Versehen selbst umgebracht.«

»Vroni war blond, aber so blond auch wieder nicht«, rief Hans Hellwach dazwischen.

»Ihr wurde ihre Recht-links-Schwäche zum Verhängnis.« Katherl zeigte auf die Stühle. »Vroni Forster wusste, dass heute Abend wieder Mozartkugeln auf den Tellern liegen würden. Darum hatte sie eine Mozartkugel mit Haloperidol versetzt, das sie über ihren Dealer bezog. Die Süße der Kugel würde den bitteren Geschmack überdecken. Die Kugel hat sie ihrem Opfer hingelegt, hier auf diesen Platz. Sie zeigte auf den Platz von Forster selbst.

»Aber das ist doch ihr eigener Platz gewesen«, bemerkte Simscheck.

»Eben! Denn eigentlich sollten Sie umgebracht werden, Herr Simscheck. Das Personal oder der Hoteldirektor hatte Frau Forster gesagt, sie säßen links von Herrn Bechter, dessen Platz mit Blumen geschmückt wäre, und aus Versehen und in der Aufregung legte sie die vergiftete Mozartkugel auf den Platz rechts von Bechters Platz, also ihren eigenen Platz.« Katherl faltete wieder die Hände vor ihrem Bauch, als würde sie Applaus erwarten, der aber ausblieb. »Um Sie, Herrn Simscheck zu ermuntern, in die Mozartkugel zu beißen, sie wusste ja, dass Sie vor Aufführungen nichts aßen, biss sie selber in die ihre. Denn Sie haben Vroni Forster mit dem Pornofilm erpresst, nicht wahr? Sie wollten damit an die Presse gehen. Das wäre das Ende ihrer Karriere gewesen. Also sollten sie sterben. Sind es aber nicht. Denn Vroni Forster ist Mörderin und Opfer zugleich.«

»Wilde Spekulationen«, ereiferte sich Simon Simscheck.

»Ach, ich habe das Wichtigste vergessen.« Katherl griff in ihre Handtasche und holte die in ihr blütenweißes Taschentuch gewickelte Mozartkugel hervor. »Das ist der Rest ihrer Mordwaffe. Die Polizei wird sicher entsprechende Spuren finden.«

»Aber das heißt ja nicht, dass meine Mozartkugel nicht trotzdem auch vergiftet gewesen war.« Sprachlos sah Simscheck Katherl an. »Sie haben mich ganz seelenruhig die meine essen lassen!«

»Nun, einerseits sind Sie ein gemeiner Erpresser, aber den Tod haben Sie trotzdem nicht verdient. Ich war mir ziemlich sicher, dass nur die eine Kugel vergiftet war.«

»Ziemlich sicher?«

»Wissen Sie, es ist sehr schwer das Stanniolpapier wieder originalgetreu zusammenzudrücken. Das haben wir als Kinder oft probiert und nie geschafft. Nur Vroni Forster ist es nicht aufgefallen, denn sie hat dabei wohl ihr Opfer angeschaut.«

Das Klackern des Schlosses war dieses Mal deutlich für alle zu hören. Den Anwesenden wurde nun bewusst, dass sie bis jetzt eingesperrt gewesen waren, was unterschiedliche Reaktionen hervorrief. Die beiden Flügel der Holztür schwangen auf und zwei Kriminalbeamte in Zivil, begleitet von bewaffneten Polizisten, betraten das Stüberl.

»Frau Vroni Forster ist vergiftet worden«, tönte einer der Kommissare theatralisch in den Saal. Die erwartete Reaktion blieb aus.

»Das wissen wir längst«, meinte der Regisseur mit einem Abwinken. »Die reizende Dame im Dirndlkleid kennt alle Details.«

Es war weit nach Mitternacht, bis die Polizei ihre Aussagen aufgenommen hatten. Katherls Theorie schenkten sie allerdings keine weitere Beachtung. Rechts, links und eine Mozartkugel auf dem falschen Teller, das war etwas viel für die österreichischen Kriminaler. »Öffentlicher Selbstmord« lautete das offizielle Ergebnis der polizeilichen Untersuchung. Denn man fand das Pornofilmchen auf ihrem Handy, aber es war von einem Prepaid-Handy geschickt worden, das zu dem Zeitpunkt am Gaisberg eingelockt gewesen war. Mehr konnten die Techniker der Polizei nicht herausbekommen. Wie allerdings das Filmchen aus dem Salzburger Kommissariat an die Öffentlichkeit gelangen konnte, wurde nie geklärt.

»Schau«, sagte Wasti, der bei Katherl ein paar Tage später auf der Hausbank saß. »Sie haben eine neue Buhlschaft gefunden.« Katherl betrachtete das Foto. »Die würde sicher für diese Rolle töten. Aber das hat ihre Vorgängerin selber für sie erledigt.«

71 Die **Festung Hohensalzburg** dominiert die Stadtansicht von Salzburg. Weiß thront sie auf dem Festungsberg und ihre Geschichte geht bis ins Jahr 1077 zurück. Die spätgotischen Prunkzimmer zeugen vom Reichtum der Fürsten. Mit der Festungsbahn mit ihren großen Panoramafenstern lässt sich die Burg bequem erreichen.

72 Der älteste Friedhof Salzburgs liegt hinter der Stiftskirche St. Peter. Der **Petersfriedhof** schmiegt sich an den Mönchsberg, schon vor dem Jahr 700 wurden die Mönche des Klosters hier begraben. In den Gruftarkaden, die in den Mönchsberg hineingehauen wurden, ist auch Mozarts Schwester, »Nannerl« genannt, begraben. Die vielen unterschiedlichen Grabkreuze sind sehenswert.

73 Die **Salzburger Festspiele** ziehen jedes Jahr illustre Gäste aus der ganzen Welt an. Die Karten sind sehr begehrt und preislich dem Staraufgebot an Musikerinnen und Musikern angepasst. Seit 1920 wird bei den Festspielen der Jedermann auf dem Domplatz aufgeführt. Geschrieben hat das Stück Hugo von Hofmannsthal und das Regiekonzept von Max Reinhard bestimmte Jahrzehnte die Inszenierungen. Das Stück wird mit stets hochkarätigen Schauspielerinnen und Schauspielern besetzt.

74 Der **Salzburger Dom** ist der Bedeutung des Salzburger Erzbischofs angemessen groß und prächtig vom italienischen Baumeister Santino Solari geplant worden. Seine frühbarocke Ausprägung und künstlerische Ausstattung ist beeindruckend. Steht man im Richtigen Abstand vor der Marienfigur auf dem Domplatz, wird sie durch die an der Fassade angebrachte goldene Krone, die von Engeln gehalten wird, bekrönt.

75 Im Zuge des Kirchenbaus mussten 55 Bürgerhäuser weichen, um den repräsentativen **Residenzplatz** zu schaffen. Der aus Untersberger Marmor geschaffene Residenzbrunnen ist der größte Barockbrunnen nördlich der Alpen. Seit Jahren wird in Salzburg darüber diskutiert, ob der Platz gepflastert werden soll oder nicht.

76 Auf dem Mönchsberg wurde 2004 das **Museum der Moderne** errichtet. Es ist mit dem hellen Untersberger Marmor verkleidet. Zeitgenössische Kunst von Rang wird in abwechselnden Ausstellungen gezeigt. Begehrt sind im Sommer die Plätze auf der Terrasse des Museumsrestaurants.

77 Die Installation, von der Katherl spricht, ist von dem amerikanischen Künstler James Turrell. Seinen begehbaren Kunstraum nennt Turrell **SKY SPACE**. Er ist nach oben hin geöffnet und der sichtbare Ausschnitt des Himmels mit seinen Licht- und Farbvariationen wird so zum Kunstwerk.

78 Die barocken Fassaden der Bürgerhäuser umgeben den **Alten Markt**. Die Farbe der Häuser und ihre Gestaltung sind ganz unterschiedlich. Man sollte sich die Zeit nehmen, sie nacheinander genau anzuschauen. Mitten auf dem Platz steht der Florianibrunnen mit seinem kunstvollen Spaliergitter.

79 Am Alten Markt steht das **Café Tomaselli**, das in Salzburg eine Institution ist. Es ist das älteste Kaffeehaus Österreichs. Der typischen österreichische Kaffeehaustradition verbunden, trifft sich hier der internationale Jetset mit den internationalen Touristenströmen.

80 Gut, dass die schmiedeeisernen Zunftzeichen in der **Getreidegasse** so hoch hängen. Deswegen sind sie trotz der vielen Touristen, die sich hier durchzwängen, schön zu sehen. Großen Auflauf gibt es immer vor Mozarts Geburtshaus. Mit seinen vielen Durchgängen und Innenhöfen vermittelt die Getreidegasse trotzdem das Bild einer mittelalterlichen Stadt.

81 Wasti trinkt einen **Pfiff**, so wird in Österreich das halbe Seidl-Bier bezeichnet. Die Stiegl-Brauerei wird schon 1492 erstmals urkundlich erwähnt. Sie hat ihren Namen von einer kleinen Treppe, eben einer Stiege, die neben der alten Brauerei in der Altstadt lag. In der Stiegl-Brauwelt erfahren Bierliebhaber alles über dieses besondere Getränk.

82 Jeden Tag findet ein herrlicher Grünmarkt auf dem **Universitätsplatz** statt. Die Stände mit den üppigen

Blumen, dem frischen Obst und Gemüse und allerlei Schmakerln sind eine Augen- und Gaumenweide für die Besucher. Die frisch renovierte Kollegienkirche, die mit ihrer barocken Fassade das Stadtbild mitprägt, sollte dabei unbedingt auch besucht werden.

83 Die **Gärtnerei Doll** stattet jedes Jahr den Wiener Opernball mit einem grandiosen Blumenschmuck aus. Die Gärtnerei ist allein wegen ihres Angebotes sehenswert. In Berchtesgaden gibt es eine stilvolle Zweigstelle mitsamt trendigem Café.

AUF DER ALM, DA GIBT'S DEN TOD

»Moni, geh hoid weida. Schwing dein' Arsch umme, de andern wollen a no eini!« Mariedl drückte Moni mit der flachen Hand zur Seite. Doch die Kuh ließ sich nicht stören und blockierte den Zugang zum Stall. »Jeden Abend das gleiche Theater. Du bist mir scho a rechte Prinzessin.« Moni fand, dass sie die Schönste im ganzen Stall war und ihr deswegen etwas mehr Aufmerksamkeit zustand. Blieb die aus, dann musste sie halt zu anderen Mitteln greifen. Mitten in der Tür stehen zu bleiben, gehörte zum Beispiel dazu. Vor allem, wenn diese blöde Flecki hinter ihr stand. Die aufgeblasene Kuh konnte sie überhaupt nicht leiden. Sie meinte, sie wäre etwas Besonderes, nur weil der Tierarzt einmal sich lobend über ihre schönen braunen Flecke geäußert hatte. Moni muhte, sollte Flecki ruhig draußen bleiben.

»Moni, glei werd i narrisch!« Mariedl gab der störrischen Kuh einen weiteren Klaps, der seine Wirkung nicht verfehlte. Moni hatte ein Einsehen, dass sie gegen rohe Gewalt machtlos war, und ging erhobenen Hauptes zu ihrem Platz, ohne diese Flecki auch nur eines Blickes zu würdigen. »So ist's brav, meine Liebe.« Die Sennerin hängte die Kühe an.

»Da kimmt no oane!«, rief Katherl von draußen und schließlich standen alle acht Kühe der Großberger-Alm im Stall. Mariedl richtete den Melkschemel und den Melkeimer her. Katherl holte das warme Wasser und begann, die Euter zu waschen.

»Mogst du a amoi melken?«, fragte Mariedl, aber Katherl lehnte dankend ab.

»Bei mir ist es zu lange her. Ich glaube, das kann ich gar nicht mehr.«

»Melken ist wie Fahrradfahren. Des verlernt man nicht.«

»Trotzdem, die Kühe sind dich gewohnt, nachad sind sie eingeschnappt, wenn ich es probiere.«

Katherl war zu Besuch bei ihrer alten Schulfreundin Mariedl, die seit Jahren im Sommer als Sennerin arbeitete. Jede Almsaison besuchte Katherl sie, um ihr zu helfen. Sie selbst genoss die Ruhe und die Natur, die die Alm hier oben umgab wie eine eigene Welt. Das Leben hier heroben gehorchte anderen Gesetze als denen im Tal. An erster Stelle standen die Kühe. Nach ihnen richtete sich der Tagesablauf einer Sennerin. Die Tiere bestimmten das Tempo des Tages, das gar nicht so gemächlich war, wie viele dachten. Ganz im Gegenteil, mitunter konnte es sogar stressig sein. Denn die Kühe benahmen sich manchmal wie Zicken. Bei schönem Wetter wollten die Bergwanderer versorgt werden, die nicht immer ein Einsehen hatten, dass erst die Viecher und dann die Menschen auf der Alm versorgt wurden. Sprach man Mariedl auf die Almromantik an, antwortete sie meistens: »In der Früh um vier hört es sich mit der Romantik schnell auf.«

Die beiden Frauen saßen beim Abendbrot zusammen auf der Holzbank vor der Alm. Katherl hatte frisches Brot heraufgebracht, das Mariedl freudig in Empfang genommen hatte. Der Bauer kam einmal die Woche heraufgefahren und brachte seiner Sennerin alles, was sie brauchte. Auch zwei Flascherl mit **Berchtesgadener Jubiläumsbier** 84 hatte Katherl hochgetragen und die ließen sie sich schmecken. Der selbst gemachte Käse auf dem frischen Brot, dazu das Bier und die Ruhe ließen durchaus etwas Almromantik aufkommen.

»Bin ich froh, dass ich hier auf der Großberger-Alm bin«, meinte Mariedl. »Letzten Mittwoch waren die Sennerinnen von der **Fischunkelalm** 85 und von der **Gotzenalm** 86 bei mir und haben mich besucht. Bei dem schönen Wetter herrscht bei denen Hochbetrieb. Die haben erzählt, dass neulich auf der **Schärtenalm** 87 die Buttermilch ausgegangen war, derartig viele Besucher hatten sie. Da bin ich froh, dass sich zu mir herauf nicht so viele verirren. Letzten Sommer hatte ich die Sennerin von der **Litzlalm** 88 besucht, da sind wir kaum zum Ratschen gekommen, weil gerade abends die ganzen Mountainbiker heraufgeradelt kamen. Und tagsüber werden die Wanderer vom **Almerlebnisbus** 89 fast direkt für die Hüttentür kutschiert. Drüben auf der **Schapbachalm** 90 ist es etwas ruhiger. Mei, die haben eine ganz neue Käserei eingerichtet. Gleich hinter der Alm in den Berg hinein. Ganz eine bärige Sache. Richtig guaden Käse machen sie dort. Du weißt schon, einen Hartkäse der dort schön reifen kann.« Mariedl nahm einen tiefen Schluck und wischte sich den Mund mit dem Handrücken ab. »Des Jubi schmeckt mir am besten.« Sie erzählte weiter von den umliegenden Almen und was die Sennerinnen sich erzählten, wenn sie sich einmal trafen. »Auf der Mitterbergalm ist ein Kälbchen erkrankt. Hat vielleicht einen Weißen Germer erwischt. Beinahe wäre es gestorben. Aber es geht ihm schon wieder besser. Es ist furchtbar, wenn a Viech auf der Alm stirbt. Mir ist vor zwölf Jahren beinahe amoi die Gerti verreckt. Selbst der Tierarzt hat nichts mehr machen können, des war entsetzlich. Mei, den Sommer werde ich mein Lebtag ned vergessen.« Starb ein Tier auf der Alm, wurden die Kühe beim Almabtrieb nicht wie sonst mit den prächtigen Fuikln aus bunt gefärbten Holzspänen geschmückt. Jede Sennerin fühlte sich schuldig am Tod des Tieres, obwohl sie meistens gar nichts dafür konnte. Aber die Verbindung zwischen Mensch und Tier war oben in den Bergen besonders intensiv.

Die Abendkühle kroch über die Almwiese und schmiegte sich an die Beine der beiden Frauen wie ein regennasses Kälbchen. Die Sterne blinkten am klaren Nachthimmel, es versprach auch morgen wieder ein herrlicher Tag zu werden. Sie räumten den Tisch ab und ratschten noch ein wenig, aber bald brachte Mariedl ihren Mund vor lauter Gähnen nicht mehr zu.

»Gehen wir ins Bett«, schlug Katherl vor. Mariedl verschwand in ihrer kleinen Schlafkammer und Katherl kletterte die steile Leiter zum Dachboden hinauf und kuschelte sich in das von der Sonne des Tages gewärmte Heu. Aus dem Stall drangen die Geräusche der gemütlich wiederkäuenden Kühe zu ihr herauf, das sich mit dem leisen Schnarchen von Mariedl unter ihr vermischte. Ein Auwei rief und Katherl dachte noch an den Frieden, der hier herrschte, dann war sie eingeschlafen.

Der Wecker klingelte unerbittlich und schlaftrunken kroch Katherl hinunter. Gewaschen wurde sich auf der Alm am Trog. Katherl warf sich ein Handtuch über die Schultern, nahm ihre Zahnbürste und sagte zu Mariedl, die am Ofen fuhrwerkte, um Feuer zu machen: »Ich geh mich frisch machen.«

»Du weißt ja, wo sich das Luxusbad befindet.« Sie zeigte nach draußen.

»Ich nehme gerne ein heißes Bad in der Früh.«

»Das kannst du haben. Brauchst dich nur in den Trog zu setzen, dann hast du dein Bad. Nur heiß wird es nicht sein. Ganz im Gegenteil, herrlich erfrischend würde ich es nennen.«

»Erfrischend ist die Übertreibung des Jahres. Saukalt ist es.«

»Dafür frisch wie sonst selten.«

Damit hatte Mariedl recht, denn etwas oberhalb der Alm lag die Quelle, aus der das Bergwasser munter, aber eiskalt sprudelte. Katherl öffnete die schmale Tür, die sich zweiteilen ließ, damit zwar die hungrigen und durstigen Wanderer bedient werden, sie aber nicht einfach in die Stube latschen konnten. Der Tau auf der Wiese glitzerte in der Morgendämmerung. Katherl atmete tief ein. Die kalte Luft brannte in der Lunge, aber es war ein angenehmes Gefühl. Sie spürte sich lebendig und eingebunden in die Natur. Das waren die Augenblicke, die man nur auf der Alm erlebte. Momente, die einem klar machten, wie fremdbestimmt das Leben im Tal war. Hier ober spürte man unmittelbar, worauf es im Leben ankam. Die frische Bergluft konnte man sich für kein Geld der Welt kaufen. Dafür musste man schon bei Mariedl auf der Alm übernachten und das durfte nur, wer sie seit der Volksschule kannte. In diesem Moment taten Katherl all die Menschen leid, die noch nie einen Almmorgen erlebt hatten. Katherl streckte sich und zupfte ein paar Heuhalme aus ihren Haaren. Sie schlüpfte in die Gummistiefel, die neben der Tür standen, und trat heraus. Leichter Morgennebel hing in der Senke, doch die ersten Sonnenstrahlen würden ihn auflecken wie die Katze die Schale mit frischer Milch.

Der Wassertrog, der aus einem Baumstamm ausgehöhlt worden war, stand an der Längsseite der Alm. Als Katherl um die Ecke bog, blieb sie wie angewurzelt stehen. Der Wasserstrahl plätscherte lustig in den Trog. Das passte so. Der leblos im Wasser liegende Körper passte hingegen ganz und gar nicht in das idyllische Bild. Katherl riss sich zusammen und ging hin. In dem eiskalten Wasser lag ein Mann. Sein Oberkörper schwamm kopfunter im Wasser und seine Beine standen über den Rand weg. Es war kein Wanderer. Denn Wanderer trugen keine schwarzen Anzüge und keine schwarzen Lackschuhe. Mit beiden Händen griff Katherl die Schultern des Mannes und zog ihn nach oben.

»Jessas, Maria und Josef!«, schrie Mariedl aus, die ebenfalls herausgekommen war. »Des is ja der Herr Pfarrer!«

Katherl ließ den Toten neben den Trog rutschen. Die mit Wasser vollgesogene Kleidung wog schwer. Mariedl bekreuzigte sich und schickte ein Stoßgebet in den langsam immer heller werdenden Himmel. Katherl fühlte an der Halsschlagader nach dem Puls, der, wie sie es erwartet hatte, nicht zu finden war. Pfarrer Konrad Brom war tot.

»Was machen wir jetzt?« Mariedl sah Katherl fragend an. Dabei überlegte sie, ob ein toter katholischer Geistlicher auf der Alm einen ordentlich aufgekranzten Almabtrieb verhindern könnte. Galt ein toter Pfarrer so viel wie eine tote Kuh? Aber der Herr Pfarrer gehörte streng genommen nicht zur Alm, schloss Mariedl messerscharf, also stand einem richtigen Almabtrieb bislang nichts im Wege.

»Hast du ein Handy da?«, riss Katherl ihre Freundin aus ihren Überlegungen.

»Nein, denn hier hat man eh koanen Empfang.«

»Dann laufe ich ins Tal und verständige die Polizei.« Katherl ging in die Alm zurück und zog sich ihre Bergschuhe an.

»Und was machen wir mit dem Herrn Pfarrer?« Mariedl zeigte auf den Toten. »So liegen lassen können wir ihn nicht.« Der tote Pfarrer wirkte mit seinem schwarzen Anzug wie ein Fremdkörper inmitten der Natur. Katherl holte die einzige weiße Tischdecke und breitete sie über den Toten. Sie reichte nicht ganz, den Körper zu bedecken. Unten schauten die Beine heraus. Also holte Katherl eine zweite Tischdecke, diesmal allerdings eine bunt karierte, und verhüllte den Geistlichen vollends.

Mariedl schaute sie mit einem zweifelhaften Blick an. »Ich hoffe nur, dass nicht allzu viele Wanderer heute früh unterwegs sind. Ich habe von Haus aus keine Lust, ihre blöden Fragen zu beantworten. Denn wie ich ihnen den toten Herrn Pfarrer erklären soll, ist mir schleierhaft.« Mariedl drehte sich um. »Egal, ich muss mich erst um meine Damen kümmern. Die wollen gemolken werden.« Seelenruhig ging sie mit ihrem leicht watschelnden Gang zum Stall.

Katherl lief in Rekordzeit ins Tal hinab, sprang in ihr Auto und düste zur Polizeiinspektion Berchtesgaden, um den Toten zu melden. Polizeioberwachtmeister Reuber blickte sie überrascht an, als sie ihm von dem Verblichenen auf der Alm berichtete. Da er Katherl gut kannte, hielt er es nicht für einen Scherz, was er normalerweise getan hätte, bei solch einer hanebüchenen Geschichte. Zusammen mit Polizeimeister Hauser brauste er mit Blaulicht und Sirene los. Es war zwar kein direkter Notfall, aber im friedlichen Berchtesgaden kam die Polizei nicht oft dazu, mit Blaulicht zu fahren. Darum musste man solche Möglichkeiten ausnützen.

Bevor Katherl ebenfalls wieder zurückfuhr, holte sie Wasti ab, denn sie hatte die Vermutung, dass Mariedl, auch wenn sie hart im Nehmen war, die nächsten Tage Unterstützung brauchte. Wasti hatte viel mehr Erfahrung mit Kühen als sie und stellte darum eine bessere Arbeitshilfe dar.

»Der Tote ist tatsächlich der Berchtesgadener Pfarrer?« Wasti fragte das schon zum dritten Mal. Er konnte es gar nicht glauben. »Ich habe ihn erst vor zwei Tagen im Markt gesehen. Zusammen mit zwei Herren, mit denen er zum Pfarramt gegangen ist. Wahrscheinlich aus dem Vatikan, Pfarrer Brom hat doch gute Beziehungen nach Rom.«

»Wieso aus Rom?«, fragte Katherl nach.

»Weil er es mir gesagt hat. Ich wollte ihn wegen des großen Flohmarktes sprechen, aber er hat abgewunken. Er hätte wichtigen Besuch aus Rom.«

Geschwind stiegen sie zur Alm hinauf. »Geh du vor«, sagte Katherl auf halbem Weg ganz außer Atem. Wasti mit seiner Bomben-Kondition schaltete auf sein gewöhnliches Tempo hoch und war lange vor Katherl bei Mariedl.

Polizeioberwachtmeister Reuber kratzte sich am Kopf. Auf das alles konnte er sich keinen Reim machen. »Wieso war der Herr Pfarrer nachts am Berg und wie kam er in den Wassertrog?« Ob er ertrunken war, musste die Obduktion ergeben. »Wir gehen vorerst von einem Verbrechen aus. Ich befürchte, Pfarrer Brom wurde ermordet.« Hauser nickte und funkte die Kriminalpolizei in Traunstein an. Das war eine Nummer zu groß für sie. Spurensicherung, DNA-Abgleich und Todesursachen mussten die Traunsteiner machen. Die Berchtesgadener Polizei hatte es mehr mit Falschparkern, Alkoholfahrten und Wirtshausschlägereien. Reuber wusste, wann er die höhere Instanz rufen musste. Sich und seine Männer richtig einzuschätzen, war eine seiner Stärken.

Im Stall war Mariedl mit dem Melken fertig. Doch der Polizei konnte sie noch nicht Rede und Antwort stehen. »Ich muss erst meine Butter machen, sonst kippt mir die Milch bei dem heißen Wetter um. Außerdem hat Katherl den Toten gefunden, und ned i.« Die Arbeit auf der Alm kam halt immer zuerst, toter Pfarrer hin oder her. Trotzdem war sie froh, als Wasti den Kopf durch die Tür steckte und ihr anbot, das Buttern für heute zu übernehmen.

»Hier, setz dich hin. Brauchst an Schnaps?« Wasti zeigte auf die Schnapsflasche, die komischerweise schon griffbereit auf dem Tisch stand.

»Der dat ned schaden«, gestand Mariedl ein.

Wasti schenkte ihr ein, da ging ihm ein Licht auf. »Ihr zwei habt wohl gestern noch einen Schlummertrunk genommen.«

Mariedl wurde rot. »Nur einen ganz kleinen«, verteidigte sie sich. »Darum haben wir letzte Nacht tief und fest geschlafen.«

Reuber trat in die Stube und setzte sich Mariedl gegenüber. »Was hast du in der Nacht gehört?«

»Gar nichts«, versicherte die Sennerin. »Wir sind kurz nach zehn Uhr ins Bett gegangen. Ich habe fest geschlafen, ich drehe ja hier oben nicht nur Däumchen. Da ist man rechtschaffen müde am Abend.«

»Das glaube ich dir ja«, beruhigte sie der Polizist. »Heute früh dann?«

»Katherl wollte sich waschen gehen am Trog, da hat sie den Herrn Pfarrer entdeckt.«

Das bestätigte Katherl, die wenig später auf der Alm

ankam. Die Bergwacht hatte sie mit ihrem Unimog getroffen und mit hinaufgenommen, worüber sie mehr als froh war. Die Bergwacht sollte die Leiche abtransportieren, denn der Leichenwagen des Bestattungsunternehmens kam den steilen Weg nicht hinauf. Der Tote wurde eingepackt und abtransportiert. Hauser nahm die Aussage der beiden Frauen auf, aber viel war es nicht. Keine hatte etwas gehört.

»Was so ein kloaner Schnaps alles bewirkt«, sagte Wasti mit einem Augenzwinkern. Diesmal wurde Katherl rot.

»Fest steht, dass ihr beide nichts Verdächtiges gehört habt«, fasste Reuber den Sachstand zusammen. »Da wird der Pfarrer vor der Alm ertränkt und ihr bekommt nichts mit.«

»Vielleicht deswegen nicht, weil es nichts zu hören gab«, erwiderte Katherl, der es gar nicht gefiel, wie Reuber sie gerade hinstellte. Als ob sie absichtlich nichts hätten hören wollen oder nichts hätte hören können, weil sie total besoffen im Heu lagen.

»Ein Unfall zum Beispiel«, schlug sie vor. »Er wollte Wasser trinken, rutschte aus und ertrank. Davon hätten wir nichts mitbekommen können.«

»Das wäre möglich«, gab Reuber zu. »Ich glaube aber, dass es ein Verbrechen war. Es war Mord!«

Bei diesem Wort bekreuzigte sich Mariedl. »Dann läuft bei uns ein Mörder noch frei herum?« Erst langsam dämmerte ihr, was der Tod des Pfarrers bedeutete. Mariedl hatte sich noch nie allein auf der Alm gefürchtet, selbst damals nicht, als sie einen zudringlichen Wanderer mit der Millibutschn in die Flucht geschlagen hatte. Aber bei einem Mörder, der nachts lautlos kam und um die Alm schlich, wurde selbst ihr ein wenig mulmig.

»Wasti und ich bleiben die nächste Zeit bei dir«, versicherte Katherl ihrer Freundin. »So lange, bis die Polizei den Täter geschnappt hat, was hoffentlich nicht lange dauern wird.« Die letzte Bemerkung hatte sie sich nicht verkneifen können.

Mariedl nickte dankbar. »Was macht die Butter, Wasti? Bei uns heroben formt sie sich nicht von alleine.« Damit stemmte sie sich nach oben. Fast wieder ganz die Alte, dachte Katherl. Es brauchte schon etwas mehr als einen ertränkten Pfarrer, um Mariedl einzuschüchtern.

Reuber und Hauser verabschiedeten sich. »Wir warten den Bericht der Rechtsmedizin ab. Vielleicht bringt der etwas Licht in die Geschichte. Der Kommissar aus Traunstein wird sicher mit euch sprechen und den Tatort besichtigen wollen. Den müssen wir übrigens sperren, bis das Team von der Spurensicherung da war.«

An diesem Tag würden keine Wanderer auf der Großberger-Alm mit frischer Buttermilch oder einem Käsebrot versorgt werden. Die Polizei hatte den Weg zur Alm mit einem leuchtend gelben Band abgesperrt. Ein vorwitziger Wanderer kam dennoch herbei, aber als Mariedl ihm anbot, er könne Wasser aus dem Trog haben, in dem heute Früh der tote Pfarrer gelegen hatte, suchte er schnell das Weite.

Als die Butterstücke in einer Schüssel mit kaltem Wasser schwammen, setzte sich Wasti zu den beiden Frauen auf die Bank. Sie saßen da und schauten den Kühen beim Grasen zu. Es gab kaum etwas Beruhigenderes, als die Tiere dabei zu beobachten, wie sie mit ihrer langen, rauen Zunge Grasbüschel nach Grasbüschel zupften.

»Also mal ehrlich, habt ihr wirklich nur einen kleinen Schnaps gestern getrunken?«, wollte Wasti wissen.

Katherl und Mariedl schauten sich an. »Es waren zwei«, rückten sie mit der Sprache heraus. »Einen zur Verdauung nach dem Essen und dann noch einen kleinen als Betthupferl. Das Jubibier von vorher war da schon so gut wie verdaut.«

»Ihr seid mir solche Schnapsdrosseln!«, tadelte er sie mit erhobenem Zeigefinger. »Aber im Ernst, sternhagelvoll, dass man einen Kampf vor der Tür nicht mehr hört, ist etwas anderes.«

»Sage ich doch.« Katherl war sich sicher, nichts gehört zu haben. »Da waren keine ungewöhnlichen Geräusche. Das kleine Fenster stand die ganze Nacht offen. Jemanden zu ertränken, ist nicht die leiseste Art, jemanden umzubringen. Der Pfarrer hätte sich sicher gewehrt. Ich glaube daher nicht, dass er im Trog ermordet wurde.«

»Was hatte er denn überhaupt hier oben in der Nacht zu suchen?« Wasti stellte die entscheidende Frage, denn als passionierter Bergwanderer war Pfarrer Brom nicht bekannt.

»Also«, druckste Mariedl herum, »eigentlich dürfte ich es euch gar nicht sagen. Das Ernerl hat mich beim Grab meiner Mutter schwören lassen, es niemanden zu erzählen. Aber jetzt, wo der Herr Pfarrer tot ist …« Mariedl hielt mitten im Satz inne, als würde sie mögliche Konsequenzen ihres Verrates für ihre Mutter im Grab abwägen.

»Was, Mariedl, was hat dir das Ernerl erzählt? Du meinst doch die Sennerin der Oberschattalm, oder?«

»Genau die.« Mariedl senkte die Stimme, als hätte sie Angst, dass die Kühe sie belauschen könnten. »Also, der Herr Pfarrer hat ab und zu Ernerl auf der Alm besucht.« Sie wurde noch leiser. »Aber nicht um ihr die Beichte abzunehmen.« Verschwörerisch schaute sie die beiden an. »Ihr wisst schon, was ich meine.«

»Sappralott!« Wasti schlug mit der Hand auf den Tisch.

»Pst, nicht so laut«, ermahnte ihn Mariedl. »Wenn Ernerl erfährt, dass ich euch davon erzählt habe, dann herrscht Krieg zwischen unseren Almen.« Das konnte keiner wollen.

»Ich werde trotzdem mal zu Ernerl hinaufsteigen. Sie muss von der Ermordung des Pfarrers erfahren. Besser von mir, als gerüchteweise.« Denn Gerüchte hatten die Eigenheit, aus dem Tal selbst bis zu den hoch gelegenen Almen zu steigen.

»Aber versprich mir, dass du ihr nichts von ihrem Verhältnis zum Pfarrer sagst.«

»Ich verspreche es dir. Aber die Polizei wird das schnell selber herausfinden und sie dann dazu befragen.«

»Soll ich mitgehen?« Wasti war es gar nicht recht, dass Katherl alleine in den Bergen herumwanderte, während ein Mörder frei herumlief.

»Bleib besser beim Mariedl.« Katherl wollte mit der Sennerin lieber alleine reden. Außerdem hatte Ernerl den Ruf, jedem Mannsbild schöne Augen zu machen. »Wie lautet der Spruch? Auf der Alm, da gibt's koa Sünd, weil koa Pfarrer auffikimmt! Kommt aber doch der Pfarrer, dann gibt es die Sünde und den Tod, könnte man ihn heute ergänzen.«

Die Alm lag ein gutes Stück weiter oben und Katherl ging langsam, denn ihre Beine waren inzwischen müde geworden. Bei dem schönen Wetter waren zahlreiche Wanderer unterwegs. Tief in Gedanken versunken, erwiderte Katherl kaum ihre Begrüßungen. Eigentlich gehörte es zur guten Bergetikette, sich zu grüßen, und es hatte sich eingebürgert, sich ab 1.000 Höhenmeter zu duzen.

Ernerls Alm war etwas kleiner und sie hatte nur Jungvieh heroben, musste also nicht melken. Dafür kehrten mehr Wanderer bei ihr ein, die es zu bewirten galt. Ernerl hatte Katherl kommen sehen und war in der Tür stehen geblieben. »Katherl, grüß dich, was führt dich denn hier herauf?«

»Ich besuche gerade die Mariedl unten.« Katherl schaute die Sennerin aufmerksam an. »Stell dir vor, gestern Nacht ist vor der Großberger-Alm der Pfarrer Brom ermordet worden. Wahrscheinlich ertränkt.«

Ernerl schwieg. Ihr Gesicht verriet keine Regung. »So so«, sagte sie nur. »Das ist ja furchtbar«, schob sie noch schnell hinterher.

»Wir haben uns nur gewundert, was der Herr Pfarrer in den Bergen gesucht hatte, mitten in der Nacht. Bei uns war er nicht. Hat er vielleicht bei dir vorbeigeschaut?«

»Nein«, kam die Antwort.

»Nun ja, die Polizei wird schon herausfinden, was er hier oben wollte«, sagte Katherl leichthin.

»Die Polizei?« Ernerl war bleich geworden.

»Ja, Polizeioberwachtmeister Reuber sagte mir, dass er alle in der näheren Umgebung befragen wird. Aber da der Ilsanker Hubsi von der **Priesbergalm** 91 mal wieder im Tal bei Filmaufnahmen war, bleibst nur du übrig. Ich hatte eigentlich nicht den Eindruck, dass Pfarrer Brom gerne nachts in den Bergen ohne Ziel herumgewandert wäre.« Katherl schaute ihren berüchtigten Katherlblick, den die wenigsten lange ertragen konnten. Ernerl schluckte.

»Also gut, der Pfarrer war gestern bei mir heroben. Aber nicht das, was du denkst«, beeilte sie, klarzustellen. »Es war nur, weil …«, sie fuhr sich mit der Hand über die Augen. »Nun ist es ja egal, weil er tot ist. Konrad, also Pfarrer Brom, hatte große Sorgen.«

»Sorgen?«, fragte Katherl mitfühlend nach. Wenn es sein musste, konnte sie böser Bulle und guter Bulle gleichzeitig sein. »Weil die Leute anfingen, über euch zu reden?«

»Nein, nicht deswegen, sondern er hatte von den falschen Leuten Geld ausgeborgt.«

»Wozu brauchte der Pfarrer das Geld?«

»Der Spielteufel hat ihn geritten. Im Casino Salzburg hat er gerne Black Jack gespielt und dabei verloren, viel verloren.« Ernerl blickte auf ihre Füße. »Ich hatte ihm geraten, das Geld aus dem Klingelbeutel zu nehmen. Wenn er es nur getan hätte, dann wäre er noch am Leben.«

»Du meinst, es waren die Männer, denen er Geld schuldete, die ihn ermordet haben?«

»Er hatte sich von ihnen bedroht gefühlt, deswegen ist er ja zu mir heraufgekommen. Ich habe gesagt, er soll das Geld von der Kirche nehmen, die hat genug. Aber das hat er nicht übers Herz gebracht.«

»Hat er dir von den Männern erzählt?«

»Nein, er hat nur von den Mafiosi gesprochen. Ich dachte mir, er hat sie in Rom kennengelernt, im Vatikan, oder so.«

Beim Rückweg überlegte Katherl, ob die beiden Männer, mit denen Wasti den Pfarrer gesehen hatte, jene Mafiosi gewesen waren.

»Ich muss noch einmal ins Tal«, rief Katherl schon von weitem Mariedl und Wasti zu und eilte weiter. Morgen werde ich einen ordentlichen Muskelkater haben, war sich Katherl sicher. Bei der ganzen Rauf- und Runterlauferei.

Das katholische Pfarrhaus lag im historischen **Nonntal** 92 von Berchtesgaden, ein Stück vor dem **Museum Schloss Adelsheim** 93. Da es kurz nach sechs Uhr war, hatte die Pfarramtssekretärin schon Feierabend. Darum probierte es Katherl erst gar nicht, sondern klingelte gleich in der Pfarrerwohnung. Katherl kannte Irmingard, die Pfarrersköchin, von den Landfrauen her. Nach dem dritten Läuten öffnete sich ein Fenster im ersten Stock und Irmingard steckte ihren Kopf heraus.

»Du bist es. Ich komme gleich.« Eine ziemlich aufgelöst ausschauende Pfarrersköchin öffnete Katherl die Tür. »Ich dachte, der Herr Pfarrer würde endlich kommen.«

Offensichtlich hatte sie von seinem Tod noch nichts mitbekommen. Das wunderte Katherl sehr. Der Grund wurde schnell klar. Irmingard kochte die ganze Zeit für den »hohen Besuch aus Rom«, wie sie sagte.

»Seit zwei Tagen stehe ich von früh bis abends in der Küche und bekoche die beiden Herren. Gerade haben sie eine Riesenportion Schweinsbraten verdrückt.«

»Mit deinen guten Knödeln?« Irmingards Knödel waren legendär und der letzte Pfarrer wollte sie eigentlich alleine wegen ihrer Kochkünste zu seiner neuen Pfarrstelle mitnehmen, aber Irmingard blieb lieber in Berchtesgaden.

»Diese Priester aus dem Vatikan sind furchtbar verwöhnt. Nun verlangen sie nach einer Bayerischen Creme. Herrje, die fällt mir zusammen.« Damit eilte sie dir Treppe hoch in die Küche. Katherl folgte ihr. »Dürfte ich schnell einmal telefonieren?«

»Natürlich«, kam es aus der Küche.

Nachdem Katherl ihr Telefonat beendet hatte, öffnete sie vorsichtig die Tür zum Speisezimmer einen Spaltbreit. Zwei Männer saßen an dem barocken Esstisch und schaufelten alles andere als vornehm den saftigen Schweinsbraten samt den begehrten lockeren Knödeln der Pfarrersköchin in sich hinein. Auf den ersten Blick wusste Katherl, dass das nie und nimmer Priester aus dem Vatikan waren. Nicht einmal als Spüler in einer italienischen Pizzeria würden die durchgehen.

Na wartet, dachte Katherl, euch Möchtegern-Ganoven werde ich jetzt mal richtig einheizen. Katherl setzte auf den Überraschungseffekt.

Mit einem Ruck riss sie die Tür ganz auf. Erschrocken fuhren die beiden Männer hoch und schauten erstaunt die Frau an, die behäbig hereingestiefelt kam.

»Da sind ja die beiden Flaschen.« Sie stützte die Hände in die Hüfte und stellte sich breitbeinig vor die beiden Männer hin. Dem einen lief ein Rest Bratensoße über das Kinn.

»Der Boss ist alles andere als erfreut über diese Situation. Ein toter Pfarrer, kein Geld, dafür die Polizei, die euch und damit ihm auf den Fersen ist.« Katherl wippte auf den Füßen leicht vor und zurück. Die Männer folgten jede ihrer Bewegungen. »Was glotzt ihr so dämlich? Ich bin die Tante vom Boss. Euer Boss ist mein Neffe. Mein lieber, kleiner Neffe. Ein braver Neffe, der viel von der Familie hält, dem Familie wichtig ist. Darum ruft er mich manchmal an, so wie gerade eben. Ein besonders lieber Junge, mein Neffe. Ein gütiger Mensch, der nur dann böse wird, wenn seine Kunden tot im Wassertrog hängen, ohne dass er Geld sieht.« Katherls Augen funkelten und die letzten Worte hatte sie gezischt. »Wisst ihr, was er mir gesagt hat? Ich soll nach zwei idiotischen Dummköpfen suchen, die den Pfarrer umgebracht haben, anstatt das Geld von ihm einzukassieren. Zwei schwachsinnigen, hirnverbrannten Idioten, das waren seine genauen Worte, die ihm damit die Polizei auf den Hals gehetzt haben.« Katherl fand großen Gefallen an ihrer Rolle als Mafia-Tante. »Meint ihr, das alles gefällt dem Boss?« Ihre Stimme wurde tief und gefährlich. »Wie soll der tote Pfarrer nun seine Schulden bezahlen? Habt ihr darüber nachgedacht, als ihr ihn ertränkt habt? Wollt ihr am Sonntag etwa mit dem Klingelbeutel im Gottesdienst herumgehen und das Geld einsammeln?« Katherl lächelte bösartig. »Oder besser, man sammelt bei eurer Beerdigung nächste Woche Geld von den Trauergästen ein. Das wird meinem liebe Neffen gefallen.«

»Wir haben ihn nicht umgebracht«, stammelte der eine hervor.

»Dann ist der Pfarrer von alleine im Wassertrog ertrunken? Soll ich das meinem Neffen sagen? Der Boss erwartet meinen Rückruf in zehn Minuten. Also, besser ihr rückt mit der Sprache raus. Sonst muss ich meinem lieben Neffen schlechte Neuigkeiten über seine unfähigen Mitarbeiter überbringen. Dann werden wir eine kleine Bergtour unternehmen, von der euch die Bergwacht in schwarzen Säcken zurückbringen wird.«

Diese Drohung hatte gesessen. »Der Pfarrer ist gestorben«, erzählte sie. »Einfach zusammengebrochen und gestorben. Wir wollten ihm nur etwas Angst machen, da stirbt er in unseren Händen.« Wie zum Beweis hielten sie ihre Hände hoch. »Wir haben den Pfarrer verfolgt, weil wir dachten, er haut über die Berge ab. Aber er hat uns abgehängt. Diese scheiß Berge sind scheiße-steil.«

»Wir konnten einfach nicht mehr weiter, waren völlig aus der Puste. Da kam der Pfarrer uns wieder entgegen. Damit waren wir wieder am Drücker.«

»Dass er stirbt, wollten wir nicht.« Ihre Stimmen klangen jetzt weinerlich.

»Den Toten habt ihr dann in den Wassertrog gelegt, um beim Boss einen auf dicke Hose zu machen.« Katherl stemmte sich auf dem Tisch auf und beugte sich bedrohlich nach vorn.

»Wir dachten, es schaut dann wie Waterboarding aus.«

»Waterboarding im Almtrog, dass ich nicht lache! Den Boss bescheißen wolltet ihr!« Die beiden Kleinganoven zuckten zusammen. »Und jetzt lauft nach Hause und kommt dann morgen um zehn zum Boss. Aber erst schreibt ihr mir seine aktuelle Adresse auf. Ich will meinem lieben Neffen eine schöne Flasche Enzianschnaps schicken.«

Einer der beiden schrieb die Adresse auf das nächste Stück Papier, das er greifen konnte. Es war der Pfarrbrief. Dann machten sie sich äußerst eilig aus dem Staub.

Allerdings kamen sie nicht weit, denn Polizeioberwachtmeister Reuber nahm sie mit gezogener Waffe an der Pfarrhaustür in Empfang.

»Was ist denn los?« Irmingard stand etwas verwirrt in der Küchentür, mit einer Schüssel in der einen und einem Schneebesen in der anderen Hand, die Bayerische Creme luftig schlagend.

»Schau«, sagte Katherl und zeigte aus dem Fenster. »Das sind die beiden angeblichen Priester aus Rom, die wandern jetzt nicht nach Italien, sondern hinter schwedische Gardinen.« In Ruhe erklärte Katherl Irmingard, dass dies zwei Gangster waren, die den Pfarrer bedroht hätten, da er Geld von ihrem Boss geliehen hatte. Dabei sei Pfarrer Brom gestorben. Diese Neuigkeit nahm sie recht gefasst auf, denn Irmingard hatte sich schon ihre eigenen Gedanken zu den Vorlieben des Pfarrers gemacht gehabt. Dass sie aber mit ihren Kochkünsten zwei Kriminelle verwöhnt hatte, das machte ihr wesentlich mehr zu schaffen. »Wenn ich das gewusst hätte, dann hätte ich ihnen den Schweinsbraten derart versalzen, dass es ihnen die Kehle weggeätzt hätte!« Dabei schwang sie den Schneebesen, dass kleine Cremeflöckchen herumflogen. »Was mache ich jetzt mit meiner Creme?«

»Ich wüsste da schon jemand, der sich darüber freuen würde.« Sie dachte dabei an Mariedl und Wasti oben auf der Alm. Dankbar drückte Irmingard Katherl die Schüssel in die Hand, froh, anständige und rechtschaffende Esser für ihre Nachspeise gefunden zu haben.

»Pfarrer Brom ist tatsächlich an einem Herzversagen gestorben«, berichtete Reuber Katherl, die auf der Polizeiinspektion vorbeigeschaut hatte. »Die beiden hatten ihm einen ordentlichen Schreck eingejagt und das hatte sein Herz nicht mehr ausgehalten. Dafür werden sie sicher in der Hölle schmoren«, sagte er grimmig zu den beiden, die mit Handschellen gefesselt auf dem Revier saßen. Als Katherl ging, schauten sie sehnsüchtig auf die Schüssel mit der süßen Creme in ihrer Hand.

»Meine Herren, ich bin sicher, das Gefängnisessen wird Ihnen auch schmecken. Vielleicht nur nicht so gut wie das im Pfarrhaus. Übrigens, danke für die Adresse Ihres Bosses!«

»Die Münchner Kollegen sind gerade dabei, ihn hochzunehmen.« Reuber schaute sehr zufrieden drein. »Hinter Breitband Charlie, wie er genannt wird, sind sie schon lange her, nur hat er seinen Wohnort ständig gewechselt. Doch bald wird er eine permanente Adresse haben, unter der auch die beiden hier anzutreffen sind.« Bei der Aussicht, mit ihrem Boss im gleichen Kittchen zu sitzen, wurde ihnen erst recht mulmig.

Da es schon spät war, fuhr Reuber Katherl persönlich zur Alm zurück. Katherl war froh, nicht noch einmal an diesem Tag hinaufgehen zu müssen. Als sie ausstiegen, hörten sie seltsame Geräusche aus der Alm. Alarmiert schaute Katherl Reuber an, der sofort seine Pistole zückte. Als ob jemand vergeblich nach Luft rang, weil ihm der Hals langsam zugedrückt wurde. Die Tür stand offen.

»Bleib hinter mir«, wies Reuber Katherl flüsternd an. Er presste sich an die Wand und arbeitet sich langsam vor, die Waffe mit beiden Händen fest umklammert. Dann sprang er durch die offene Türe und sicherte den Raum. Aber niemand musste gerettet werden. Katherl folgte ihm und fast hätte sie gelacht. Mariedl saß ganz nach hinten gesunken auf dem Stuhl, ihr Kopf war ins Genick gefallen und sie schnarchte röchelnd. Wasti hatte seinen Kopf auf die Tischplatte gebettet und gab dumpfe Geräusche von sich. Zwischen ihnen stand die leere Schnapsflasche. Katherl schüttelte den Kopf und Reuber steckte seine Pistole weg.

»Die beiden werden sicher keine Nachspeise wollen«, stellte Katherl fest. »Aber wir.« Sie holte zwei große Löffel aus dem Besteckschubladen und reichte einen an Reuber weiter. Draußen setzten sich auf die Bank und ließen sich Irmingards Creme schmecken.

»Mei, schmeckt die sündig guat«, schwärmte der Polizist.

»Und da heißt es immer, auf der Alm, da gibt's koa Sünd« Genüsslich leckte Katherl den Löffel ab. Bloß gut, dass die beiden Ganoven so verfressen gewesen waren, dass sie sich ein weitere Mahlzeit bei Irmingard nicht hatten entgehen lassen wollen. Bei ihren Kochkünsten wurden selbst Ganoven schwach.

84 Anlässlich der 900-Jahr-Feier von Berchtesgaden wurde das **Jubiläums-Bier** des Bräuhauses Berchtesgaden gebraut. Mit dem Watzmann auf seinem Etikett ist es ein passendes Mitbringsel, das auch noch würzig süffig schmeckt.

85 Damit die Kühe auf die **Fischunkelalm** kommen, müssen sie mit dem Boot über den Königssee gefahren werden. Früher wurden die Kühe auf schmalen Steigen um den See getrieben. Das ging auch nur, weil die Kuhrasse, die sogenannte »Berchtesgadener Katzen«, klein und geländegängig waren. Die Alm, am Obersee gelegen, ist im Sommer bewirtschaftet.

86 Die **Gotzenalm** ist vor allem bei Mountainbikern beliebt. Die anspruchsvolle Tour dorthin überwindet einen Höhenunterschied von 1.200 Metern und ist 32 Kilometer lang. Aber der Ausblick vom Feuerpalfen, etwas oberhalb der Alm gelegen, ist jeder Schweißtropfen wert.

87 Milchvieh gibt es auf der **Schärtenalm** nicht mehr, dafür eine zünftige Brotzeit und einen guten Kuchen. Auf halbem Wege zur Blaueishütte am Hochkalter gelegen, ist die Alm in vierter Generation in Familienbesitz.

88 Auch die **Litzalm** ist bei Mountainbikern beliebt. Denn der Weg durch das Klausbachtal und der his-

torischem Salzsäumerstraße entlang ist fast durchgehend geteert. Eigentlich müssten die Radler ihren Ausweis mitnehmen, da die Alm schon auf der österreichischen Seite liegt.

89 Radfahrer, die die steile Strecke hinauf zum Pass Hirschbichl fahren, passen besser auf die **Almerlebnisbusse** auf, denn dann wird es ganz schön eng auf der Straße. Am Hirschbichl liegt der Grenzübergang nach Österreich. Auf der österreichischen Seite fährt der Bus weiter nach Weißbach bei Lofer. Auf diese Weise lässt sich bequem per Bus die Almlandschaft erleben.

90 Sowohl von der Ramsau als auch von der Schönau aus ist die **Schapbachalm** erreichbar. Die Milch wird direkt auf der Alm zu herzhaftem Käse verarbeitet. Steigt man zum Watzmannhaus auf, ist sie über einen kleinen Umweg erreichbar. Am Rückweg kann man sich den Käse fürs Abendessen mitnehmen.

91 Bekannt aus Funk und Fernsehen ist die **Priesbergalm**, das sie auch eine der Brennhütten für den Gebirgsenzian der Brennerei Grassl beherbergt. Der Bergbrenner Hubert »Hubsi« Ilsanker ist direkt ein kleiner Medienstar, so viele Beiträge sind schon über ihn und seine Arbeit veröffentlicht worden. Er lebt den größten Teil des Sommers in der Brennhütte.

92 Das historische **Nonntal** ist einer der ältesten Straßenzüge in Berchtesgaden. Es hat sich zur Kunst- und Genussmeile entwickelt, die unbedingt entdeckt

werden will. Die farbigen Bürgerhäuser laden zum Flanieren ein.

93 Von hier ist es nicht weit ins **Museum Schloss Adelsheim**, das die Geschichte Berchtesgadens zeigt. In dem Renaissanceschloss werden vor allem die vielfältigen Handwerke anschaulich präsentiert, aber auch Tracht und Brauchtum erläutert. Wechselnde Ausstellungen zu unterschiedlichen Themen ergänzen die ständige Sammlung.

KATHERL UND DER ENTFÜHRTE KONSUL

Auf Höhe des Splitkastens stieg Magda ab. Bis hierher schaffte sie es immer zu treten, dann wurde die Zufahrtsstraße zu steil. Wie jeden Morgen schob sie ihr Fahrrad die letzten Meter zu dem großen schmiedeeisernen Tor des stattlichen Anwesens. Mit ihrem üblichen Zögern tippte sie den Sicherheitscode ein. Nachdem die neue Sicherheitsanlage installiert worden war, hatte sie zunächst Angst gehabt, sie könnte eine verkehrte Nummer eingeben und damit falschen Alarm auslösen. Darum stand sicherheitshalber der Code auf einem Zettel, der in ihrer großen Tasche steckte, die auf dem Gepäckträger festgeklemmt war. Ein Umstand, der dem Herrn von der Sicherheitsfirma gar nicht gefallen hätte. Das Sicherheitsrisiko Mensch war halt nicht kalkulierbar. Allerdings war sich Magda nicht bewusst, dass ihr Notizzettel eine potenzielle Sicherheitslücke darstellte. Dass sich auf dem Zettel nicht nur die Zahlenkombination befand, sondern auch wofür sie war, hätte bei dem Herren von der Sicherheitsfirma für eine Ohnmacht gesorgt. Man musste allerdings Magda zugutehalten, dass sie in ihrer gutmütigen Art die größte Bedrohung in den Rehen sah, die regelmäßig die Rosen der Konsulin anknabberten. Deswegen, so dachte sie, war überhaupt die neue Alarmanlage eingebaut worden, und Rehe konnten schließlich keine kleinen Notizzettel lesen, oder?

Die Villa thronte über Berchtesgaden und Magda ging über die breite Kiesauffahrt auf den Gebäudekomplex zu. Sie betrat das Haus über den Dienstboteneingang. Madame wollte das so. Dem Konsul selbst war die Etikette egal. Allgemein war er für seine joviale Art bekannt, seine Frau hingegen bestand darauf, bis hin zur Aushilfskraft an der Tankstelle, mit »Madame« angesprochen zu werden. Magda war es gleich, sie arbeitete schon ihr halbes Leben für den Haushalt des Konsuls, der sich in Berchtesgaden und die Berge verliebt hatte, seitdem er als Jugendlicher die Christophorusschule am Obersalzberg, damals noch Werkschulheim genannt, besucht hatte. Das Wirtschaftswunder hatte ihn reich gemacht, seine Heirat mit einer Industriellentochter noch reicher und nun genoss er seinen schönen Altersruhesitz als allseits geachteter Konsul. Seine außerehelichen Affären wurden geflissentlich übersehen, wurde man doch gerne zu seinen legendären Abendessen eingeladen.

Magda stellte ihre Tasche in der zweckmäßig eingerichteten Küche ab, zog die Vorhänge auf und machte zuerst den morgendlichen Tee für die Konsulin. Gewöhnlich nahm sie ihn nach englischer Tradition im Bett ein. Der Konsul saß da schon meistens mit seinem Kaffee im Arbeitszimmer und wollte nicht gestört werden.

Die dünnwandige Porzellantasse mit dem passenden Milchkännchen arrangierte Magda auf dem schwarzen Lacktablett, auf das eine chinesische Landschaft gemalt worden war. Als das Wasser kochte, füllte sie es in die kleine Silberkanne, in der die genau abgemessene Anzahl an zwei ein Viertel gestrichenen Teelöffeln von Earl Grey Blättern darauf wartete, ihren Duft zu entfalten. Mit dem Tablett in der Hand stieg Magda die breite Treppe hinauf zum Schlafzimmer der Konsulin. Mit ihrem rechten Ellenbogen drückte sie vorsichtig die Klinke hinunter und betrat das geräumige Schlafzimmer. Zuerst stellte sie das Tablett auf einem zierlichen Louis-seize Tischchen ab, um dann die schweren Damastvorhänge aufzuziehen. Magda drehte sich zu dem wuchtigen Himmelbett um, das selbst für Joséphine, Kaiserin von Frankreich, angemessen gewesen wäre, zuckte zusammen und schrie auf.

Vor dem Bett saß Madame auf einem der weiß lackierten und teilweise vergoldeten Stühle, die zur französischen Einrichtung passten. Ihre Hände waren hinter der Lehne gefesselt und über ihren Mund klebte ein grauer Streifen, mit dem sonst Rohranschlüsse abgedichtet wurden.

»Madame!« Magda ging auf ihre Arbeitgeberin zu.

»Mhmhmhh«, kam es von ihr zurück, wobei sie ihren Kopf, der ein wenig einem Adler glich, vorstreckte.

Magda fasste sich ein Herz und zog den Klebestreifen mit zitternden Händen ab. Es war Glück für die Konsulin, dass sie ihr Gesicht abends dick mit einer Anti-Faltencreme eingeschmiert hatte, dadurch haftete der Streifen nicht ganz so fest.

»Keine Polizei«, lauteten ihre ersten Worte. »Magda, keine Polizei. Mein Mann ist entführt worden.«

Magda hatte Schwierigkeiten, diese ganzen Informationen zu verarbeiten. Darum stand sie zunächst einfach starr da, bis die Konsulin ungehalten wurde. »Schneiden Sie mich doch endlich los!«

Magda reagierte nicht, sondern zeigte auf ihre Stirn. »Da klebt etwas.« Ein Zettel war an der Stirn der Konsulin befestigt worden. Das Klebeband riss ein paar ihrer sorgsam blondierten und ondulierten Locken mit. Die Konsulin schrie auf und fasste sich an den Kopf, als würde sie erwarten, eine Glatze unter ihren Fingerkuppen zu spüren.

Magda faltete den Zettel auseinander. »Den Löwen zum Fraß vorgeworfen überlebt nur der Gute«, las sie vor. Verblüfft schaute sie die Konsulin an. »Ich glaube, man hat den Herrn Konsul in einen Löwenkäfig gesteckt.«

»Magda, wir haben keine Löwen in Berchtesgaden, und jetzt machen Sie mich endlich los. Meine Hände sind schon ganz taub.«

»Natürlich, Madame.«

Mit dem Nagelzwicker, mit dem sie sonst die durch das lebenslange Tragen von hochhackigen Schuhen verkrümmten Zehen schnitt, löste sie die Kabelbinder.

»Ins Bett«, bat sie und Magda half ihr, sich hinzulegen.

»Die kamen in der Nacht«, berichtete sie, was vorgefallen war. »Einer stürzte in mein Zimmer, riss mich heraus und fesselte mich auf dem Stuhl. ›Keine Polizei, sonst stirbt Ihr Mann sofort‹, flüsterte er mir mit einer dunklen verstellten Stimme zu.« Die Konsulin machte sie Magda vor, dabei hörte sie sich an wie ein heiserer Darth Vader.

»Dann habe ich es im Arbeitszimmer noch rumpeln gehört, kurz darauf war alles wieder ruhig. Richtig gespenstisch.«

Magda drückte ihr eine Tasse Tee in die Hand, die würde Madame wieder etwas aufrichten.

»Was machen wir nur? Mein Mann entführt, keine Polizei und eine rätselhafte Botschaft auf meinem Kopf.«

Geistesabwesend hob Magda das Kleid vom Boden auf, das die Konsulin am Abend achtlos hatte fallen gelassen und hängte es auf einen Kleiderbügel. Magda war vielleicht nicht das, was man intellektuell nennen würde, aber sie hatte einen gesunden Menschenverstand. Darum war ihr klar, dass sie Hilfe brauchten.

»Ich glaube, ich weiß, wer uns helfen kann. Meine Freundin Katherl hat ein Näschen für entführte Konsuln und rätselhafte Botschaften.«

Es dauerte nicht lange, da stand Katherl neben dem Himmelbett, in dem die Konsulin fast zwischen ihren vielen Kissen verschwand, und ließ sich genau erzählen, was passiert war. Wasti wartete, von der Pracht des Hauses ein wenig eingeschüchtert, an der Tür. Als sich herausstellte, dass noch keine im Arbeitszimmer oder Schlafzimmer des Konsuls nachgeschaut hatte, schickte Katherl Wasti zusammen mit Magda hinüber. Mit dem starken Wasti an ihrer Seite traute sich das die Haushälterin.

Das Bett war zerwühlt und ein umgeworfener Stuhl lag mitten im Zimmer, aber vom Konsul gab es keine Spur. Wasti ging in das angrenzende Badezimmer. Das ist kein Badezimmer, fand er, das ist ein Badepalast. Sein eigenes Wohnzimmer war nicht einmal so groß. Die vergoldeten Armaturen, das mit Efeuranken handbemalte Porzellanwaschbecken und die riesige Badewanne machten Wasti sprachlos. Auf der Ablage aus geschliffenem Glas über dem Waschbecken standen haufenweise Medikamentenschachteln. Nur in dem Zahnputzbecher steckte eine Zahnbürste, die schon bessere Tage gesehen hatte. Ihr Anblick beruhigte Wasti, sagte er ihm, dass auch der Konsul nur ein normaler Mensch war.

»Sind die Medikamente wichtig?«, fragte er Magda.

»Er muss zwei Mal am Tag Insulin spritzen und seine Herztabletten braucht er auch unbedingt. Wenn er die nicht einnimmt, dann …« Der Rest des Satzes blieb in dem gekachelten Raum stehen wie feuchter Dampf nach einem zu heißen Bad.

Als sie beide zurück ins Schlafzimmer kamen, starrte Katherl auf die Nachricht.

»Eine Lösegeldforderung ist das nicht. Die nächsten Löwen, die ich kenne, leben im **Salzburger Zoo** 94, aber die fressen jeden, ob gut oder nicht.« Katherl schaute die Konsulin an. »Ihr Mann, ist er ein Guter?«

Sie zuckte mit den Schultern. »Das ist bei seinem Lebenswandel ein wenig Ansichtssache. Einerseits unterstützt er viele sozialen Einrichtungen. Andererseits …«, hier zögerte die Konsulin. »Ich will es so sagen. Wenn mein Mann umgebracht wird, gehöre ich zu den Hauptverdächtigen. Grund ist sein Hobby, für das er inzwischen diese kleinen blauen Pillen braucht.«

»Ich verstehe. Was ist mit den anderen Medikamenten?«

»Ohne sie wird er kaum den Tag überleben.« Sie faltete die Hände über die Seidensteppdecke. »Ich weiß, Sie werden mir nicht glauben«, sagte sie ruhig zu Katherl, bei der sie das ungewöhnliche Gefühl hatte, mit ihr auf gleicher Augenhöhe zu reden, »aber ich liebe meinen Mann. Darum bitte ich Sie, ihn zu finden. Unbedingt!« Ihre Augen wurden feucht und sie drehte den Kopf weg.

»Wir bemühen uns. Aber sind Sie sicher, dass Sie nicht die Polizei benachrichtigen wollen?«

Die Konsulin schüttelte den Kopf. »Da war der Entführer eindeutig. Das Risiko will ich nicht eingehen.«

»Magda, du bleibst bei der Konsulin. Sollte eine Lösegeldforderung eintreffen, dann ruft sofort an. Aber ich glaube das nicht. Hier geht es um etwas ganz anderes. Wasti und ich gehen dem rätselhaftem Hinweis nach.« Magda schien keinen Gefallen daran zu finden, alleine mit der Konsulin in dem großen Haus zurückzubleiben, aber Katherl und Wasti eilten einfach die Treppe hinunter und ließen sie stehen. Auf halbem Weg stoppte Katherl, mitten unter dem Kristallleuchter, und wandte sich an Wasti: »Es sind keine echten Löwen gemeint. Die können nicht zwischen guten und schlechten Menschen unterscheiden.«

»Was sollen dann falsche Löwen sein?«

»Keine falschen Löwen, sondern nicht lebendige Löwen. Komm Wasti, ich weiß, welche Löwen damit gemeint sind.«

Damit eilte sie die restlichen Stufen hinunter.

»Zum Schlossplatz«, wies sie Wasti an.

»Dort gibt es meines Wissens keine Löwen.«

»Dort nicht, aber dahinter, im Kreuzgang.«

Wasti parkte mitten auf dem Schlossplatz, was eigentlich verboten war, aber Katherl hatte nichts von Straßenverkehrsordnung und Politessen hören wollen. Ein Durchgang führte zum **romanischen Kreuzgang** 95. Kühl war es um die Uhrzeit und ruhig. Nur das Plätschern des kleinen Brunnens an einer Ecke war zu hören. Katherl lief über die am Boden eingelassenen Grabsteine der Fürstpröpste auf die andere Seite, Wasti immer hinterher.

»Hier, schau! Lauter Löwen.« Sie zeigte auf die Kapitelle der Säulen. Tatsächlich, neben menschlichen Figuren waren auch Löwen aus dem Stein gehauen.

»Komisch sehen sie schon aus.«

»Der Bildhauer damals hatte sicher nie in seinem Leben einen richtigen Löwen gesehen. Er kannte ihn nur aus anderen Darstellungen.« Eingehend betrachtete Katherl die Darstellungen. »Ich habe einmal eine kunstgeschichtliche Führung mitgemacht, da wurden die Figuren erklärt.«

Sie zeigte auf einen Mann, der aussah, als hätte ein Kind ihn gemalt, rundes Gesicht und dreieckige Nase und Kugelaugen. »Das ist Daniel in der Löwengrube. Man sieht, wie er zwei Löwen an den Hinterfüßen hält. Der babylonische König ließ ihn zu den Löwen sperren, weil Daniel sich weigerte, ihn als Gott anzubeten. Doch Daniel, im Glauben treu, blieb unverletzt.«

»Ein Guter, der von den Löwen verschont wurde«, zitierte Wasti den Hinweis des Entführers. »Aber der Konsul ist hier nirgends zu sehen.«

»Das hatte ich auch nicht erwartet. Hier will jemand mit uns eine grausame Schnitzeljagd machen. Ihm geht es nicht um Lösegeld, sondern um etwas ganz anderes. Untersuchen wir die Löwen einmal genauer.«

Tatsächlich fand Wasti ein graues Röhrchen, das unter einer der Krallen geklebt gewesen war. Beide waren sie so aufgeregt, dass es etwas dauerte, bis sie das zusammengerollte Papier darinnen herausziehen konnten.

»Das Eis der Zeit schleift weich den Stein, am Ende wird Gerechtigkeit sein.«

Wortlos reichte Wasti den Zettel weiter. Katherl drehte ihn hin und her, um vielleicht einen weiteren Hinweis darauf zu entdecken, der etwas hilfreicher war. Aber es blieb bei diesem einen Satz.

»Was soll das bedeuten? Eis und Zeit, Stein und Gerechtigkeit.«

»Eiszeit!«, platzte es aus Wasti heraus. »Eiszeit ist damit gemeint.«

»Das kann vieles bedeuten«, bremste ihn Katherl ein. »Die ganzen Berge sind während der Eiszeit entstanden.«

»Aber weicher Stein.« Wasti fuhr mit seinen Händen über die Säule. »Die ist glatt, weil ein Steinmetz sie glatt gemacht hat. Wo gibt es bei uns glatten, also weichen Stein, den die Eiszeit bearbeitet hat?« Wasti schaute Katherl an und beide riefen gleichzeitig: »Der **Gletschergarten** 96!«

Der Schlossverwalter stand am Fenster und ärgerte sich über das Auto, das mitten auf seinem Platz direkt neben dem Brunnen geparkt war.

»Eine Frechheit«, murmelte er. Doch als ein Mann und eine Frau aus dem Zugang zum Kreuzgang herauseilten, ins Auto sprangen und mit durchdrehende Reifen wegfuhren, dass die sorgsam gerechten Kieselsteine nur so herumspritzten, schüttelte er nur verständnislos den Kopf. Die Berchtesgadener hatten keine Achtung vor der Geschichte und der Würde des Hauses Wittelsbach. »Zu Prinzregentszeiten war das auch noch anders.«

Der Gletschergarten lag an der Alpenstraße kurz vor Weißbach. Wasti hatte sich in die Straßenkurven gelegt, als säßen sie in einem Formel-1-Bolliden und führen durch Monaco. Um die Uhrzeit lag der Parkplatz verlassen da. Sie hörten die **Weißbachfälle** 97 tief unten rauschen, doch sie interessierte das, was auf der anderen Straßenseite lag. Angesichts der großen Steinfläche war ihre anfängliche Euphorie schnell verflogen. Der Konsul hockte nicht mitten auf den Steinen, was ihnen allerdings entgegengekommen wäre. Wie sollten sie hier einen Hinweis finden?

»Zeig noch einmal den Zettel.« Katherl nahm ihn und las der Reihe nach die Hauptwörter vor.

»Eis, Zeit, Stein, Ende, Gerechtigkeit. Eiszeit haben wir, vielleicht ist Steinende gemeint.« Sie schaute auf die vor Jahrmillionen glatt geschliffenen Steine. »Gehen wir den

Weg hoch, irgendwie glaube ich, müssen wir zum Ende der Steine gelangen. Bis zur **Himmelsleiter** 98 werden wir hoffentlich nicht geschickt.«

Links des Gletschergartens führten Stufen hinauf. Während der Fels am unteren Ende steil war, wurde er oben flacher.

»Wasti, kletter mal dort drüben hinauf.« Katherl zeigte zum entlegenen Ende. »Aber pass auf.« Behände ging Wasti über die Steine und der Ausdruck »weich« passte durchaus zu ihnen.

»Da ist etwas.« Wasti kletterte zu einem kleinen Vorsprung und rief: »Ich habe was gefunden.« Er drehte sich zu Katherl um. »Es ist ein Eisblock!« Wasti nahm ihn hoch und stieg mit ihm zurück. Das musste der nächste Hinweis sein, denn um diese Jahreszeit gab es keine Eisblöcke mehr, außer im Blaueisgletscher oder im Watzmannkar.

»Mann ist der kalt.« Wasti ließ den Block auf den Boden gleiten und rieb die Hände aneinander. Katherl hockte sich hin.

»Da ist etwas eingefroren. Ich kann aber nicht erkennen, was es ist. Wir müssen das Eis wegtauen.«

»Bis das Eis geschmolzen ist, hat sich der Konsul längst verabschiedet. Wir müssen nachhelfen.«

»Vielleicht mit einem Hammer, aber dann besteht die Gefahr, dass wir den Hinweis zerstören. Hitze wäre am einfachsten.«

Wasti griff den Gedanken auf. »Einen Backofen bräuchten wir. Nur bis wir wieder zu Hause sind, vergeht zu viel Zeit.«

»Der Seewirt am Thumsee«, fiel es Katherl ein. »Der ist ganz in der Nähe. Dort fragen wir.«

Sie luden den Eisblock ein und fuhren die enge Straße

bis Schneizlreuth zurück. Dort bogen sie links ab und kamen kurz danach zur Einfahrt des Seewirts, der direkt am Thumsee lag. Wasti packte den Eisklotz und sie betraten das Gasthaus. Die Küche lag gleich hinter der kleinen Schanktheke. Katherl setzte ein gewinnendes Lächeln auf und klopfte an. Der Koch staunte nicht schlecht über ihre Bitte. Aber Katherl hatte die Dringlichkeit ihres Anliegens deutlich gemacht, ohne zu viel zu verraten. Der junge Koch zögerte nicht lange und nahm eine große Reine, legte den Eisblock hinein und schob sie in den Ofen. »220 Grad müssten reichen«, sagte er. »Sie wissen nicht, was da eingefroren ist?«

»Nein, wir haben keine Ahnung. Wir müssen es nur so schnell wie möglich herausbekommen.«

»Nun bin ich selber neugierig.« Der Koch öffnete die Ofentür ein wenig. Heißer Wasserdampf quoll hervor. In der Reine stand schon Wasser. »Das braucht noch etwas. Darf ich Ihnen einen Kaffee anbieten? Auch wenn Sie eher ausschauen, als könnten Sie einen Schnaps vertragen.«

Das Angebot nahmen die beiden gerne an und der Koch hantierte an der Kaffeemaschine.

»Setzen Sie sich doch auf unsere Terrasse. Ich hole Sie, sobald das Eis geschmolzen ist.«

Nach Sitzen war Katherl zwar nicht zumute, aber es half ja nichts. Ob sie herumstand oder saß, das Eis schmolz deswegen auch nicht schneller. Darum nahmen sie auf der sonnigen Terrasse Platz, schlürften ihren Kaffee und schauten auf den See. Eine Entenfamilie paddelte an ihnen vorbei. Ein paar frühe Schwimmer zogen ihre Bahnen und es wäre eine idyllische Szene gewesen, wenn nicht ein Menschenleben von diesen seltsamen Hinweisen abhinge.

»Was hältst du von der ganzen Sache? Ein entführter

Konsul und seltsame Botschaften, wer macht so etwas?« Wasti konnte sich keinen Reim darauf machen. »Normalerweise wird doch Lösegeld gefordert.«

»Ich glaube, hier will jemand auf sich aufmerksam machen. Diese Schnitzeljagd hat einen anderen Grund als Lösegeld. Das fordere ich, denke mir einen guten Übergabeort aus und die Sache ist gelaufen. Hier geht es um etwas ganz anderes.«

»Meinst du, der Konsul ist in Gefahr?«

»Wenn ich das nur wüsste. Die fehlenden Medikamente machen mir mehr Sorgen als der Entführer.«

Sicherheitshalber rief Katherl Magda an, aber dort war alles ruhig.

»Die Konsulin döst und ich habe mich mit meinem größten Küchenmesser im Schlafzimmer verschanzt.«

»Hatte der Konsul in letzter Zeit Streit mit jemanden?«

»Das weiß ich nicht. Mit ihm habe ich nicht viel zu tun. Entweder bin ich in der Küche oder mit Madame beschäftigt. Wenn der Konsul in seinem Arbeitszimmer sitzt, will er unter keinen Umständen gestört werden.«

»Kannst du nicht mal nachforschen, ob du irgendwelche Hinweise findest?«

»Ich spinn doch nicht«, kam es empört von Magda zurück. »Ich bleibe hier in Sicherheit.«

Katherl seufzte. Da der Koch in dem Augenblick herausgestürzt kam, verabschiedete sie sich und legte auf. Katherl und Wasti sprangen auf und liefen dem Koch entgegen. Mit zwei Topflappen holte er den Bräter heraus und stellte ihn auf die Arbeitsplatte aus Edelstahl. Alle drei starrten hinein. In dem Schmelzwasser stand eine weiße Porzellanschüssel, in der ein Stein lag. Wasti und Katherl waren sprachlos.

»Steinsuppe«, sagte der Koch und holte die noch heiße

Schüssel heraus. Er schaute die beiden mitleidig an. »Hilf Ihnen das weiter?«

»Ganz und gar nicht«, gestand Katherl.

»Mir fällt dazu gar nichts ein. Gibt es wenigstens irgendeinen Aufdruck? Porzellan hat doch unten immer das Firmenzeichen. Wie die gekreuzten Schwerter fürs Meißner Porzellan.«

»Wasti, du bist genial«, freute sich Katherl. Aber sie wurde enttäuscht. Kein Logo oder sonstiges Zeichen. Auch der Stein war nur ein gewöhnlicher Stein, ohne irgendwelche Beschriftung. Das war der ganze Hinweis. Eine weiße Schüssel und ein Stein. Katherl versuchte sich zu konzentrieren, aber sie merkte, dass ihr gar nichts dazu einfallen wollte.

Ein Geräusch ließ die drei aufschauen. Die Bedienung war gekommen, hängte ihre Jacke an die Garderobe, nahm ihre graue Schürze, band sie sich um und kam dabei langsam zu der Dreiergruppe herüber. Sie grüßte den Koch und schaute auf den Tisch. »Sollen das die neuen Schalen für den Salat werden?«, fragte sie. Sie dachte, Wasti und Katherl wären von einer Firma für Hotelbedarf.

»Schalen«, rief Katherl. »Nicht Schüssel sondern Schale. Wir haben nur das falsche Wort genommen.«

»Schüssel oder Schale, wo ist da der Unterschied?« Wasti war nicht überzeugt.

»Schale und Stein, das macht zusammen Schalenstein.« Katherl betonte das besonders deutlich, als wäre Wasti schwer von Begriff. Was er in dem Moment tatsächlich war. Allerdings schaute der Koch nicht klüger drein. Nur die Bedienung wusste, was Katherl meinte, wenn sie auch nicht verstand, warum das solche Erleichterung bei der Frau auslöste.

»Einen Schalenstein gibt es doch hier irgendwo in der Nähe. Ich habe darüber in der Zeitung gelesen.«

»Im **Nonnerl Kircherl** 99 in Bad Reichenhall befindet sich einer«, wusste Katherl.

»Ein was?«, fragten Wasti und der Koch gleichzeitig.

»Ein Schalenstein. Das ist ein Stein, in den sieben Vertiefungen wie Schalen hineingehauen sind«, erklärte die Bedienung. »Man weiß nur nicht, welchem Zweck das diente.«

»Dann nichts wie los.« Katherl packte die Schale und den Stein, bedankte sich vielmals bei dem Koch und der Bedienung und versprach, bald einmal zum Essen zu kommen und ihnen alles näher zu erklären. »Wir haben es eilig.«

Weit war es nicht bis zum Ortsteil Nonn, das auch Sonnenhang von Bad Reichenhall genannt wurde. Die kleine Kirche bot einen schönen Ausblick über die Stadt. Doch dafür hatten Katherl und Wasti kein Auge. Sie interessierten sich nur für den Schalenstein, der links vom Seiteneingang in die Wand eingemauert war. Tatsächlich glichen die sieben Vertiefungen in ihrer Größe der Schale aus dem Eis. Alle waren leer, bis auf eine. In ihr lag eine weiße Plastikscheibe. Vorsichtig nahm sie Wasti hoch, als befürchtete er, eine Explosion damit auszulösen. Die Plastikscheibe hatte die Größe eines zwei Euro Stücks, nur war sie etwas dicker.

»Katherl, was ist das?«

»Ich habe keine Ahnung.«

»Es erinnert mich ein wenig an einen Chip beim Roulette. Könnte es aus der Spielbank stammen?«

»Dann hätte es irgendeinen Aufdruck.« Katherl suchte noch einmal den ganzen Stein ab, aber das weiße Ding blieb der einzige Hinweis.

»Du weißt es nicht, ich weiß es nicht, wir brauchen definitiv Hilfe.« Wasti drehte sich um, schirmte sein Gesicht mit der Hand gegen die Sonne ab und starrte hinunter. Katherl betrachtete ihn und dann das weiße Ding und meinte dann: »Du hast recht. Wir brauchen Hilfe. Wir brauchen eine Auskunft.«

»Nur gibt es da unten keine Auskunft für seltsame Hinweise.«

»Es gibt aber eine Auskunft.«

»Die Telefonauskunft wird uns in dem Fall nicht weiterhelfen.«

»Die meinte ich auch nicht. Aber wir könnten in der Touristinformation fragen. Die wissen über vieles in der Region Bescheid.«

»Touristinformation, ist das dein Ernst?«

»Hast du einen besseren Vorschlag?«

Wortlos stieg Wasti ins Auto.

Die Touristinformation lag im Gebäude der Spielbank und die Damen hinter der Theke wirkten durchaus nicht überrascht über die Frage, die ihnen das ältere Paar stellte. Sie waren schon alles gefragt worden und waren bemüht, selbst bei den dümmsten Fragen, die sich ein Tourist ausdenken konnte, ruhig zu bleiben.

»Wissen Sie, was das ist?« Katherl legte ohne viel Hoffnung der freundlichen Mitarbeiterin die weiße Münze auf die Theke.

»Ja klar«, kam prompt die Antwort. Sie hatte nicht einmal richtig hingeschaut. »Das ist ein Schlüsselchip für einen Spind aus der **Rupertus Therme** 100.«

»Aber da steht gar keine Nummer drauf. Woher weiß ich dann, zu welchem Spind er passt?« Wasti hatte schneller verstanden als Katherl, was die Frau damit gemeint hatte.

»Sie halten den Chip an eine Tafel im Umkleidebereich, die zeigt ihnen dann die auf dem Chip gespeicherte Spindnummer an. Alles elektronisch heutzutage. Haben Sie den Chip aus Versehen mitgenommen?«

»Nein, den haben wir gefunden und werden ihn umgehend zurückbringen«, versprach Katherl.

»Darauf können Sie sich verlassen«, bestätigte Wasti und schon waren sie aus der Tür draußen.

»Dann gehen wir eine Runde Schwimmen. Ich hoffe, du hast deine Badehose dabei«, sagte Katherl, als sie wieder ins Auto stiegen.

»Nach Baden ist mir im Augenblick gar nicht zumute. Ich bin gespannt, was wir in dem Spind finden werden.«

»Ich habe das dunkle Gefühl, der Konsul wird es immer noch nicht sein.«

Die Rupertus Therme lag keine fünf Minuten entfernt und kaum hatte Wasti geparkt, eilte er schon auf den Eingang zu. Katherl setzte sich draußen auf eine Bank und rief Magda an.

»Wie lange wird der Konsul noch ohne seine Medizin auskommen?«

»Die Konsulin meint, höchstens zwei Stunden. Wenn er nichts zu essen bekommt, dann sogar noch weniger.«

»Wir folgen den immer neuen Botschaften des Entführers. Er spielt mit uns. Aber ich weiß nicht, was das Ziel seines Spiels sein soll. Sag der Konsulin, dass wir in einer Stunde die Polizei verständigen, wenn wir ihren Mann bis dahin nicht gefunden haben.«

»Beeilt euch bitte. Die Konsulin beginnt langsam durchzudrehen und das Wort Polizei darf ich überhaupt gar nicht erwähnen. Ich habe es ihr immer wieder vorgeschlagen, aber sie hat Angst, damit ihren Mann erst recht zu gefährden.«

»Diese Schnitzeljagd kann nicht ewig weitergehen. Irgendwann muss sich der Entführer zeigen oder mitteilen, was er damit bezweckt.«

Katherl verabschiedete sich von ihrer Freundin. Magda war eine gute Seele, und Katherl hoffte, dass die Konsulin wusste, was sie an ihr hatte.

Trotz der Anspannung tat ihr die Ruhe auf der Bank gut. Die Thermenbesucher schlenderten an ihr vorbei, die Vögel zwitscherten und Katherl ließ das bisher Erlebte Revue passieren. Es gab da ein Gefühl in ihr, das die ganze Zeit da gewesen war, das sie aber wegen der Hektik nicht wahrgenommen hatte. Es war eine Ahnung, was diese unterschiedlichen Orte miteinander verband. Einmal hatte sie es heute für den Bruchteil einer Sekunde sogar gewusst, bildete sie sich im Nachhinein ein. Nur was war es gewesen? Schritt für Schritt ging sie alle Stationen durch. Ihr Magen grummelte zwischendurch, denn außer dem Kaffee im Seewirt hatte sie heute noch nicht viel zu sich genommen. Der Seewirt! Katherl wurde nervös, was ein gutes Zeichen war, das wusste sie. Sie sah sich mit Wasti und dem Koch um die Schale mit dem Stein herumstehen. Sah die Bedienung, die ihnen half, das Rätsel zu lösen. Und dann fiel es ihr wieder ein. Alles fügte sich zusammen und Katherl wusste, was die Orte miteinander verband. Besser noch, sie wusste sogar, wohin sie der Hinweis aus dem Spind schicken würde.

Indessen hatte Wasti eine Vier-Stunden-Karte gelöst und irrte zuerst zwischen den Umkleidekabinen umher, bis er die elektronische Tafel gefunden hatte. Er holte den Chip heraus und hielt ihn an das markierte Feld. Tatsächlich, auf der Anzeige erschien eine »78«. Um sicherzugehen, probierte er es erneut und wieder erschien die Zahl. Dann machte er sich auf die Suche nach dem dazugehörigen Spind. Eigentlich waren sie ganz logisch durchnummeriert, aber wenn man angespannt war, weil ein Menschenleben auf dem Spiel stand, konnte man schon zwei, drei Mal am richtigen vorbei gehen. Wasti war kurz davor, panisch zu werden, als er schließlich die »73« fand. Von der zählte er sich vorwärts, bis er vor der »78« stand. Hier warf er den Chip ein, es klackerte, Wasti drehte am Griff und zog die Tür auf. Er wusste sofort, wo sie als Nächstes hingehen mussten. Stolz rannte er nach draußen. Schon beim Ausgang winkte er Katherl aufgeregt zu.

»Wir müssen ins Porsche-Museum«, rief sie ihm zu. Abrupt blieb Wasti stehen und schaute sie entgeistert an. Wie hatte sie das herausbekommen? Einfach, weil sie in Ruhe auf der Bank gesessen war?

»Das wollte ich auch gerade sagen.« Wasti hielt eine Modelleisenbahn hoch. »Das muss die große Eisenbahnanlage im Porsche-Museum sein. Dort finden wir den nächsten Hinweis. Also nichts wie los!«

Katherl blieb sitzen. »Ich muss vorher mit dem Berchtesgadener Anzeiger telefonieren.«

»Willst du jetzt mit der Geschichte an die Presse gehen? Katherl, wenn die sagen ›keine Polizei!‹, dann meinen die sicher auch ›keine Presse!‹«

»Ich will ihnen nichts von der Entführung erzählen. Aber über alle Orte bisher stand im Berchtesgadener Anzeiger in den letzten Monaten ein Artikel. Es war eine Reihe, in der die Geschichte des Berchtesgadener Landes anhand verschiedener Orte erzählt wurde. Gut und interessant geschrieben. Über das **Hans-Peter Porsche Traum-Werk** 101 bei **Anger** 102 war der letzte Artikel, erst vor ein paar Tagen abgedruckt.« Katherl wählte die Nummer des Anzeigers, die sie auswendig wusste, stand sie viele Jahre vorne auf der Zeitung drauf, und so hatte sie sie fast jeden Tag automatisch gelesen.

»Wenn wir Glück haben, kann die Redaktion uns den nächsten Ort sagen.« Während es läutete, sagte sie noch schnell: »Außerdem weiß ich, wer der Entführer ist.«

Das war ein wenig viel für Wasti. Katherl überraschte ihn immer wieder. Stolz sah er seine Freundin an, und Katherl, die gerade mit dem Redaktionsleiter sprach, spürte den Blick. Ihre Wangen wären rot geworden, wenn sie es nicht sowieso schon vor Aufregung gewesen wären. Katherl konnte den Journalisten überzeugen, dass es wichtig für sie war zu wissen, von welchem Ort der nächste Artikel handeln würde. Mit einem herzlichen »vergelt's Gott« legte sie auf.

»Es ist die **Teufelshöhle** 103 auf der Bürgermeisterhöhe hier in Reichenhall«, berichtete sie Wasti. »Der Entführer hat sich bisher genau an die Reihenfolge der Artikel gehalten. Darum ist das unser nächster Ort.«

»Wer ist nun der Entführer?«

»Ganz einfach! Der Autor der Artikel.« Katherl machte eine Kunstpause. »Es ist der Kreisheimatpfleger Wolfgang Muriegl. Er hat die Berichte geschrieben und er hat den Konsul entführt. Nur warum, das weiß ich noch nicht.«

»Die Teufelshöhle, das klingt passend«, fand Wasti.

»Und sie ist ein idealer Ort, um ein Entführungsopfer abzulegen. Ich vermute, wir sind am Ende der Schnitzeljagd angekommen.«

Während sie durch Bad Reichenhall fuhren, telefonierte Katherl mit der Konsulin.

»Mein Mann hatte mit dem Kreisheimatpfleger Muriegl über ein Buchprojekt verhandelt. Es ging irgendwie um die Geschichte des Landkreises, anhand von ausgewählten Orten erzählt«, konnte sie bestätigen. »Er wollte es finanzieren. Aber die beiden haben sich irgendwie über den Inhalt nicht einigen können, deswegen hat mein Mann das Projekt gestoppt.«

»Warum haben Sie uns das nicht schon früher erzählt?«

»Das war doch nicht wirklich wichtig, ich bitte Sie.«

Dem Kreisheimatpfleger schien es aber wichtig genug, jemanden dafür zu entführen.

Wasti parkte das Auto am ehemaligen Gasthaus Schroffen. Der Weg führte hinauf zur sogenannten Bürgermeisterhöhe. Nicht weit im Wald lag das felsige Gebiet, das zur Teufelshöhle führte.

»Ich gehe vor und du gibst mir Rückendeckung. Nicht dass Muriegl uns hier irgendwo auflauert«, wies Katherl Wasti an.

Der duckte sich hinter einen der Felsen und beobachtete konzentriert die Umgebung. Jedes Knacken im Wald ließ ihn hektisch umherschauen. Der grausige, auf den Fels gemalte Teufel, der den Eingang zur Höhle markierte, sorgte nicht unbedingt für Entspannung.

Katherl war in die kleine Schlucht vorgedrungen, an deren Ende der Höhleneingang lag. Er war schmal und Katherl musste sich hindurchzwängen. Erst ärgerte sie sich, dass sie keine Taschenlampe mitgenommen hatte, aber im Dämmerlicht sah sie die massige Gestalt des Konsuls sitzen. Sie beugte sich zu ihm hinunter. Er war schweißgebadet und es war ihm anzumerken, dass er dringend seine Medikamente brauchte. Katherl riss das graue Klebeband von seinem Mund, was für ihn wesentlich schmerzhafter war, als bei seiner dick eingecremten Frau. Der Konsul stöhnte auf. Katherl ließ alle Vorsicht fahren und rief Wasti herbei, der mit seinem Taschenmesser die Kabelbinder durchschnitt, nachdem er die Rettungsleitstelle informiert hatte. Wie bei seiner Frau, klebte auch dem Konsul ein Zettel auf der Stirn. Katherl zog ihn ab, faltete ihn auseinander und las: »Wissen ist wichtig«

Der Kreisheimatpfleger hatte seinen Standpunkt deutlich gemacht.

Die Entenfamilie drehte auf dem Thumsee ihre Kreise. Katherl legte ihr Besteck auf ihren ratzeputz leer gegessenen Teller.

»Das war sehr fein«, sagte sie und Wasti bestätigte das. Sie saßen auf der Terrasse des Seewirts, genossen das Essen und die herrliche Stimmung am See. Der Koch brachte höchstpersönlich die Nachspeise an ihren Tisch und setzte sich zu ihnen.

»Was steckt nun hinter der ganzen Geschichte«, wollte er wissen. »Ich habe in der Zeitung darüber gelesen, das ist ja eine richtige Räuberpistole!«

Katherl und Wasti erzählten abwechselnd von der Entführung und der Schnitzeljagd quer durch das Berchtesgadener Land.

»Konnte der Kreisheimatpfleger schon überführt werden?«

»Noch nicht. Er leugnet alles und spricht von einem Trittbrettfahrer, der seine Artikel als Vorbild genommen hätte. Die Polizei ermittelt noch.« Für Katherl lag der Fall klar, aber Beweise gab es bisher keine.

»Muriegl wollte sich rächen, weil sein Buch, das er als sein Lebenswerk ansah, nicht gedruckt werden sollte.«

»Das zeigt«, sagte Wasti und lehnte sich satt und zufrieden zurück, »wie wichtig es ist, sich mit der eigenen Geschichte und der Region, in der man lebt, auszukennen. Heimatkunde kann Leben retten.«

94 Der **Salzburger Zoo** bietet 140 Tierarten aus aller Welt ein Zuhause. Heimische Tiere wie der Alpensteinbock kann man in den großzügigen Gehegen genauso beobachten wie exotische Tierarten aus der ganzen Welt. Der Nachtzoo bietet ein besonderes Erlebnis, denn die nachtaktiven Tiere können zu dieser Tageszeit am besten erlebt werden.

95 Der **romanische Kreuzgang** in Berchtesgaden ist kunsthistorisch bedeutsam. Die Darstellungen an den Säulen zeigen den ewigen Kampf zwischen Gut und Böse. Als lauschiger Ort voller Stille entfaltet er eine meditative Atmosphäre.

96 Die unglaublichen Kräfte des Salzach-Saalach-Gletschers lassen sich im **Gletschergarten** bei Weißbach an der Alpenstraße erahnen. Ein Stück des Gletscheruntergrundes ist freigelegt. Der Fels wurde blank poliert und das Eis hat sogenannte Gletscherschliffe erzeugt. Dazwischen hatte das Wasser die Riesengletschertöpfe ausgehöhlt.

97 Ein Geheimtipp sind die **Weißbachfälle**. Gegenüber des Gletschergartens führt eine Treppe in die Weißbachschlucht hinunter. Die Treppenstufen sind etwas wacklig und glitschig, also Vorsicht! Doch die Schlucht und das über drei Kaskaden fallende Wasser sind den Abstieg wert.

98 Geht man den Weg vom Gletschergarten weiter, gelangt man zur **Himmelsleiter** – einem bayerischen Industriedenkmal von Rang. Die 444 Leiterstufen führten zu einer Pumpstation, mit der die Sole bis nach Traunstein gepumpt wurde. Wer sich beim Hochgehen verzählt, muss wieder von vorn anfangen!

99 In der **Kirche St. Georg zu Nonn** verschmelzen spätgotische Formen mit Einbauten aus dem 19. Jahrhundert. Gerade für Hochzeiten ist das Nonner Kircherl, wie es die Reichenhaller nennen, sehr beliebt. Die sonnige Lage und der schöne Ausblick schaffen ein passendes Umfeld für den Start in die Ehe.

100 Das Erlebnis-Bad **Rupertus Therme** macht seinem Namen alle Ehre. Denn viel zu erleben gibt es in jedem seiner verschiedenen Wasserbecken. Es gibt zwei Bereiche, einer zum Thema Therme und Wellness, der andere ist ein Sport- und Familienbad. Die Saunalandschaft ist gerade bei allen Bergwanderern als entspannender Abschluss einer Bergtour beliebt. Die Watzmanntherme in Berchtesgaden bietet ebenfalls reichlich Badespaß.

101 Das **Hans-Peter Porsche TraumWerk** zeigt Spielzeug verschiedenster Zeitepochen. Vom Teddybär bis zum Blechspielzeug wird alles in dem modernen Bau ausgestellt. Herzstück ist die 550 Quadratmeter große Modelleisenbahn der Spurweite HO. Die Züge fahren durch bekannte Landschaften, die detailgetreu nachgebaut wurden. In Sonderausstellungen

wird auch der eine oder andere Porsche-Flitzer zu sehen sein.

102 König Ludwig I. ernannte **Anger** zum schönsten Dorf in seinem Königreich. Ob es das heute noch ist sei dahingestellt, aber als Ausgangspunkt das Berchtesgadener Land zu erkunden liegt es ideal. Die Kirche am Ende des auf einer Anhöhe gelegenen Dorfplatzes ist schon von weithin sichtbar.

103 Spaziert man über die Bürgermeisterhöhe, gelangt man automatisch zur **Teufelshöhle**. Von dem bergauf-bergab-führenden Weg bieten sich immer wieder schöne Aussichtspunkte. Ein guter Ausgangspunkt bietet der kleine Parkplatz zwischen dem Ortsteil Karlstein und dem Thumsee.

BRENN, BUTTNMANDL, BRENN!

Ein kalter Wind pfiff über den Bahnsteig des **Berchtesgadener Bahnhofs** 104. Einzelne Schneeflocken trieben über die Gleise und verfingen sich in dem vertrockneten Unkraut, das noch aus dem Schnee ragte. Katherl band sich ihr Kopftuch fester und steckte ihre Hände tiefer in die Taschen ihrer gewirkten Wolljacke. Pünktlich mit dem ersten Dezember hatte es zu schneien begonnen. Die Temperaturen waren nach den letzten sonnigen Spätherbsttagen rapide gefallen und der Winter hatte in Berchtesgaden Einzug gehalten. Das kalte Wetter tat gut, vor allem da es eine trockene Kälte war, die den Geist belebte und den Menschen im Tal frisch in die Glieder fuhr. Doch seitdem sie älter geworden war, merkte Katherl die Temperaturen in ihren Gelenken. Die wollten dann nicht mehr ganz so wie sie. Ich bin eben kein junges Dirndl mehr, das den ganzen Sommer barfuß herumläuft und erst mit dem ersten Schnee Socken anzieht, musste sie feststellen. Mit Grausen erinnerte sie sich an die gestrickten Strümpfe, die in einen Strumpfhalter eingeknöpft werden mussten. Wie die kratzen konnten! Draußen waren sie zwar warm, aber im Klassenzimmer fingen sie dann furchtbar zu jucken an. Damals, so als zehnjähriges Mädchen, fing auch ihre Brieffreundschaft mit Charlotta an. Eines Tages war die Lehrerin ins Klassenzimmer gekommen und hatte gefragt, wer denn gern eine Brieffreundschaft anfangen würde. Katherls Finger war als einer der ersten nach oben gesaust. »Charlotta

Krottner, Alsterweg 15, Hamburg« war auf dem Zettel gestanden, den die Lehrerin ihr reichte. Gleich am Nachmittag schrieb sie ihren ersten Brief an diese Charlotta. Eine Postkarte vom Watzmann hatte sie auch noch mitgeschickt. So begann vor über 50 Jahren ihre Brieffreundschaft mit Charlotta aus Hamburg. Aus den beiden Mädchen am jeweils anderen Ende Deutschlands wurden junge Frauen und stets blieben sie in Kontakt. Mindestens einmal im Monat schrieben sie sich. Irgendwann kam Charlotta zu Besuch und Katherl fuhr hinauf nach Hamburg, seitdem sahen sich die Freundinnen regelmäßig. Meistens kam Charlotta nach Berchtesgaden, verbrachte später mit ihrem Ehemann ihren Sommerurlaub hier. Seit seinem Tod vor zwei Jahren setzte sie sich wieder allein in den Hamburg-Berchtesgaden-Express. So oft sie schon da gewesen war, noch nie hat sie die Nikolauszeit hier erlebt. »Es wird höchste Zeit, dass du endlich den Nikolaus mit seinen Buttnmandln erlebst«, schrieb Katherl in ihrem letzten Brief. Charlotta hatte sich überreden lassen und beschlossen, dem feuchten Nebelwetter in Hamburg zu entfliehen.

Katherl blickte auf die Bahnhofsuhr. Gleich musste der Zug einfahren. In der Ferne, am Bahnübergang Gmundberg, hörte sie ihn schon pfeifen. Oder war nur der Wind in ein Rohr gefahren? Katherl freute sich darauf, ihrer Freundin aus dem hohen Norden das winterliche Berchtesgaden zu zeigen. Tatsächlich war der Zug pünktlich und kam neben der Ramsauer Straße entlang angefahren. Als der Zug einfuhr, hielt Katherl nach ihrer alten Freundin Ausschau und entdeckte die groß gewachsene, jetzt nicht mehr ganz natürlich blonde Hanseatin, die einen dicken Pelzmantel mit passender Mütze trug. Doch als sie Katherl sah, winkte sie ihr wie ein kleines Schulmädchen aufgeregt zu. Bei der herzhaften Begrüßung verschwand Katherl kurzfristig in dem dicken Pelz.

»Jetzt hätte ich bald keine Luft mehr bekommen«, meinte sie, als sie daraus wieder auftauchte.

»Luft habt ihr hier unten genug. Und was für eine herrlich klare noch dazu.« Tief zog sie die Bergluft ein. »Fast so gut wie unsere Seeluft«, neckte sie Katherl.

»Stimmt, gegen eure würzige Hafenluft stinkt nichts so schnell an«, gab diese zurück. Die beiden kicherten wie junge Mädchen.

Die Koffer und Taschen passten gerade noch in Katherls kleines Auto und als dann Charlotta samt Pelz einstieg, wurde es richtig eng. Vergnügt fuhren sie hinein nach Königssee.

Im Kachelofen war noch etwas Glut und so brauchte Katherl nur ein paar trockene Holzscheite nachlegen, schon brannte ein munteres Feuerchen und wärmte ihre gemütliche Stube, die schon weihnachtlich geschmückt war. Charlotta stellte sich vor den Ofen, streckte ihre Hände aus und genoss die Wärme.

»Pass aber auf, dass deine Klunker nicht das Schmelzen anfangen«, scherzte Katherl und zeigte auf die dicken Goldringe, die an jedem Finger ihrer Freundin steckten.

»Ich würde sie ja runternehmen, aber ich bekomme sie nicht mehr über meine gichtigen Finger.«

»Ich habe eine Säge im Schuppen. Wenn du willst, kann ich dir behilflich sein.« Katherl machte eine sägende Bewegung.

»Ach, Katherl«, lachte Charlotta, »es ist herrlich wieder hier bei dir zu sein. Aber raus mit der Sprache, was ist so Besonders an eurem Nikolaus?«

»Am Nikolaus ist nichts Besonderes, er trägt ein Bischofsgewand und kein rotes Kasperlkostüm wie der Weihnachtsmann. Eben so, wie es sein soll. Es sind seine Begleiter, die so furchterregend sind.«

»Wie etwa der Knecht Ruprecht?«

»So ähnlich, nur ist der Knecht Ruprecht harmlos gegen unsere Buttnmandl.«

»Also hör mal, der Knecht Ruprecht ist alles andere als nett. Als Kind hat er mich doch tatsächlich einmal in seinen Sack gesteckt und wollte mich wegtragen. Das war richtig traumatisch.«

»Du wirst halt nicht brav gewesen sein!«

Charlotta nickte. »Zugegeben, ich war ein recht eigensinniges Kind. Meine Eltern hatten es nicht immer leicht mit mir. Immerhin habe ich dem Knecht Ruprecht ordentlich in den Finger gebissen. Der arme Mann hat richtig geblutet. Als meine Mutter das Blut auf ihren Perserteppich sah, fiel sie in Ohnmacht und Knecht Ruprecht fluchte, wie nur ein Hamburger Hafenarbeiter dazu fähig ist. Was war das für ein besinnlicher Abend.« Charlotta lächelte bei der Erinnerung.

»Ich sehe, die Buttnmandl werden eine richtige Gaudi mit dir haben.«

»Aber wer sind denn diese ominösen Buttermänner?«

»Diese Buttermänner heißen Buttnmandl und sind in Stroh oder Fell gehüllte Begleiter des Nikolaus. Warte, ich hab ein Foto, da siehst du sie.« Katherl kramte in ihrer Kommode, auf der ein Adventskranz mit roten Kerzen stand, und holte ein Fotoalbum hervor. Sie blätterte, bis sie das gesuchte Foto gefunden hatte.

»Schau, hier siehst du eine Buttnmandlbass.«

»Eine Pass?«

»Na, eine Bass. So nennt man die alle zusammen.«

Charlotta studierte aufmerksam das Foto. »Es gibt also zwei Sorten. Die mit Stroh und die mit Fell.«

»Richtig. Die mit Stroh sind die Buttnmandl und die mit dem Fell werden Ganggerl genannt.«

»Gut, aber warum begleiten die den Nikolaus?«

»Das weiß man nicht so recht. Manche vermuten, dass es ein heidnischer Brauch war, der sich mit dem Nikolaus verbunden hat. Die schrecklichen Gestalten sollen mit ihrem Geschrei und den Glocken den Winter austreiben.«

»Der Winter hat doch gerade erst bei euch angefangen, und schon soll er vertrieben werden? Das geht ja fix.«

»Na ja, zugegeben, richtig Sinn macht das nicht. Aber der Nikolaus kommt halt Anfang Dezember und da hat sich das halt ergeben. In den ganzen Alpen gibt es solche Bräuche.«

Charlotta zeigte auf das Foto. »Sind das Reitgerten, die sie in der Hand haben?«

»Die Ruten meinst du? Mit denen werden die jungen Mädchen geschlagen.«

»Das ist aber nicht nett«, entrüstete sich Charlotta.

»Wie man es nimmt. Die kleinen Kinder haben sicher gehörigen Respekt vor den Gesellen, aber die jungen Mädchen haben ihren Spaß daran.«

»Spaß, sich schlagen zu lassen? Also, ihr seid mir so ein Bergvolk!«

»Junge Männer, die mit ihren Ruten junge Mädchen schlagen. Klingelt es da bei dir?«

Charlotta stutzte und lächelte dann etwas anzüglich.

»Das Ganze ist auch ein Fruchtbarkeitsritus«, erklärte Katherl weiter. »Das erklärt auch das Stroh.«

»Fruchtbarkeit und Nikolaus, bei euch geht es ja wild durcheinander. In den Kostümen stecken also junge Männer?«

Katherl lachte. »Kostüme darfst du auf keinen Fall dazu sagen und die Burschen tragen auch keine Masken sondern Loafen. Das ist ganz wichtig, damit verstehen die keinen Spaß.«

»Gut, also keine Kostüme sondern Loffen.«

Das »Loffen« zu verbessern, ließ Katherl. Charlotta würde es ja doch nie lernen. Wie denn das Stroh hielte, wollte sie noch wissen. Katherl erklärte ihr die Prozedur des Einbindens mit Stricken. »Das ist nicht unbedingt bequem, vor allem, weil hinten die ganzen Glocken festgebunden werden. Je mehr Glocken und je größer umso mehr Ansehen hat der junge Mann. Sehen tun sie auch nicht viel durch die Loafen. Darum gibt es die wendigen Ganggerl, die ein Auge auf die Strohbuttnmandl haben. Aber täusche dich nicht, so ein Buttnmandl kann ganz schön wendig werden, wenn es ein fesches junges Mädchen entdeckt, dann holt er sich das Kramperlbussi ab. Dabei wird das Mädchen ganz rußig im Gesicht.«

»Ihh!«

»Nix da ›ihh‹! Je schwärzer ein Mädchen voll Ruß ist, desto beliebter bei den Burschen ist sie, und ganz stolz tragen sie ihr rußiges Gesicht umher.«

»Verrückte Einheimische!«

Katherl betrachtete das Foto. Schließlich tippte sie mit einem Finger fast zärtlich auf eine der Gestalten. »Das ist übrigens Wasti.«

»Der Wasti?«, fragte Charlotta nach und zog das Foto zu sich rüber. »Nun ja, viel sieht man nicht, außer seinen starken Armen.«

»Wasti war ein starker Bursche. Das hat mir damals vor 40 Jahren schon an ihm gefallen.«

»Was ist denn passiert, dass ihr nicht zusammengekommen seid. So ganz habe ich das nie verstanden.«

»Das Leben ist dazwischengekommen, könnte man sagen. Meine Eltern waren nicht einverstanden, weil er nur ein armer Holzknecht war. Er hat sich nie getraut und ich habe mich nie getraut, und dann hat er die Anneliese kennengelernt und sie geheiratet.« Katherl schwieg.

»Seit ein paar Jahren ist er doch Witwer?«, fragte Charlotta nach.

»Ja und ich bin eine alte Frau. Aber jetzt reden wir nicht mehr von alten Zeiten, sondern ich zeige dir erst einmal dein Zimmer. Morgen wirst du dann im Markt genügend Buttnmandl erleben.«

Am Nachmittag des 5. Dezembers war es gar nicht so leicht, einen Parkplatz in Berchtesgaden zu finden. Einheimische und Gäste strömten dem Markt zu. Einerseits wegen des Adventsmarktes, andererseits weil die Buttnmandlbassen durch den Markt zogen und angenehmes Gruseln verbreiteten.

»Du redest immer vom ›Markt‹«, stellte Charlotta fest, während Katherl einen Parkplatz suchte. »Meinst du damit den Marktplatz oder einen Markt mit Verkaufsständen? Denn eine Markthalle habe ich hier noch nie gesehen.«

»Mei, Charlotta, jetzt warst du schon so oft da und hast es immer noch nicht kapiert. Mit ›Markt‹ ist halt der Markt Berchtesgaden gemeint. Von mir aus die ganze Altstadt rund um die Metzgerstraße und den Marktbrunnen.«

»Das ist doch komisch.«

»Geh weida, das ist doch ganz einfach. Berchtesgaden ist ein Markt, kein Dorf, aber auch keine Stadt, sondern ein Markt eben. Deswegen gehen wir in den Markt und nicht auf den Markt, denn mit einem Verkaufsmarkt hat das nichts zu tun, wenn wir auch gerade den Adventsmarkt haben. Auf den gehen wir aber. Sozusagen im Markt gehen wir auf den Markt.«

Da soll einer schlau werden aus diesen Berchtesgadenern. Charlotta schüttelte ihren Kopf.

»Also noch einmal von vorn«, gab Katherl nicht locker. »Wir gehen jetzt in den Markt und drah'n a Moaktschei'm – wir drehen eine Marktscheibe«, lieferte sie gleich die Übersetzung.

»An was für einer Scheibe drehen wir?«

»Ach, du Hamburger Fischkopp, du lernst des nimmer. Halt lieber nach einem Parkplatz Ausschau.«

Sowohl der Buchwinklerparkplatz als auch der beim Salinenplatz waren voll. Erst unten beim Parkplatz bei der **Obersalzbergbahn** 105 und der **Schnitzschule** 106 fanden sie eine Lücke, in die Katherl ihr kleines Auto zwängte. Die beiden Frauen stapften los, gingen über die Brücke beim Mühlbach und stiegen den kleinen Berg zum höher gelegenen Markt hinauf. Am Eingang zur Fußgängerzone empfing sie ein großes Holztor auf dem **»Berchtesgadener Advent«** 107 stand. Charlotta zückte ihr Handy und schoss ein paar Fotos. Zwischen dem **Gasthaus Neuhaus** 108 und dem **Hirschenhaus** 109 hindurch schlenderten sie zum **Schlossplatz** 110. Das Schloss mit seiner rosa Rokokofassade, daneben die neuromanischen Türme der **Stiftskirche** 111 und dahinter der Turm der Pfarrkirche St. Andreas bildeten den stilvollen Hintergrund für die erleuchteten Adventsmarktbuden. Ein großer Christbaum erstrahlte mit Hunderten von Kerzen und für die Kinder gab es ein Christbaumlabyrinth. Mit Zufriedenheit sah Katherl den begeisterten Gesichtsausdruck ihrer Freundin. Die konnte gar nicht so schnell Fotos machen, um die schöne Stimmung einzufangen.

»Schau, dort oben ist der Lockstein.« Katherl zeigte auf einen Berg im Hintergrund. Von dort oben schießen eine Woche vor Heiligabend die Weihnachtsschützen jeden Tag um drei Uhr. Christkindlschießen nennt man das.«

»Was, die schießen auf das Christkind? Das ist ja gemein.«

»Nein, die schießen, damit das Christkind uns hier im Tal findet.«

»Ach so, sonst würde es an euch Hinterwäldlern vorbeifliegen.«

»Und zu euch Fischköppen kommt es erst gar nicht, weil es so nach Fisch stinkt.«

»Darum bringt bei uns auch der Weihnachtsmann die Geschenke. Der riecht nicht mehr so gut auf seine alten Tage.«

»Darauf einen Glühwein«, beendete Katherl den Schlagabtausch, der für die beiden alten Freundinnen so typisch war.

»Mei, jetzt habe ich die Glühweintassen vom letzten Jahr vergessen, jetzt muss ich eine neue kaufen und die steht dann das ganze Jahr im Weg herum.«

»Wenn du den Glühwein ausgetrunken hast, dann gib die Tasse doch einfach ab, da wird sicher ein Pfand darauf sein.«

»Eben nicht. Man kauft die Tasse und die gehört einem dann und Glühwein wird nur in den Berchtesgadener Adventbecher ausgeschenkt.«

»Komisches Prinzip, aber du kannst mir anschließend deine Tasse schenken und die nehme ich mit nach Hamburg als Andenken.«

Charlotta trank klassisch den roten Glühwein, während Katherl an einem alkoholfreien Kinderpunsch nippte. Mit warmen Fingern und einen immer wärmer werdenden Bauch spazierten sie hinüber zum Marktplatz. Der Löwe auf der Brunnensäule hatte einen weißen Schneehut auf und der ganze Brunnen war wie ein großer Adventskranz gestaltet. Charlotta knipste weiter, was gar nicht so einfach war mit einer Tasse Glühwein in einer Hand und dem Handy in der anderen. Amüsiert schaute Katherl zu, wie sie mit ihren langen rot lackierten Fingernägeln auf dem Display herumklackerte, bis sie endlich ein Foto geschossen hatte.

»Hier, die großen Holzfiguren musst du unbedingt fotografieren. Das sind die bunt bemalten Holzspielzeuge, wie sie früher als Berchtesgadener War' in Heimarbeit angefertigt wurden. Anfang des 20. Jahrhunderts kam einer auf die gute Idee, sie in verkleinerte Form als Christbaumschmuck umzufunktionieren, das war der Beginn des typischen Berchtesgadener Christbaumes.« Noch mehr Klackern auf dem Display. Besonders die Holzkiste mit den wackelnden Hühnern hatten es Charlotta angetan und sie zwang Katherl, ein Foto von ihr zu machen.

»Einfach hier drauftippen«, sagte sie, nahm Position ein und grinste breit. Bei Katherls kurz geschnittenen Fingernägeln klapperte es zwar nicht, aber ein Foto gelang ihr auch so. Hinter dem hölzernen Pfau, der sein buntes Rad schlug, nahm sie Aufstellung und sie umarmte sogar einen der großen Engel.

»Drüben in der **Handwerkskunst** 112 kannst du dann die Originalen für deinen Christbaum kaufen.« Eine allerdings musste sie Charlotta noch zeigen, das Oaschpfeifferlrössl. Für ihre Freundin übersetzte sie es sofort: »Das ist das Arschpfeifenpferd.« Das gefiel Charlotta ungemein und sie erstand gleich drei davon. Während Charlotta sich an der Holzbude der Handwerkskunst anstellte, genoss Katherl den Blick hinauf zum Kalvarienberg. Das war für sie Advent und sie spürte die besondere Stimmung, die sie seit Kindertagen mit dieser Zeit verband. Sie freute sich, dass sie das mit ihrer Freundin heute teilen konnte. Doch was zum Kuckuck fotografierte die schon wieder? Ach, die hölzerne Regenrinne, mit denen die in Blockbauweise fachmännisch gezimmerten Buden versehen waren.

»Die schauen aus wie kleine Berghütten.« Charlotta war ganz entzückt.

Plötzlich entstand in der Menge Unruhe. Wie eine unsichtbare Welle ging sie durch die Menschen. Vereinzelt liefen welche los.

»Die Barrasbass kommt!«, stellte Katherl fest. Die Bass der Bundeswehr, vom Standort im Ortsteil Strub, war traditionell die erste Bass, die in den Markt zog. Auf einer Kutsche saß der Nikolaus, umgeben von kleinen Engerln und auch die Muli-Kompanie begleitete ihn. Dahinter dann die Kramperl, also die Buttnmandl und Ganggerl mit ihren Loafen. Sie waren gerade bei Familien mit kleinen Kindern beliebt, denn sie war die bravste Bass und sie gebrauchten ihre Ruten nicht so intensiv wie die anderen.

Das Scheppern der Glocken wurde immer lauter und für Charlotta wie für viele andere gab es kein Halten mehr. Angezogen von den unheimlichen Klängen strömten sie dem Weihnachtsschützenplatz zu. Eine Gasse war vorsorglich abgesperrt worden. Der Nikolaus mit seinen Begleitern zog in den Markt ein. Der Lärm war infernalisch und ging Charlotta durch Mark und Bein. Später sollte sie feststellen, dass deswegen alle Fotos verwackelt waren, was aber die Buttnmandl noch unheimlicher aussehen ließ. Immer wieder drehte sich ein Buttnmandl zur Menge zu, was jedes Mal ein Aufschrei und Fluchtreflexe bei den jungen Mädchen sorgte. Die kleinen Kinder klammerten sich an ihre Eltern und suchten Sicherheit hinter ihren Rücken. Was ein richtiger Berchtesgadener war, der musste sich von klein auf an diesen Brauch gewöhnen.

Wie gebannt folgte Charlotta dem Schauspiel. Schließlich reihte sie sich in den Zug Menschen ein, die der Bass folgte. Katherl hatte Schwierigkeiten, sie nicht aus den Augen zu verlieren. Offensichtlich war die Hamburgerin vom Buttnmandlvirus befallen. Manche bekamen ihn ihr Leben lang nicht mehr los. Immer am 5. und 6. Dezember brach er aus. Für viele ehemalige Berchtesgadener waren die beiden Tage wichtiger als Weihnachten und sie fuhren von weit her, um dabei sein zu können.

»Das ist ja famos!« Charlotta war ganz außer Atem und ihre Wangen glühten vor Aufregung und Glühwein ganz rot. »So was Beeindruckendes habe ich schon lange nicht mehr erlebt.«

»Dann willst du noch nicht heimfahren?«, fragte Katherl scheinheilig.

»Wo denkst du hin, wir bleiben hier. Aber erst brauche ich noch einen Glühwein! Jetzt probiere ich den weißen und später noch die Feuerzangenbowle.«

»Na sauber, und ich darf den stockbesoffenen Fischkopp dann heimbringen.«

»Genau so habe ich mir das gedacht. Prost!«

Katherl blieb bei ihrem Kinderpunsch.

Es dauerte nicht lange, da erfasste die Menge wieder Unruhe. Vereinzelt kreischte ein Mädchen auf, mehr aus Anspannung als wegen eines Buttnmandls. Charlotta drängte Katherl zur besten Stelle zu gehen, damit sie mitten drin war.

»Bleib einfach stehen, trink deinen Glühwein und warte ab. Die kommen schon.« Tatsächlich dauerte es nicht lange, da kamen die Schreie und das Glockengeläut näher. Die dunklen Töne der großen Glocken hallten zwischen den alten Häusern. Bewegung entstand in der Menge.

Katherl hatte ein wachsames Auge auf Charlotta, die in der Menge hin und her wog wie eine leere Plastikflasche im Alsterhafen bei Sturm. Das Scheppern wurde lauter, das Gedränge mehr, bis schließlich die Markterebass auftauchte.

»Die haben ja alle Felle an. Gar kein Stroh«, stellte Charlotta fest.

»Es gibt auch die Fellein, das sind Buttnmandl mit dickem Fell statt Stroh.« Bei dem Lärm ging aber Katherls Erklärung unter. Aus den Loafen aus Fell hingen lange rote Stoffzungen. Während sie liefen, machten sie ausgiebig Gebrauch von ihren Ruten. Mit Schmackes droschen sie auf die Füße der Umstehenden ein, die aufjaulten oder stoisch den Schmerz ertrugen. Die Anzahl der panischen Mädchen war groß, trotzdem kamen sie immer wieder hervor, um dann, kaum bewegte sich ein Kramperl in ihre Richtung, unter Gekreische zu flüchten. Junge Burschen begleiteten die Bass. Das waren die Rutenträger, die die aus roten Weidenzweigen geflochtenen Ersatzruten im Rucksack trugen. Angesteckt von der Aufregung wusste Charlotta nicht, wo sie zuerst hinschauen sollte. Erst als sich ihr ein Kramperl mit erhobener Rute näherte, ging sie auf Abstand. Nun sah sie ein, warum Katherl darauf bestanden hatte, dass sie besser nicht ihren Pelz, sondern einen langen Lodenmantel anziehen sollte. »Aber so alte Schachteln wie wir sind schon lange nicht mehr interessant für die. Nur sicher ist sicher.«

Immer mehr Menschen kamen ihnen mit rußigen Gesichtern entgegen. Die Bass zog weiter zum nächsten Haus, in das sie von einer Familie bestellt wurden. Der Buttnmandlmeister organisierte die Stellen, zu denen der Nikolaus an den beiden Abenden ging.

»Gehen dann alle Kramperln mit hinein?«

»Nein, meistens nur ein Ganggerl, da es sonst im Wohnzimmer zu eng wird. Aber in manche Bauernhäusern kommen die Strohbuttnmandl auch hinein und räumen die Stub'n aus. Das heißt, alle, ob jung oder alt, werden herausgezogen und mit Schnee und Ruß eingerieben. Das ist a rechte Mett'n.«

»Metten, was soll das denn schon wieder sein?«

»A rechte Gaudi halt.«

»Dieses Bairisch soll einer verstehen.«

»Komm, gehen wir in die Ganghofer-Straße«, sagte Katherl in ihrem besten Hochdeutsch. »Dort läuft die nächste Pass mit Buttermännern.«

Das brauchte sie Charlotta nicht zweimal zu sagen. Am anderen Ende der Fußgängerzone lag die **Ludwig-Ganghofer-Straße** 113. Hier waren weniger Schaulustige unterwegs. Wieder kam von irgendwoher das Scheppern von Glocken.

»Butteln heißt ja rütteln und scheppern, daher auch der Name Buttnmandl.« Katherl war stehen geblieben.

»Die rütteln aber ordentlich.« Charlotta sah gebannt in die Richtung, aus der der Lärm kam. Katherls Aufmerksamkeit wurde von einem vertrauten Gesicht auf der anderen Straßenseite abgelenkt. Wasti stand dort und winkte ihr zu. Na, so ein Zufall, dachte Katherl und wusste doch, dass es keiner war. Sie winkte zurück und Wasti kam herüber. »Servus Katherl. Du bist ja noch gar nicht schwarz im Gesicht.«

»Seitdem du nicht mehr mitläufst, bleibe ich verschont. Und blaue Flecken an den Beinen habe ich auch nicht mehr.« Katherl zupfte Charlotta am Ärmel und stellte Wasti vor.

»Der Wasti mit den starken Armen. Katherl hat mir gestern ein Foto von Ihnen als Buttermann gezeigt.«

Es freute Wasti ungemein, dass Katherl ein Foto von ihm als Buttnmandl besaß. Deswegen verzieh er Charlotta ihren »Buttermann«.

»Die Bass wird drüben in der Dr.-Imhof-Straße zu einer Familie gehen«, wusste Wasti. »Das dauert also ein wenig, bis die wieder laufen. Sollen wir uns inzwischen einen Glühwein holen?«

Katherl hatte keine Lust mehr auf einen süßen Kinderpunsch, doch Charlotta war einer weiteren Tasse nicht abgeneigt. Zuerst musste sie nur schauen, wie die Bass in die Dr.-Imhof-Straße bog und in einem Hauseingang zwischen Kasladl und Bücherstube verschwand.

»Ich gehe mir einen Glühwein holen. Ich treffe euch dann wieder hier.« Ihren Becher fröhlich schwenkend strebte sie dem nächsten Glühweinstand zu.

Katherl und Wasti gingen ein paar Schritte. Am Durchgang zu dem Hinterhof, in dem die Kramperl verschwunden waren, blieben sie stehen. Die in Stroh gehüllten

Gestalten ruhten sich aus, während der Nikolaus die Familie im Vorderhaus besuchte. Manche hatten sich einfach nach hinten fallen lassen und lagen nun wie Maikäfer auf ihrem Rücken. Wollten sie aufstehen, musste sie ein Rutenbub hochziehen. Der Buttnmandlmeister fing zu brüllen an und schepperte seine Glocken mit voller Lautstärke. Der Markt sollte ruhig wissen, dass sie hier waren. Die anderen fielen mit ein und bald darauf erfüllte ein ohrenbetäubender Lärm den Hinterhof. Das gefiel den Burschen und einer versuchte den andern in Lautstärke zu überbieten. Nach vorn übergebeugt hüpften sie auf und nieder und brachten ihre Glocken zum nicht enden wollenden Scheppern. Fasziniert schauten Katherl und Wasti zu. Der Hof hatte sich in einen richtigen Hexenkessel verwandelt. Die archaische Kraft dieses Brauches war körperlich spürbar. Bis sich auf einmal etwas veränderte. Lag es am Rhythmus der Glocken, in der Bewegung, in der Menge oder dem lauter werdenden Geschrei? Katherl hätte es hinterher nicht sagen können, doch plötzlich wurde ihr bewusst, dass etwas nicht stimmte. Instinktiv rückte sie näher zu Wasti, der ebenso beunruhigt in den Hof schaute. Schließlich waren deutlich Schreie zu hören, die ganz anders klangen als das dumpfe Gebrüll der Männer. Hohe, panische Schreie kamen aus der Mitte der Buttnmandl. Diese schienen sich gleichzeitig nach außen zu bewegen. Als wären sie in einer Zentrifuge und konnten nicht anders, als auseinanderzustreben. Eine Gasse bildete sich und Katherl und Wasti bekamen einen freien Blick auf das Buttnmandl, das allein in der Mitte stand. Sein Stroh brannte lichterloh. Der Mann darunter wedelte hilflos mit den Armen, drehte sich um seine eigene Achse und schrie, als sich das Feuer in seinen Pullover fraß und ihn unlösbar mit seiner Haut verschmolz. Wasti stürzte nach vorn, hätte dabei Katherl fast umgerissen, die immer noch bei ihm eingehakt war, und versuchte, den Brennenden mit Schnee zu löschen. Doch das trockene Stroh brannte und der Schnee bewirkte gar nichts. Als die Fellmaske Feuer fing, hörten die Schreine auf, ein Husten war zu hören, dann ein Röcheln und schließlich nichts mehr. Das Feuerbündel sackte zusammen. Der Buchhändler aus der Bücherstube nebenan kam mit einem Feuerlöscher angelaufen: Der weiße Schaum löschte zwar das Feuer, aber konnte das Leben des jungen Mannes nicht mehr retten. Katherl blickte die Hauswand hinauf und folgte dem aufsteigenden Rauch, der sich in den Himmel kringelte. Dann war er auch weg.

Der Notarzt, der kurz darauf kam, konnte nur noch den Tod feststellen. »Er ist nicht an den Verbrennungen gestorben, sondern hinter seiner Fellloafen am Rauch erstickt.«

Als Charlotta mit ihrem Glühwein daher spaziert kam, merkte sie an Katherls Gesichtsausdruck sofort, dass etwas nicht stimmte. Mitgenommen lehnte sie an der Hauswand. »Was ist denn los?«

»Ein Buttnmandl ist verbrannt und wir haben es gesehen. Die Polizei wird uns noch genau befragen wollen. Ich denke, am besten fährst du mit einem Taxi nach Hause.« Sanft zog sie Charlotta weiter. Die brauchte das verbrannte Bündel dort am Boden nicht zu sehen. »Unten am Bahnhof stehen Taxis. Da gehst du jetzt hinunter und fährst zu mir. Charlotta wollte erst nicht ihre Freundin allein lassen, aber die bestand darauf und so willigte sie ein. Im Gehen nippte sie noch einmal an ihrem Glühwein, aber schüttete den Rest angewidert weg.

Langsam sprach sich die schreckliche Neuigkeit herum und der Markt leerte sich spürbar. Nur ein paar Hartgesottene freuten sich, dass sie am Glühweinstand nicht mehr so lange anstehen mussten.

Die Polizei nahm ihre Personalien auf und Katherl und Wasti erzählten, was sie gesehen hatten. Aber warum der Buttnmandl plötzlich in Flammen stand, dazu konnten sie nichts sagen. Es war, als hätte er aus heiterem Himmel das Brennen angefangen. Polizeioberwachtmeister Reuber stand in dem Hinterhof und schaute sich um. Berge aus Stroh lagen herum, denn die Kramperl hatten sich alle nach dem Unglück ihres Strohs entledigt. Einer nach dem anderen wurden sie von der Polizei befragt, aber keiner konnte Näheres berichten, außer dass der Hofer Pauli, so hieß der Verstorbene, auf einmal brannte.

»Ich tippe auf eine brennende Zigarette.« Reuber sah keine andere Möglichkeit.

»Aber der Pauli hat doch gar nicht geraucht«, warfen die Burschen ein.

»Dann war es die Zigarette eines anderen.« Damit brachte der Polizist alle zum Schweigen. Denn viele rauchten während der Pausen, aber es war noch nie etwas passiert.

»Es liegt doch überall Schnee«, meinte einer.

Aber die Nachricht, dass einer von ihnen Pauli aus Unachtsamkeit angezündet haben könnte, lastete schwer auf ihnen. Dazu kam, dass sie natürlich nicht mehr ganz nüchtern waren. Das eine oder andere Bier hatten sie getrunken und bei manchen Häusern wurde ihnen ein Schnaps angeboten. Die Gruppe stand schweigend beisammen. Als die Mutter des Toten kam, wichen sie zurück. Erst als sie zusammenzubrechen drohte, eilten sie vor und fingen sie auf. Dabei streiften sie ihr Gesicht und der schwarze Rußstrich glich einem Aschekreuz auf ihrer Stirn.

Fast hätte Wasti das Streichholz nicht anbekommen, so zitterten seine Hände. Er kniete vor Katherls Kachelofen und er verbrauchte die halbe Streichholzschachtel, bis der Span Feuer fing. In der Küche werkelte Katherl herum und Charlotta saß blass am Tisch. Ihr Gesicht glänzte, denn sie hatte sich als Erstes mit Abschminktüchern den Ruß, auf den sie eben noch stolz war, abgewischt. Katherl stellte eine Kanne Kräutertee auf den Tisch und drei der hübschen Teebecher, die sie bei der **Töpferin Rita Schumacher** [114] aus der **Maria Gern** [115] erstanden hatte. »Eine Zigarette also«, fasste Katherl das zusammen, was sie von der Polizei erfahren hatte. Nachdenklich stand Katherl mit der Kanne in der Hand da und schenkte erst ein, als Wasti mit seiner Tasse auf dem Tisch klapperte. »Wasti, das Stroh ist doch trocken?«

»Natürlich. Es wird schon im Sommer von einem Bauern draußen vom Land geholt. Bei uns wächst ja kein Weizen, dafür haben wir keinen Platz im Tal.«

»Meinst du, dass eine Zigarettenglut das Stroh anzünden kann?«

»Wenn sie zwischen die Strohbündel hineinrutscht mag das passieren. Erlebt habe ich das Gott sei Dank noch nie.«

Katherl setzte sich zu den anderen an den Tisch. »Was mich wundert, ist, dass es mit dem Feuer so schnell ging. Da hätte doch noch mehr Zeit sein müssen, das Feuer zu bemerken und ihn rechtzeitig auszubinden.«

»Bei dem Remmidemmi, das da herrschte, glaube ich das nicht. Die sind doch wie die Wilden herum und dann ist das Unglück passiert. Ich weiß, wie das ist. Da ist man einfach wie in Trance. Der Alkohol tut sein Übriges dazu, da merkt keiner schnell etwas.«

»Charlotta, du rauchst doch noch. Zwar hattest du geschrieben, du hättest aufgehört, hast es aber nicht lange durchgehalten.«

Charlotta schaute ertappt. »Ich wollte ja aufhören, vor ein paar Wochen habe ich leider wieder angefangen. Wie hast du es gemerkt?«

»Liebe Charlotta, erst einmal bin ich deine Freundin und nicht deine Mutter, du brauchst dich also beim Rauchen nicht vor mir zu verstecken. Und dann war es dein mintfrischer Atem mit einer leichten Note von kaltem Rauch, der dich verraten hat.«

»Ich hatte nur ein schlechtes Gewissen, weil ich vollmundig geschrieben habe, ich hätte aufgehört.«

»Jetzt ist es ja gut, dass du rauchst, denn ich brauche eine Zigarette und etwas Stroh.« Bei ihren letzten Worten blickte Wasti entsetzt auf. »Ich werde mich jetzt nicht in Stroh einwickeln und anzünden lassen, wenn es das ist, was du planst.« Er kannte Katherl und ihre Vorliebe für Experimente.

»Keine Angst«, beruhigte sie ihn. »Ich will nur ausprobieren, ob die Zigarettenglut trockenes Stroh anzünden kann oder nicht.« Im Schuppen hinter dem Haus rupfte sie ein paar Strohhalme aus einem Ballen, der dort seit ewigen Zeiten lag, und nahm noch ein paar Holzscheite für den Ofen mit. Wärme war es, die sie alle drei auf den Schock hin brauchten. Vorher jedoch traten sie vor das Haus und Charlotta zündete sich eine Zigarette an. Sie zog ein paar Mal und brachte sie zum Glühen. »Die schmeckt mir gleich gar nicht«, gestand sie.

»Dann ist es vielleicht ein guter Zeitpunkt, wirklich aufzuhören.« Katherl nahm ihr die Zigarette ab und legte sie auf das Stroh. Doch die Glut machte nichts aus. Selbst ein direkt in die Glut gehaltener Strohhalm fing kein Feuer. »Das dachte ich mir. Ich halte die Zigarette als Brandursache für unwahrscheinlich.«

Wasti ließ sich davon nicht beeindrucken. »Verkettung unglücklicher Umstände, sage ich nur.«

»Nein, nein, ich bin mir da sicher. Ich weiß es! Ich habe es gesehen, ich weiß es nur nicht mehr«, sagte sie kryptisch.

Noch lange nachdem Wasti gefahren war und Charlotta mit zwei Wärmflaschen versorgt in ihrem Bett lag, stierte Katherl vor sich hin. Schritt für Schritt ließ sie den Nachmittag Revue passieren, bis sie mit Wasti wieder vor dem Durchgang stand, der zu dem Innenhof führte. Sie sah die Buttnmandl, sah, wie diese ihre Glocken schüttelten, wie sie plötzlich zurückwichen vor dem Feuer und dann sah sie den brennenden Pauli Hofer. Es war furchtbar, trotzdem zwang sie sich, genau hinzuschauen. Das Stroh, das Feuer; aus dem Feuer stieg Rauch auf. Katherl verfolgte ihn mit ihrem Blick, wie er nach oben stieg, an den Fenstern vorbei, die alle dunkel waren. Katherl atmete tief ein, um sich nicht zu verkrampfen, um das Bild klar vor Augen zu behalten. Die Hauswand also mit den Fenstern. Das war es. Sie legte ihre Hände flach vor sich auf den Tisch, die Lieder halb geschlossen. Sie durfte das Bild vor ihrem geistigen Auge nicht verlieren. Drei Stockwerke hoch war das Haus. Die Fenster waren dunkel. Alle. Und dann fiel ihr auf, was sie nur am Rand gesehen hatte. Ein Fenster war offen gewesen. Erst offen und dann später, als der Rauch aufstieg, wieder zu. Das hatte sie bemerkt, hatte für einen

Bruchteil einer Sekunde den Unterschied registriert und ihn dann wieder vergessen. Nach dem Brand, als sie an die Wand gelehnt dastand, während Wasti zu helfen versuchte, ging drüben ein Licht nach dem anderen in den Fenstern an. Natürlich, die Schlafzimmer der Wohnungen gingen auf den ruhigen Hof hinaus und nicht vorne zur Straße. Erst nach und nach waren die Lampen angemacht worden und die Mieter hatten neugierig hinuntergesehen. Eine davon kannte Katherl sogar. Es war Monika vom Landfrauenbund. Die hatte ihr sogar zugenickt. Alle Fenster waren erleuchtet gewesen. Halt, zurück, ermahnte sich Katherl. Aus allen Fenstern strahlte Licht, beugten sich Menschen hinaus, bis auf eines, das dunkel blieb. Genau das, das vorher offen gestanden hatte. Die Brandursache, da war sich Katherl sicher, lag irgendwo in dem Hinterhof. Morgen würde sie sich das noch einmal anschauen. Vielleicht konnte sie die schwere Last der Schuld, die auf den Buttnmandln lastete, von ihren Schultern nehmen. Eine Schuld, die schwerer wog, als die größte Glocke.

Am nächsten Tag fuhren sie wieder in den Markt. Katherl hatte nicht recht mit der Sprache herausgerückt. Am Telefon hatte sie Wasti nur gesagt, dass er mit ihnen noch einmal zum Ort des Unglücks gehen müsse.

»Schau, Charlotta, Wasti hat dir ein Hamburger Abendblatt besorgt. Warum setzt du dich nicht in die Lobby vom Hotel Edelweiß, bestellst dir einen Kaffee und liest, was zu Hause alles los ist.«

»Und was macht ihr? Warum willst du mich abschieben?«

»Weil wir gerade keine Hamburgerin im dicken Pelz gebrauchen können. Später aber vielleicht schon. Also setzt dich hin und gib Ruhe.«

Damit schob Katherl ihre Freundin durch die Hoteltür.

»Was machen wir?«

»Ich besuche erst einmal Monika, die ich vom Frauenbund her kenne. Du bist mein stiller Begleiter.«

Sie bogen in die Ludwig-Ganghofer-Straße ein und dann in den hinteren Teil der Dr.-Imhof-Straße, die im Grunde einen Ring bildete was manchmal für Gäste etwas verwirrend war. Vor dem Haus, das hinten an den Hof angrenzte, blieb Katherl stehen und studierte die Klingelschilder. »Stoll, so heißt die Monika.« Sie klingelte und eine Frauenstimme meldete sich an der Gegensprechanlage. »Monika, I bin's, des Katherl. Ich wollte gerne mit dir wegen des Unglücks gestern reden. Das lässt mir keine Ruhe.«

»Freilich, komm hoch!« Der Türsummer ertönte. Katherl trat ein, zog aber Wasti mit sich. »Du bleibst zunächst hier stehen.«

»Mitten im Hausgang? Und wenn jemand kommt?«

»Dann sagst du, dass du auf deine Frau wartest.«

Mit dieser Ausrede war Wasti zufrieden und Katherl stieg hinauf zum ersten Stock, wo sie Monika an der offenen Tür erwartete.

»War das nicht schrecklich?«, begrüßte sie die engagierte Landfrau. Katherl pflichtete ihr bei und es dauerte nicht lange, da saßen sie bei einer Tasse Kaffee zusammen und Monika erzählte den Hergang aus ihrer Sicht.

»Aber wie es zu dem Brand kam, hast du nicht gesehen?«

»Woher denn, wir saßen alle vorne im Wohnzimmer. Erst als der Tumult losging, haben wir aus dem Schlafzimmerfenster geschaut. Wir hielten die Schreie für das übliche Buttnmandlgeschrei, doch später hörten sie sich ganz und gar nicht mehr normal an. Es war furchtbar, was wir dann im Hof sahen.« Monika faltete die Hände und sprach ein kurzes Gebet für den Verstorbenen, wie es sich für eine katholische Landfrau gehörte.

»Friede seiner Seele«, kürzte Katherl es ab. Etwas erstaunt schaute Monika sie an, aber Katherl musste mehr Details erfahren. Nicht ohne einen gewissen sensationslüsternen Unterton erzählte Monika weiter, aber auch der gehörte sich für eine richtige Landfrau.

»Sag mal, von den Nachbarn schauten da auch welche heraus?«, wollte Katherl wissen.

»Natürlich, die Schmerzensschreie waren entsetzlich laut, die haben alle gehört, bei unseren einfachen Fenstern ist es kein Wunder. Im Sommer geht die Wärme rein, im Winter geht sie raus und der Lärm dringt das ganze Jahr durch.«

»Also alle Nachbarn?«

Monika überlegte. »Wir sind ja fünf Parteien, die hinten raus ihr Schlafzimmer haben. Die Hackers, die Müllers, die Wenigs und wir.«

»Das sind nur vier Familien.«

»Ach, den Pongauer oben habe ich vergessen.«

»Hat der auch rausgeschaut? Das ist der im dritten Stock ganz oben?«

»Warte mal. Stimmt, der Pongauer hat nicht rausgeschaut, das wüsste ich. Denn den sieht man nur selten. Der ist Schichtarbeiter irgendwo in Salzburg. Meistens hat er Frühschicht und schläft dann ab Spätnachmittag. Aber wahrscheinlich schläft er mit Ohrstöpseln, da wird er nichts mitbekommen haben. Diese Schreie hallten durch das ganze Haus.« Monika schauderte bei der Erinnerung und dieses Schaudern würde auch die anderen

Landfrauen erfassen, wenn sie ihnen von dem Unglück erzählt hatte.

»Wann kommt denn der Herr Pongauer normalerweise heim?«

»Um 11 Uhr so was. Seine Schicht geht von halb drei in der Nacht bis 10 Uhr. Da sind unmögliche Zeiten, werden aber gut bezahlt, und wenn man den Unterhalt für zwei Kinder leisten muss, braucht man das Geld. Zwei Kinder von zwei verschiedenen Frauen«, setzte Monika nach und zog dabei ihre Augenbrauen vielsagend nach oben.

Katherl hatte genug erfahren und wollte gehen, aber vorher musste sie noch Monikas zwölf Sorten Weihnachtsplätzchen begutachten, die so schon gebacken hatte, wie es sich für eine richtige Landfrau gehörte.

Im Hausgang trat Wasti unruhig von einem Bein auf das andere und er war froh, als Katherl endlich auf der Treppe erschien. »Die Frau aus dem zweiten Stock war kurz davor, die Polizei zu rufen. Dachte wohl, ich bin ein Einbrecher und erkunde die Lage.

»Geh, Wasti, wer würde dir den Einbrecher abnehmen? Dazu hast du ein viel zu ehrliches Gesicht. Komm, wir müssen noch zum Tatort.«

»Wieso Tatort? Meinst du, das Buttnmandl wurde absichtlich angezündet?«

»Mit Absicht? Ja, das glaube ich. Mit böswilliger Absicht.« Mit raschen Schritten ging sie die Straße entlang, bis sie vor dem Durchgang standen. Der war mit einem Polizeiband abgesperrt. Da kein wachsames Auge eines Staatshüters zu sehen war, schlüpfte Katherl einfach darunter durch. Wasti blieb nichts anderes übrig, als das Gleiche zu tun. Den großen schwarzen Fleck in der Mitte des Hofs vermied er großräumig. Katherl hatte angefangen, den Kopf nach vorn gestreckt, in gebückter Haltung umherzugehen. »Was suchst du denn?«

»Ich weiß es nicht. Wenn ich es finde, dann weiß ich es.«

»Tolle Antwort«, murmelte Wasti und wusste nicht recht, was er machen sollte. An der einen Seite des Innenhofes gab es einen überdachten Unterstand für zwei große Abfallcontainer. Ein blauer für Papier und einer aus Metall für den Hausmüll. Wie bei gemeinschaftlichen Containern üblich, lag allerhand Abfall auch vor dem Container. »So eine Sauerei«, ereiferte sich Wasti, der Dreck auf der Straße nicht leiden konnte. Über die weggeworfenen McDonald's-Tüten entlang der Königsseer Straße konnte er sich auch immer furchtbar aufregen. Meistens hielt er auf offener Straße an und klaubte den Abfall auf.

»Lieber Wasti, in diesem Fall hilft uns der Abfall, einen Mord aufzuklären.« Damit zog sie einen Gefrierbeutel aus der Tasche, bückte sich und hob etwas auf.«

»Was willst du mit dem Abfall?«

»Eben, das ist Abfall bei Abfall. Deswegen hat die Polizei es auch nicht gefunden. Denn nichts ist schwerer zu finden als etwas, das offen daliegt.« Katherl schaute auf ihre Uhr. »Jetzt kommt Charlotta zum Einsatz.«

»Sollten wir nicht besser die Polizei rufen?«

»Und ihr sagen, dass ich ein Stück Abfall gefunden habe?«

»Das macht wenig Sinn. Was hat es denn auf sich, mit dem was du gefunden hast.«

»Bald, Wasti, alles zu seiner Zeit. Ich muss nur noch schnell zwei Dinge besorgen und wir treffen uns dann bei Charlotta im Edelweiß.«

Als Katherl ebenfalls in die Lobby des Hotel Edelweiß trat, sah sie Charlotta fest eingeschlafen in einem Sessel sitzen mit einem etwas ratlosen Wasti gegenüber. »Ich habe mich nicht getraut, sie aufzuwecken«, gestand er. Katherl beugte sich vor und sagte mit lauter Stimme »Moin, moin!.« Charlotta fuhr zusammen, stammelte ebenfalls ein »Moin, moin« und schob dann ein »Ach du bist es« nach.

Katherl legte ein liniertes Schulheft, auf das Tischchen. »Bitte unterschreibt hier. Erst mit eurem richtigen Namen, dann mit falschem Namen und anderer Handschrift. Am Ende muss es aussehen wie eine Unterschriftenliste.« Sie ließ das Heft reihum gehen und jeder unterschrieb so, wie es Katherl vorgemacht hatte. Charlotta und Wasti maulten, weil ihnen ihre Freundin nichts erzählen wollte. »Ihr erfahrt es noch früh genug. Ich muss mir erst sicher sein.«

»Wozu brauchst du eine gefälschte Unterschriftenliste?«

»Um den Mörder zu überführen.«

Sie gingen zurück zu dem Mietshaus und Katherl weihte sie in ihre Rollen ein, die sie zu spielen hatten.

»Charlotta, wir sind zwei, die Unterschriften sammeln gegen die Buttnmandl. Die machen viel zu viel Lärm und gehören deswegen abgeschafft. Wasti, du bleibst draußen vor der Tür und kommst uns zu Hilfe, wenn es sein muss.«

Darauf vertrauend, dass Katherl schon wusste, was sie tat, gingen die beiden auf ihren Plan ein. Wasti nur deswegen, weil er sofort ihnen beistehen konnte. Sonst hätte er sie nicht im dritten Stock bei »Pongauer« klingeln lassen. Katherl hoffte, dass er inzwischen von seiner Schicht zurück war.

»Pongauer«, kam eine Männerstimme aus der Sprechanlage.

»Herr Pongauer, Grüß Gott«, legte Katherl gleich los. »Wir kommen mit einer Unterschriftenliste, mit der wir durch den ganzen Markt gehen. Denn wir finden, dass der Brauch mit den Buttnmandln derartig ausartet, dass er verboten gehört. Bekommen wir Ihre Unterschrift?« Es knackte ein paar Mal im Lautsprecher, dann sagte Herr Pongauer: »Gut, kommen Sie hoch, ich bin im dritten Stock.« Der Türsummer ertönte und die drei drängelten sich fast gleichzeitig hindurch. Als Katherl mit Charlotta im dritten Stock verschwunden waren, schlich Wasti nach und legte sein Ohr an die Tür. Sobald seine Hilfe gebraucht wurde, war er zur Stelle.

In Herrn Pongauers Wohnung stellte Katherl sich vor und wiederholte ihr Anliegen, wortreich unterstützt von Charlotta, die von nächtlicher Ruhestörung sprach und Gesetzen, an die man sich auch in Berchtesgaden zu halten habe. Pongauer nickte dazu und schielte zu seinem Feierabendbier, das er bei seinem Lebensrhythmus mittags trank. »Ich bin ganz Ihrer Meinung. Die sind viel zu laut, diese Verrückten.« Bereitwillig unterschrieb Pongauer die Liste.

»Gerade wenn so etwas wie gestern passiert ist, muss man diesen Brauch infrage stellen.« Der Mann bestätigte das mit einem Grunzen. Es herrschte eine Atmosphäre des Vertrauens und der gleichen Meinung. Darum kam die nächste Frage wie ein Schock für den Mieter des dritten Stocks. »Haben Sie selber für Ruhe gesorgt, in dem Sie ein Buttnmandl angezündet haben?«

Entgeistert schaute der Mann Katherl an. »So ein Schmarrn!«

»Das ist kein Schmarrn, sondern die Wahrheit. Sie haben sich vom Lärm in Ihrem Schlaf gestört gefühlt. Deswegen haben Sie ein Stück Stoff mit Spiritus getränkt, es in Alufolie eingewickelt, angezündet und aus dem Fenster geworfen.«

»Was fantasieren Sie da zusammen?«

»Ich fantasiere gar nicht.« Katherl zog den Gefrierbeutel aus ihrer Tasche, in dem ein leicht angerußtes Stück Aluminiumfolie steckte. »Das ist der Beweis. Auf Aluminiumfolie bleiben Fingerabdrücke besonders gut sichtbar und ihre Abdrücke habe ich hier auf dem Kugelschreiber. Mal sehen, was die Polizei dazu sagt.«

Katherl hatte den Satz noch nicht zu Ende gesagt, da stürzte sich Pongauer auf sie. In letzter Sekunde warf sie Charlotta den Beutel zu. In ihrer Jugend hatte sie lange Handball gespielt, sehr zum Leidwesen ihrer Mutter, die Klein-Charlotta lieber im Ballett gesehen hätte, und noch heute war sie reaktionsschnell. Sie fing ihn auf und stürzte zur Tür. Katherl rang mit Herrn Pongauer, der sie schließlich zur Seite schleuderte und Charlotta hinterherlief. Diese riss die Haustür auf, durch die ein überraschter Wasti segelte. Er hatte den Tumult gehört und wollte gerade die Tür mit seiner Schulter einrammen, als sie vor ihm aufging. Wasti flog auf den Pongauer zu und riss ihn um. Katherl hatte sich wieder aufgerappelt.

»Das Schulheft war das eine Ding, das ich heute gekauft habe, und das hier das zweite.« Damit zog sie eine breite Rolle Paketband aus der Tasche und fing geschwind an, die Beine des Brandstifters zu fesseln. Wasti hielt ihn inzwischen mit seinem Körpergewicht in Schach. Als Herr Pongauer anfing, wild um sich zu schlagen, drehte ihn Wasti auf den Bauch und die Arme auf den Rücken. Dort wurden sie ebenfalls vom Katherl fest zusammengeklebt.

»Ich denke, jetzt ist der richtige Zeitpunkt, um Polizeioberwachtmeister Reuber anzurufen. Charlotta, du hast doch ein Handy.« Charlotta holte ihr Smartphone aus der Tasche und tippte mit ihren Fingernägeln 110. Und dann schoss sie noch für ihre Freundinnen ein Foto vom gefesselten Pongauer. Die würden Augen machen, was man in den bayerischen Alpen alles erleben konnte.

104 Der **Berchtesgadener Bahnhof** ist ein Beispiel für die Architektur des Nationalsozialismus. Klassizistische Elemente verbinden sich mit gutbürgerlichem Geschmacksempfinden. Nachdem der Obersalzberg der zweite Regierungssitz Adolf Hitlers wurde, benötigten die Nazis einen repräsentativen Bahnhof. Er wurde 1940 eingeweiht.

105 Die roten Gondeln der **Obersalzbergbahn** bringen die Besucher zu dem 50 Kilometer langen Wegenetz des Obersalzberges. Sie überwindet dabei 490 Höhenmeter. Im Winter ist eine recht steile Rodelbahn ins Tal eingerichtet, im Sommer wandert man zu einer der vielen Gaststätten.

106 Die Berufsfachschule für Holzbildhauerei und Schreinerei, kurz **»Schnitzschule«** genannt, bildet Schülerinnen und Schüler auf höchstem handwerklichem Niveau aus. Aus ganz Deutschland kommend werden sie in drei Jahren zum Gesellenbrief geführt. Die große geschnitzte Hand im Hof sieht man schon von Weitem.

107 Im gesamten Markt Berchtesgaden wird jeden Dezember der romantische **Berchtesgadener Advent** abgehalten. Die originalen Almbuden führen quer durch die Fußgängerzone zum Schlossplatz. Der Streichelzoo ist bei den Kindern beliebt. Großen Wert wird auf ein traditionelles Angebot gelegt.

108 Der **Gasthof Neuhaus** kann auf eine lange Tradition zurückblicken. Seit 1576 werden Gäste verköstigt. Der stilvolle Gastraum mit seinem Kachelofen versetzt die Besucher zurück in die gute alte Zeit des Prinzregenten Luitpolds.

109 Gegenüber liegt das historische **Hirschenhaus**. Es reicht bis ins Jahr 1594 zurück. Besonders seine »Affenfassade« ist lustig anzuschauen. Denn die älteste Fassadenmalerei Oberbayerns zeigt menschliche Probleme und Laster anhand von Affen in zeitgenössischer Kleidung. Damals wie heute neigen wir Menschen dazu, uns ab und zu zum Affen zu machen.

110 Der **Schlossplatz** in Berchtesgaden wird von der Rokokofassade des Schlosses und den beiden Türmen der Stiftskirche geprägt. Das Wittelsbacherschloss ist täglich für Besichtigungen geöffnet. Beim geführten Rundgang sind neben bedeutender Kunstwerke viele Waffen und Möbel aus verschiedenen Jahrhunderten zu sehen. Die Schlossküche mit ihren vielen Kupfertöpfen ist ein besonderes Highlight.

111 Die **Stiftskirche** mit ihrem frühgotischem Chor und dem spätgotischem Langhaus ist sehenswert. Die Grabmäler der Fürstprópste aus rotem Adneter Marmor sind aufwendig gearbeitet. Der lebensecht wirkende Christus in der neoromanischen Vorhalle kann sogar mit dem Kopf nicken.

112 In den langen Wintermonaten verdienten sich die Berchtesgadener Bergbauern durch die Herstellung

von Holzschachteln und Holzspielzeug ein Zubrot. Die sogenannte Berchtesgadener War' wurde in alle Welt exportiert. Noch heute werden die bunt bemalten Waren im Geschäft der **Berchtesgadener Handwerkskunst** verkauft.

113 Die **Ludwig-Ganghofer-Straße** erinnert an den berühmten Schriftsteller, der mit seinen sieben Romanen – entsprechend der sieben Watzmannkindern – der Region ein schriftstellerisches Denkmal geschaffen hat. Im Kurpark ist ihm ein Gedenkstein gewidmet.

114 In der Maria Gern, im vorletzten Haus vor den Abbrüchen des Untersberges, hat die **Töpferin Rita Schumacher** ihre Werkstatt. Ihre Töpferwaren bemalt sie mit Engobe und so entsteht der für sie typische blau-weiße Stil. Rund um das alte Bauernhaus hat sie einen zauberhaften Garten geschaffen.

115 Ein berühmtes Fotomotiv liefert die Wallfahrtskirche in **Maria Gern**. Im Norden liegt der Untersberg und im Süden der Watzmann. Es ist also egal, von welcher Seite man die rosa und weiß bemalte Kirche fotografiert, sie schaut immer gut aus. Hinter ihr führt ein Weg hinauf zur Kneifelspitze. Der Rundumblick von der Spitze von der **Kneifelspitze** ist relativ bequem zu erreichen. Auf der einen Seite blickt man nach Berchtesgaden, ein Stück weiter ins Salzburger Land. Eine Gastwirtschaft darf an einem solchen Aussichtspunkt natürlich nicht fehlen.

DER LETZTE SCHNALZER

»So schön es im Winter sein mag, aber es scheint mir sicherer zu sein, im Sommer zu Dir zu kommen. Grüße Wasti von mir und erzähle ihm, dass meine Hamburger Freundinnen ganz angetan von dem strammen Bayern sind. Liebste Grüße, Charlotta.« Katherl ließ den Brief sinken. »Schade, dass dieser furchtbare Brandanschlag ausgerechnet dann passieren musste, als Charlotta da war. Verständlich, dass sie meint, bei uns wäre es gefährlicher als in der Hafenstraße nachts um halb drei.«

»Mhmh«, brummte Wasti und blätterte weiter im Berchtesgadener Anzeiger. Er wurde nur ungern an den entsetzlichen Brand des Buttnmandls erinnert. Allerdings schmeichelte es ihm, was die Hamburger Freundin von Katherl über ihn geschrieben hatte. »Du Katherl«, meinte er und deutete auf eine Ankündigung. »Das große **Rupertigau Preisschnalzen** 116 findet heuer in Saaldorf statt. Hättest du Lust, mit mir hinauszufahren?«

»Schon, aber wenn es stürmt und schneit oder regnet, dann habe ich keine Lust, den ganzen Tag herumzustehen und den Männern beim Schnalzen zuzusehen. Ich finde es ja ungerecht, dass bei den ganzen Brauchtumsveranstaltungen die Frauen nicht mitmachen dürfen.«

»Aber geh weida, Katherl. Die Frauen dürfen schon längst schnalzen. Selbst Kinderpassen gibt es, die schnalzen.«

»Ja, da schau her, wie fortschrittlich die draußen sind. Auf eine weibliche Kramperlbass in Berchtesgaden dürfen wir in Berchtesgaden noch lange warten.«

»Ja, das wäre noch schöner«, wollte Wasti schon sagen, erinnerte sich aber rechtzeitig daran, dass Katherl in Sachen Gleichberechtigung eher strikte Ansichten hatte, und schwieg darum besser. Er wollte die gemütliche Stimmung nicht ruinieren. Fast täglich kam er inzwischen vorbei, saß bei ihr auf der Küchenbank, bekam Kaffee und manchmal eine frisch gebackene Aus'zogene und genoss die gemeinsame Zeit sehr. Daher hielt er seinen Mund. Aber Frauen und Kramperl, das würde nie passieren.

Das Wetter wurde tatsächlich schön. Katherl hatte keine Ausrede mehr und musste mit Wasti zum Preisschnalzen nach Saaldorf fahren. Es lag nicht am Schnalzen, das ihr missfallen hätte, sondern vielmehr die vielen Menschen bei derartigen Veranstaltungen. Sie fuhren früher los, als nötig, da Katherl auf einen Spaziergang am **Abtsdorfer See** 117 bestanden hatte. »Sonst stehen wir die ganze Zeit herum. Ein wenig Bewegung nach den ganzen Feiertagsessen tut uns gut.«

Selbst im Voralpenland lag noch Schnee und die Hügellandschaft sah sehr hübsch aus.

»Nach **Freilassing** 118 müssen wir auch mal wieder fahren. Ich war noch nie in der **Lokwelt** 119«, stellte Katherl fest.

»Ich schon«, antwortete Wasti. »Aber seit wann interessieren dich alte Lokomotiven?«

»Mich interessiert alles Alte. Darum bin ich so gerne mit dir unterwegs«, scherzte Katherl.

»Dann musst du bei den Papiertonnen aufpassen«, kam es von ihm zurück.

»Warum?«

»Sonst nehmen sie dich alte Schachtel mit.« Wasti grinste breit und zwinkerte Katherl zu.

Schweigend fuhren sie durch die Winterlandschaft und bogen schließlich Richtung Abtsdorfer See ab. »Wir spazieren bis zur Aussichtsplattform ins **Haarmoos** 120 und dann fahren wir weiter.« Katherl wusste, dass es vernünftig war, Wasti klare Vorgaben zu machen, dann maulte er nicht die ganze Zeit. Denn Katherl hatte schon gemerkt, dass Wasti nicht so sehr auf den Spaziergang erpicht war. Er hatte Angst, auch nur einen Schnalzer zu verpassen.

Der kleine See lag ruhig da und die niedrig stehende Sonne spiegelte sich in ihm. Die Luft war kalt und erfrischend. »Eigentlich schade, dass die Schnalzer mit ihrem Geknalle den Winter vertreiben«, fand Katherl. »Schau nur, wie schön es heute ist.«

»Ja, nur für uns ist der Winter schön, weil wir Zentralheizung und einen Supermarkt haben. Aber stell dir nur die Menschen früher vor, die waren froh, wenn der Winter endlich vorbei war und es etwas Frisches zu essen gab, und waren es auch nur Brennnesseln oder Giersch. Irgendetwas Grünes zu bekommen und kein feuchtes Getreide, aus dem der Mäusekot geklaubt werden musst.«

»So gesehen, lieber Wasti, hast du recht. Wir reden uns leicht. Und was wir als die gute alte Zeit ansehen, war hart und voller Entbehrungen.« Sie waren an der Plattform angekommen, die aus Holz gebaut war und hoch über das Haarmooser Moor ragte. Die beiden stellten sich vorn hin und schauten auf die schneebedeckten Felder und Wiesen, aus denen die typischen kleinen Ställe herausragten.

»Damals war es nicht leicht im Berchtesgadener Land. Gäste kamen noch keine und zum Leben war das, was die Bauern erwirtschafteten, zu wenig und zum Sterben zu viel.« Katherl war direkt froh, nicht in der guten alten Zeit, nach der sich so viele Menschen heute sehnten, geboren zu sein.

»Und je länger der Winter war, umso weniger wurden die Vorräte. Deswegen gibt es auch die Fastenzeit am Ende des Winters, vor dem Fasching. Sie diente dazu, die immer leerer werdende Speisekammer am Ende des Winters zu schonen«, erklärte Wasti. »Damals machte das Sinn. Heute haben wir das ganze Jahr eine Versorgung mit allem, was das Herz und der Magen begehrt. Himbeeren im Winter – kein Problem. Ich finde das pervers«, schnaubte Wasti und stieß dabei eine große weiße Atemwolke aus. »Ich finde unser Brauchtum wichtig, weil es macht uns zu dem, was wir hier im Berchtesgadener Land sind. Etwas wie das Schnalzen verbindet die Menschen, die hier leben.«

»Ich habe ja auch nicht gemeint, man dürfe nicht mehr Schnalzen. Ich wollte nur darauf hinweisen, dass es heute ein wunderschöner Wintertag ist«, versuchte Katherl ihn zu beruhigen. Was war das mit den Männern und dem Brauchtum nur für eine Sache, dass sie es so ernst nahmen. Diesbezüglich verstanden sie keinen Spaß und erst recht keine Kritik. Auch ihr waren die Traditionen wichtig, diese mussten aber zum Leben passen und nicht nur um ihrer selbst willen bewahrt werden. Tradition ist nicht das Anbeten der Asche, sondern das Weitergeben des Feuers, hatte jemand einmal treffend formuliert. Katherl fand das überzeugend. Überall da, wo Tradition erstarrte, verlor sie ihren Sinn. Das Leben zu bereichern, das war ihre Aufgabe und nicht es in ein Korsett zu pressen. Und Wasti hatte recht, Traditionen sollten verbinden und nicht die Menschen trennen.

Katherl hatte Wastis Unruhe bemerkt. Wie ein Schulbub, der aufs Klo musste, trat er von einen Fuß auf den anderen. Also schlug sie ihm vor, zurückzugehen und nach Saaldorf weiterzufahren.

Die Freiwillige Feuerwehr regelte den Verkehr, der auf das kleine Dorf zurollte. Schon vor dem Dorf wurden sie auf ein Feld gelotst, das als provisorischen Parkplatz für diesen Tag diente. Der festgefahrene Schnee knirschte unter ihren Füßen, als sie zur Schnalzerwiese marschierten. Im Dorf spielte die Musikkapelle und von allen Richtungen strömten die Besucher herbei. Vor dem **Schnalzerbrunnen** 121 herrschte dichtes Gedränge. Viele wollten sich mit der Schnalzerfigur aus Bronze fotografieren lassen. Katherl blieb nebenan vor der Werkstatt der **Holzbildhauerin Helga Wagner** 122 stehen. Fröhliche Wichtel, aus Holz geschnitzt und farbig bemalt, schauten aus dem Atelierfenster dem Treiben zu.

»Die sind ja richtig lustig mit ihren Zipfelmützen.« Katherl zeigte sie Wasti, der sich gleich eine geistige Notiz machte, das nächste Weihnachten kam gewiss. Vor allem ein Wichtelpaar mit aufgemalter Lederhose und Dirndlkleid würde sich neben Katherls Hauseingang gut machen. Wenn er nächste Woche seinen neuen Teppich bei der **Handweberei Huber** 123 abholte, wollte er bei der Holzkünstlerin vorbeischauen und das Geschenk besorgen.

»Könnten Sie ein Foto von uns vor dem Brunnen machen?«, bat Wasti einen Besucher. Katherl und er nahmen vor Aufstellung vor dem seine Goaßl schwingenden Schnalzer. Mutig legte Wasti den Arm um Katherls Schulter und zog sie etwas zu sich. Sie lachten beide und in der nächsten Woche bekam das Foto einen Ehrenplatz in seiner Wohnung und Katherl stellte es auf ihre Kommode, was Wasti mit Genugtuung registrierte.

Je näher sie der Schnalzerwiese kamen, umso voller wurde es. Genau das konnte Katherl an solchen Menschenansammlungen nicht leiden, aber mit dem starken Wasti an ihrer Seite fiel es ihr leichter, das Gedränge auszuhalten. Rund um die Wiese, auf der die Schnalzerpassen ihren Wettkampf austragen würden, war ein hölzernes Geländer aus entrindeten Fichtenstämmen aufgestellt, um die Menge auf Abstand zu halten. Auf dem schneebedecktem Feld lagen hintereinander Haufen aus Sägespäne, die die Standpunkte der Schnalzer markierten.

»Damit die Schnalzer einen guten Stand haben und nicht auf dem Schnee ausrutschen«, erklärte Wasti. »Das wäre fatal. Denn die Pass muss ganz gleichmäßig schnalzen. Das Knallen oder der Duscher, wie sie hier dazu sagen, ist entscheidend.«

»Die heißen Bass wie bei uns die Kramperlbass?«, fragte Katherl.

»Nur dass man sie im **Rupertiwinkl** 124 mit P schreibt. Eine Pass besteht meistens aus neun, darum so viele Sägespänehaufen. Entweder Schnalzt eine Pass zusammen, das nennt man Gleichklang, da sollte man sozusagen nur einen einzigen Duscher hören. Oder sie schnalzen hintereinander, das wird als Draufschnalzen bezeichnet. Das ist ungemein schwer. Warte, das wirst du gleich schon sehen und vor allem hören.«

Die Musikkapelle kam anmarschiert, die Schnalzerpassen und die Gäste wurden vom Vorsitzenden der Schnalzervereinigung begrüßt und dann trat die erste Pass an. Die Männer nahmen Aufstellung. Der Vorderste rief:

»Aufdrahd, oane, zwoa, drei, dahi geht's.« Dabei drehte er seine Goaßl mit dem langen, mit Pech bestrichenen Hanfseil über seinen Kopf und ließ dann den ersten Duscher hören. Wie bei einer Gewehrsalve schnalzten die anderen Männer der Reihe nach drauf. Knall folgte auf Knall und als der letzte Mann geknallt hatte, fing wieder der erste an. Auf diese Weise lief das Knallen in schneller Abfolge neun oder elf Mal durch die Pass. Als Zeichen, dass der Durchgang beendet war, sprang der Vorderste zur Seite. Die Zuschauer klatschten. Katherl war beeindruckt. Präzise wie bei einem Uhrwerk erfolgte Peitschenknall auf Peitschenknall.

»Wo stehen eigentlich die Punktrichter? Ich kann keine sehen.«

»Kannst du auch nicht. Die sitzen in einem der Häuser nebenan und hören nur das Schnalzen. Sie sehen nicht, welche Pass gerade schnalzt, damit keine bevorzugt wird. Nur das Duschen der Goaßln wird beurteilt.«

»Also gehen sie nur nach ihrem Gehör bei ihrer Beurteilung?«

»Genau. Die sieben Juroren hören die Passen und vergeben maximal 20 Punkte. Am Ende gewinnt die Pass mit den meisten Punkten und darf die Wandergoaßl bis zum nächsten Preisschnalzen behalten.«

Eine Pass nach der anderen zeigte ihr Können. Katherl konnte kaum Unterschiede heraushören. Freilich, die Kinderpassen mit den erst vierjährigen Buben konnten es noch nicht so gut wie ihre Väter. Aber sie hatten noch lange Zeit zum Üben.

»Ich kann nicht hören, wer besser schnalzt«, gestand Katherl.

»Da kommt es ganz auf die Feinheiten an. Die Preisrichter haben ja selber ihr Leben lang geschnalzt, die hören, ob ein Durchlauf gleichmäßig und laut genug ist oder nicht.«

»Hast du selber schon mal geschnalzt?«, wollte Katherl von Wasti wissen.

»Schon, früher einmal, bei meinem Onkel Herbert, der wohnte gleich hier in Saaldorf. Ich war öfters bei ihm zu Besuch und da habe ich es ausprobiert, zusammen mit meinem Cousin Günther. Der konnte es natürlich schon richtig, obwohl er drei Jahre jünger ist als ich. Das hatte mich immer gewurmt. Er hatte halt auch mehr Zeit zum Üben, denn geschnalzt werden darf eigentlich nur zwischen Stefanietag und Faschingsdienstag.«

»Vor dem 26. Dezember dürfen die also nicht üben?«

»Nein, deswegen findet das Preisschnalzen auch immer erst Ende Januar, Anfang Februar statt, damit die Passen genug Zeit hatten, zu trainieren. Denn das Schnalzen ist ganz schön schwer und es erfordert Disziplin, bis man im Gleichklang und Rhythmus ist. Die kleinste Abweichung hört die Jury und dann gibt es Punktabzug.«

Die nächste Pass hatte Aufstellung genommen. An der Kleidung war zu erkennen, woher sie stammten. Die von der bayerischen Seite des Rupertiwinkels trugen ihre Tracht, hingegen die von der salzburgerischen Seite hatten schwarze Hosen und ein weißes Hemd mit einer Samtweste darüber an.

»Das Schnalzen gibt es nur im Rupertigau«, klärte Wasti Katherl auf. »Also drent und herent der Salzach. Man versteht sich hier als Rupertiwinkler und weniger als Deutsch oder Österreicher. Früher gehörten ja alle zusammen zum Erzstift Salzburg. Die Landesgrenze kam erst viel später.«

Leicht sah das Schnalzen nicht aus. Die Teilnehmer schwangen ihre Goaßl in die eine Richtung, um sie dann mit einer Gegenbewegung, kurz bevor sich das Seil ganz ausgerollt hatte, in die andere Richtung zu ziehen. Dabei beschleunigte das Seilende so, dass der daran befestigte Boschen für den Bruchteil einer Sekunde die Schallmauer durchbrach und so den Knall, den Duscher, erzeugte. Der Boschen bestand früher aus Bast, heute war es eine weiße Nylonschnur, die sich durch das Schnalzen aufdröselte und ein wenig an einen Kuhschwanz erinnerte. Katherl wagte das aber nicht zu sagen, damit Wasti die Bemerkung nicht in den falschen Hals bekam. Wie gesagt, beim Brauchtum hörte der Spaß schnell auf, so ernst wurde er genommen.

»Mein Onkel Herbert hat mir einmal erzählt«, fuhr Wasti fort, »dass sie im Zweiten Weltkrieg wegen der Materialknappheit keinen Bast hatten, um ihn an die Goaßl zu binden. Da haben sie getrocknete Brennnesselstiele genommen. Die sind ebenfalls fasrig und knallen deswegen auch.«

Ab und zu gab es eine Frau in einer Pass und Wasti deutete jedes Mal auf sie, um Katherl darauf aufmerksam zu machen, wie fortschrittlich dieses Brauchtum war.

»Ist ja schon gut«, gab sie sich geschlagen. »Wenn in Berchtesgaden auch eine Frau als Kramperl mitlaufen darf, dann sage ich keinen Ton mehr.«

»Da kannst du lange warten«, konnte sich Wasti dann doch nicht verkneifen.

Die Jugendpassen bekamen besonders viel Applaus. Die Kinder sahen mit ihren konzentrierten Gesichtern einfach zu herzig aus.

Da es über 200 Passen waren, bekam Katherl langsam kalte Füße. »Bei so vielen Schnalzern möchte man meinen, dass der Winter sich jetzt ganz schnell davonschleicht und ich wieder warme Füße bekomme.« Sie stapfte auf der Stelle, doch das half inzwischen auch nichts mehr.

»Warum gehst du nicht rüber zum Hof von meinem Cousin Günther und wärmst dich etwas auf? Die Tür ist sicher offen.«

»Ich kann doch nicht einfach bei einem wildfremden Menschen mich in die Küche hocken.«

Wasti seufzte, mehr innerlich, nahm Katherl am Arm und sagte: »Schau, dort drüben steht irgendwo der Günther. Den suchen wir jetzt und ich kläre das. Nicht, dass du mir noch krank wirst.« Sie verließen ihren Platz, und da es ein guter gewesen war, rückten gleich welche nach, was Wasti mit Bedauern registrierte. Seinen Cousin Günther fanden sie zusammen mit seiner Pass, die auf ihren Auftritt wartete. Er hatte überhaupt nichts dagegen, dass sich Katherl seine Küche als Wärmestube benutzen wollte. Ganz im Gegenteil. Er freute sich sehr und bat Katherl, im Holzofen in der Küche Feuer zu machen. Dann wäre es schön warm, wenn er ganz durchfroren heimkommen würde. »Mehr Holz ist hinten im Stall. Das kannst du ruhig holen. Das wäre eine pfundige Sach.« Kaffee sollte sie bitte doch auch gleich machen. Wasti und er würden dann nach dem Schnalzen vorbeischauen, bevor später der Festabend beim Festwirt begann.

»Und der Schlüssel?«, fragte Katherl.

»Geh, bei uns im Dorf sperrt keiner zu, da ist immer alles offen. Wer bei mir etwas stehlen möchte, der ist selber schuld. Außer schmutziges Geschirr und dreckige Socken gibt es nichts bei mir zu holen.«

Katherl verabschiedete sich und fand kurz darauf den Hof, der gleich der Kirche gegenüber lag. Katherl trat in das Bauernhaus und ging in die Küche hinein.

»Oh mei«, stieß sie bei dem Anblick aus. Günther war offensichtlich ein Junggeselle, der nicht viel für Hausarbeit übrig hatte. Im Ofen lag noch die Asche vom Vortag. Katherl rüttelte den Rost. Streichhölzer fanden sich und im Holzkorb lag altes Zeitungspapier und ein paar Späne. Es dauerte nicht lange, da glommen sie. Vorsichtig pustete Katherl hinein und freute sich über die ersten Feuerzünglein. Erst jetzt bemerkte sie, wie durchgefroren sie war. Als das Feuer groß genug war, schob sie größere Holzscheite in den Ofen. Sie schaute sich um. Im Waschbecken türmte sich das Geschirr. Wenn ich schon da bin, dann kann ich mich genauso gut ein wenig nützlich machen. Sie stellte den Wasserboiler an und trug das übrige Geschirr vom Tisch zur Spüle. Zwischendurch sah sie immer wieder nach dem Feuer. Als das Wasser warm genug war, weichte sie zunächst alles ein, sonst bekam sie die eingetrockneten Essensreste nie ab. Als sie den letzten Scheit in das Ofenloch gesteckt hatte, erinnerte sie sich daran, dass mehr Holz hinten im Stall lag. Katherl zog sich die Jacke an und ging zum Stall, der sich an das Wohnhaus anschloss. Das große Tor war nicht leicht zu öffnen und Katherl musste mit ganzer Kraft daran ziehen, bis das Schiebetor nachgab. Sie zog es so weit auf, dass sie durchschlüpfen konnte. Drinnen war es dunkel, doch Katherl erkannte an einer Seite einen Hackklotz, in dem eine Spaltaxt steckte. Drum herum lagen die gehackten Holzscheite. Katherl bückte sich und klaubte einen Armvoll auf und freute sich auf die Wärme, die sie ergeben würden. Die Kaffeedose und einen Filter hatte sie auch schon gefunden. Nur noch die Kanne musste gespült werden. Katherl richtete sich auf. Ihre Augen hatten sich inzwischen an die Dunkelheit gewöhnt. Hinten im Stall sah sie etwas Komisches. Irgendetwas hing dort vom Balken. Katherl trat näher und mit einem Schrei ließ sie alle Scheite fallen. Vor ihr, am Querbalken aufgeknüpft, hing ein junger Mann, fast noch ein Kind.

Sein Kopf steckte in einer Schlinge, die aus einem Goaßlstrick geknüpft war. Das junge Gesicht war hässlich blau angelaufen, das konnte Katherl selbst bei der schwachen Beleuchtung erkennen. Der weiße Boschen lag wie ein groteskes Haarteil auf dem Kopf des Mannes. Das andere Ende des Stricks war um den Balken geschlungen und fest geknotet. Der Holzstiel hing wie ein Ausrufezeichen über dem Kopf des Toten. Katherl schrie wieder, diesmal aber um Hilfe, doch keiner hörte sie. Das ganze Dorf stand draußen auf der Schnalzerwiese und schaute den Aperschnalzern zu.

Hinterher wusste Katherl nicht mehr, wie sie es geschafft hatte, in dem fremden Haus das Telefon zu finden. Die Ladestation stand im Flur, aber das Telefon fand sich schließlich im Wohnzimmer unter einem Kissen. Sie wählte den Notruf und musste feststellen, dass sie weder Straße noch Hausnummer kannte und über den Namen des Hausbesitzers konnte sie ebenso keine Auskunft geben. Sie merkte selbst, dass sich das nicht sehr vertrauenserweckend anhörte, denn der Mann in der Rettungsleitstelle fragte ein zweites Mal nach, was denn genau los sei. Katherl erklärte es erneut, flocht aber den Hinweis ein, dass sie im Haus des Cousins ihres Freundes sei. Der arme Wasti, der im Notfall immer zu ihrem Freund befördert wurde.

Katherl ging wieder in die Scheune. Ihr kam es nicht richtig vor, den jungen Mann allein zu lassen. Im Dämmerlicht des Nachmittags setzte sie sich auf den Holzstoß und schaute den Toten an. Er musste um die 20 Jahre alt sein, vielleicht sogar noch etwas jünger. Das Gesicht war verzerrt, die Augen weit aufgerissen und starr, darum war das Alter nur schwer zu schätzen. Die modische Kleidung war Katherl vorhin schon aufgefallen. Die Jeans war tief geschnitten und wurde gerade noch von einem Gürtel an den schmalen Hüften gehalten. Dünne Stoffschuhe, die mit schwarzem Edding bemalt waren, passten nicht zum Winterwetter. Auf sein T-Shirt war ein totes Pferd gedruckt und »vegan power« stand darunter. Schwarz war auch die Kapuzenjacke, die verloren von den dünnen Schultern hing. Wie schmächtig er war. Eine halbe Portion, wie man so schön sagte. Nach den ganzen gestandenen Männern in Tracht, die sie den ganzen Nachmittag gesehen hatte, fiel ihr das erst recht auf. Welch dünnes Leben es gewesen sein muss. Am Ende zu dünn und dann brach das Eis und er hat sich erhängt. Mit einer Goaßl. Also musste er aus dem Dorf stammen. Katherl schauderte. Bei einer Familie, die gerade draußen stand und beim Schnalzen zuschaute, würde das Preisschnalzen nicht beim Festwirt ausklingen, sondern in der Leichenschauhalle in Traunstein. Selbstmord mit einer Goaßl. Das würde dem diesjährigen Aperschnalzen eine besondere Bedeutung verleihen. Aber warum erhängte sich der Junge ausgerechnet in Günthers Stall? An den Balken war eine Leiter gelehnt, so hatte er die Goaßl festgemacht. Dann musste er auf die Holzkiste gestiegen sein, die umgeworfen hinter ihm lag. Ganz schön weit weg lag sie. Er musste sie also mit richtigem Schwung dorthin umgekippt haben. Katherl widerstand dem Drang, aufzustehen und hinzugehen. Die Polizei sollte alles so vorfinden, wie es gewesen war. Wo blieben die überhaupt? Müssten die nicht schon längst da sein?

Aber so eine Kiste aus Holz war recht schwer, wie hatte er es nur geschafft? Jetzt trat sie doch näher und hielt sich dabei ganz an den Rand. Als sie auf der Höhe der Kiste war, schätzte sie den Abstand zum Toten auf mindestens einen Meter. Hätte sie nicht einfach nur nach hinten kippen müssen? Vielleicht zeigte sie, mit welcher Entschlossenheit der Tod herbeigewünscht geworden war. Katherl blickte zum Toten. Warum?, dachte sie und eine unendliche Traurigkeit überkam sie. Ein junges Leben nahm es sich selbst. Warum?

Als endlich die Polizei kam, schoben sie das Stalltor zunächst ganz auf und blieben erstaunt stehen.

»Da hängt ja tatsächlich einer«, rief einer der beiden Polizisten aus.

»Das hatte ich doch der Rettungsleitstelle gesagt.« Katherl war von dem Holzhaufen aufgestanden und zeigte auf den Toten. »Ich wollte Holz holen für den Ofen in der Küche, da habe ich ihn gefunden.«

»Sie wohnen gar nicht hier, oder? Die Rettungsleitstelle sagte so etwas.«

»Nein, mir ist es beim Schnalzen nur zu kalt geworden und Günther, der Cousin meines Freundes, der hier wohnt, hat mir erlaubt, mich in der Küche aufzuwärmen.«

Der Polizist schaute sie an und sagte: »Bleiben Sie bitte hier, wir müssen Ihre Personalien noch aufnehmen.« Der andere Polizist rief in der Zentrale an: »Wir haben hier einen Selbstmord. Verständigt bitte doch einen Leichenwagen.« Zu seinem Kollegen meinte er: Dann wollen wir den Jungen mal herunterschneiden.« Dabei klappte er sein Messer auf und die beiden Polizisten gingen zu dem Toten, besahen sich die Situation aus der Nähe und zogen sich dann Plastikhandschuhe über. Einer stieg die Leiter nach oben, so wie es der Junge gemacht haben musste. Nur dass der Polizist das Seil durchschnitt. Katherl beobachtete, wie der andere sich unten in Position brachte und versuchte, als das Seil durchtrennt war, den nach unten sausenden Körper aufzufangen. Der Tote sackte über dem Polizisten zusammen, denn er hatte ihn um die Knie gepackt, was ihn ins Taumeln brachte. Katherl eilte nach vorne, wurde aber von dem auf der Leiter stehenden an einem helfenden Eingreifen abgehalten. »Wir machen das schon. Gehen Sie ins Haus, bis wir fertig sind.«

Katherl wollte noch etwas sagen, behielt es dann für sich und ging. Am Tor drehte sie sich noch einmal um. Der leblose Körper lag ausgestreckt auf dem Betonboden. »Schließen Sie ihm wenigstens die Augen!«, sagte sie und ging.

Das Feuer war längst erloschen. Doch das machte ihr nichts, denn im Augenblick hätte sie nicht sagen können, ob es ihr warm oder kalt war. Ihr Körper meldete keinerlei Empfindungen an ihr Gehirn weiter. Nur ihren schnellen Puls spürte sie. Nicht der Tote selber hatte sie aufgeregt, eher das Verhalten der beiden Polizisten. Wie schnell sie die Situation geklärt hatten. Ein Selbstmord – abschneiden, ablegen und abheften.

Gut, dass sie sich Wastis Handynummer auf einen Zettel notiert und in ihre Geldbörse gesteckt hatte. Sie rief ihn an. Das Knallen der Goaßln war deutlich zu hören. »Komm bitte zum Günther her und bringe ihn gleich mit«, bat sie ihn.

»Das geht nicht. Die Saaldorfer Pass kommt gleich dran«, protestierte Wasti.

»Wasti, ich glaube, es ist besser, wenn Günther herkommt, Preisschnalzen hin oder her. Bei ihm hängt ein Toter im Stall.«

Kreidebleich stand Günther neben dem Toten. »Das ist der Sebastian Wurmer, der Sohn vom Nachbarn.« Fassungslos sah er zu der abgeschnittenen Goaßl, die noch am Balken hing. Unwillkürlich schaute er auf seine Goaßl, die er, ordentlich zusammengelegt, wie es sich gehörte, in seiner Hand hielt. »Ihr müsst seinen Vater verständigen. Der steht draußen und wartet, dass unsere Pass drankommt.« Unsicher drehte sich Günther um, wankte ein paar Schritte und musste sich dann an die Stallwand lehnen. Wasti ging zu seinem Cousin, der wehrte aber ab, richtete sich auf und sagte: »Ich gehe ihn holen.«

Es dauerte nicht lange, da kam er mit einem Mann, dem Sebastian Wurmer senior, wieder. Auch er hatte eine Goaßl in der Hand, hatte die gleiche grüne Weste und die gleiche Lederhose an wie Günther. Nur war er größer und stämmiger, deswegen stand Wurmer Senior immer auf der letzten Position seiner Pass mit der längsten Goaßl, den sogenannten Bass, in den Händen.

Als er eintrat, wurde es ruhig. Nur das Walkie-Talkie eines der Polizisten knarzte eine Interferenz in die Stille. Stumm stand der Mann neben der Leiche auf dem Boden.

»Das ist mein Sohn«, sagte er tonlos, räusperte sich und wollte wieder gehen, als ihn der Polizist fragte: »Warum ausgerechnet hier? Können Sie sich das erklären?«

Wurmer sah auf seinen Sohn, sah auf den Querbalken, an dem der Rest seiner Goaßl hing, und sagte: »Wahrscheinlich, weil ich bei uns im Stall war und die alte Goaßl meines Vaters ausprobiert habe, weil ich meine nicht finden konnte. Jetzt weiß ich ja, wo sie war.« Dann ging er schweigend hinaus. Günther folgte ihm. Von draußen war das Schnalzen der Saaldorfer Pass zu hören. Dieses Jahr zählten sie zu den Verlierern.

Plötzlich spürte Katherl die Kälte. Es war, als hätte ihr Gehirn alle Informationen, die es die letzte Stunde unterdrückt hatte, auf einmal zu verarbeiten. Sie bat Wasti, sie heimzufahren. Ihre Aussage war aufgenommen und hier gab es nichts mehr zu tun. In Günthers Küche saßen die anderen Männer der Pass zusammen. Hier würden sie nur stören. »Fahren wir heim. Mir ist so elendiglich kalt. Wenn nur der Winter schon vorbei wäre.« Die schöne Winterstimmung vom Vormittag war weit weg. So weit, als ob sie eine Goaßl aus Katherls Erinnerung vertrieben hätte.

Es war eine sternenklare Nacht, als sie zurückfuhren. Hinter dem **Högl** 125 stand der Mond und brachte den Schnee zum Glitzern. Da erst konnte sie im Stillen ein Gebet für den Jungen sprechen.

Nachts lag sie wach. Als sie es im Bett nicht länger aushielt, stand sie auf, zog sich ihre selbst gestrickten Wollsocken an und schlüpfte in ihren Bademantel. In der Stube war es warm, denn Wasti hatte ordentlich eingeheizt. Etwas Glut war noch da und Katherl legte ein dünneres Holzscheit drauf. Das fing bald Feuer und knisterte und knackte im Ofen. Lange saß sie da und wenn das Holz heruntergebrannt war, legte sie nach.

»Warum?«, fragte sie dabei jedes Mal, als ob das Feuer ihr die Antwort geben könnte.

Als sie aufwachte, lag sie zusammengekrümmt auf der Ofenbank. Steif setzte sie sich auf. Bequem war es nicht gewesen, dafür aber warm. In den Morgenstunden hatte es zu schneien begonnen. Dicke weiße Flocken schwebten langsam herab. Ein Auto fuhr vor, pflügte durch den lockeren Schnee. Dann klingelte es. Katherl ahnte schon, wer es war, und freute sich. Tatsächlich stand Wasti vor ihrer Tür mit einer Tüte frischer Semmeln in der Hand. Die großen weißen Flocken fielen auf seine Haare und blieben wie ein kleines Mützchen auf seinem Kopf liegen. Katherl schaute ihn an, zog die Augenbrauen zusammen und meinte dann, mit ruhiger Stimme. »Wasti, wir müssen sofort wieder nach Saaldorf fahren.«

Die ganze Fahrt über hatte sie geschwiegen, das kannte Wasti schon. Daher versuchte er erst gar nicht, etwas aus ihr herauszubekommen. Er parkte vor dem Haus seines Cousins. Sie betraten die Küche. Zu dem Geschirr hatte sich noch eine Menge an leeren Bierflaschen gesellt, die auf dem Tisch standen und einen schalen Geruch verbreiteten. Ein Schnarchen aus dem Wohnzimmer zeigte ihnen, wo Günther war. Anscheinend hatte er es auch nicht mehr bis ins Bett geschafft. Aber bei ihm waren es die Biere und nicht wie bei Katherl die offenen Fragen gewesen. Sie brachten ihn einigermaßen wach und Katherl bestand darauf, dass er sie hinüber zu seinem Nachbarn, zu Sebastian Wurmer senior, begleitete. Benommen tappte er hinter ihnen her, ohne zu wissen, warum diese Freundin seines Cousins Wasti in aller Früh so einen Wirbel veranstaltete.

Katherl klingelte. Es dauerte lange, bis Wurmer an der Tür erschien. Er war in Arbeitskleidung, denn seine Kühe mussten gefüttert und gemolken werden, auch wenn sich am Tag zuvor der eigene Sohn umgebracht hatte. Der Stallgeruch verband sich mit den bierigen Ausdünstungen Günthers, doch Katherl war von etwas ganz anderem schlecht.

»Können wir uns bitte unterhalten?«, fragte sie Wurmer. Der trat einen halben Schritt zurück und deutete mit seinem Kinn in Richtung Küche. In der sah es etwas aufgeräumter auf, aber auch an ihr erkannte man, dass es ein reiner Männerhaushalt war. Katherl hatte von Günther erfahren, dass Wumers Frau vor vier Jahren an Krebs gestorben war und er seitdem mit seinem Sohn allein den Hof bewirtschaftete.

»Herr Wumer«, fing Katherl an, als sich alle gesetzt hatten. »Warum haben Sie Ihren Sohn ermordet?«

Auf eine Bombe erfolgte normalerweise eine Explosion. Doch diese Bombe hinterließ eine Stille, in der man nur das regelmäßige Aufplatschen eines Wassertropfens aus dem Wasserhahn in eine in die Spüle gestellte Schüssel hörte. Platsch, machte es und wieder Platsch. »Ich weiß, dass Sie Ihren Sohn ermordet haben. Ich würde nur gerne wissen warum.«

Günther blickte sich völlig verständnislos um, Wasti nagte auf seiner Unterlippe herum und Sebastian Wurmer stierte vor sich hin.

»Ich wollte es nicht«, fing er schließlich zu gestehen an. »Wir hatten gestritten, wie so oft. Er wollte nicht mehr mit mir den Hof bewirtschaften. Er wollte nach München gehen und in einer Band singen. Eine, die nur Krach macht. Wo sie nur kreischen und in das Publikum hüpfen.« Sein Sohn hatte ihm einmal ein Video von einem Konzert gezeigt, und er hatte ihm gesagt, das sind doch alles Verrückte. »Er wollte weg, wollte Tontechniker werden. Aber ich brauche ihn doch auf dem Hof.«

»Und dann, gestern, nach dem Streit?«, fragte Katherl mit ruhiger Stimme.

»Er hat mich einen jämmerlichen Versager genannt. Einen, der außer seinen Kühen und seiner Goaßl nichts hat. ›Scheiß Tradition‹ hat er gerufen. ›Die Mama hatte dieses scheiß Schnalzen auch immer satt gehabt. Jeden Abend besoffen und das nennt sich dann Brauchtum!‹, hat er gerufen. Und dann bin ich auf ihn los. Habe ihn gepackt. Ich war so wütend. Dann war er still.« So viel hatte der Wurmer Bauer schon lange nicht mehr geredet.

»Dann haben Sie ihn drüben beim Günther im Stall aufgehängt, damit es wie ein Selbstmord aussah«, erzählte Katherl die Geschichte weiter. Wurmer nickte. »Warum dort?«

»Meine Balken im Stall sind zu hoch. Und das Probeschnalzen war meine Ausrede, wo ich in der Zeit war. Die andern standen ja alle draußen auf dem Feld und haben auf mich gewartet.«

»Während Sie im Stall schnalzten, mit der alten Goaßl ihres Vaters, erhängte sich ihr Sohn beim Nachbarn. Das war die Geschichte, die Sie erzählen wollten. Doch in Wirklichkeit haben Sie Ihren Sohn hinübergeschafft und aufgehängt.« Wurmer nickte. »Das Schnalzen sollte Ihr Alibi sein.« Katherl sah ihn an.

»Ja«, sagte er heiser. Eine Träne rann ihm die unrasierte Wange hinunter und fiel im Gleichklang mit dem Platsch des Wassertropfens.

Durch das Küchenfenster sah man ein Polizeiauto einbiegen. Die beiden Polizisten von gestern, begleitet von Kriminalkommissar Würtinger aus Traunstein, stiegen aus. Der Leichenbeschauer hatte merkwürdige Abdrücke am Hals des toten Jungens gefunden, die nicht vom Hanfseil der Goaßl stammen konnten. Sie klingelten.

»Wie sind Sie draufgekommen?«, fragte Wurmer Katherl schnell.

»Der Boschen«, sagte sie. »Das Nylonseil franst beim

ersten Schnalzer aus. Doch ihr Boschen an der alten Goaßl, die sie sich hergerichtet hatten, war noch nicht ausgefranst. Sie waren also gar nicht beim Schnalzen in Ihrem Stall gewesen. Dazu hatten Sie gar keine Zeit, Sie mussten den Selbstmord Ihres Sohnes vortäuschen.«

»Der neue Boschen«, sagte Wurmer.

Die Polizisten klingelten erneut.

»Sie wollten Ihren Hof nicht alleine bewirtschaften«, sagte Katherl. Nicht anklagend, sondern eher traurig. »Und nun gibt es keinen Wurmerer Hof und auch kein Schnalzen mehr.« Sie stand auf und ließ die Polizei herein. »Er hat alles gestanden«, sagte sie zu den erstaunten Polizisten.

»Liebe Charlotta«, schrieb Katherl an ihre Freundin, »ich glaube auch, es ist besser, wenn Du wieder erst im Sommer kommst. Da gibt es auch wunderbare Brauchtumsveranstaltungen. Wenn du mich wieder besuchst, dann gehen wir auf einen richtigen Heimatabend.«

Als sie den Brief fertig geschrieben hatte, setzte sie sich zu Wasti auf die Hausbank. Sie griff seine Hand und drückte sie. Auf der Wiese vor ihrem Haus lagen nur noch ein paar Schneereste herum. Die Sonne der letzten Tage hatte ganze Arbeit geleistet. »Richtig aper ist es geworden. Gut, dass die Schnalzer den Winter vertrieben haben«, sagte sie.

»Dann hast du nichts mehr gegen das Schnalzen?«

»Geh, Wasti, warum sollte ich? Es ist ein sehr schöner Brauch und es ist gut und wichtig, dass er im Rupertigau gepflegt wird. Aber eine solche Familientragödie kann überall passieren, daran ist die Tradition nicht schuld.« Tradition sollte die Menschen zusammenbringen und dann sollten sie zusammen reden, leben und feiern. Ohne andere auszuschließen.

»Egal was wir anhaben, eine Tracht oder einen Lendenschurz, egal ob wir schnalzen, schuhplattln oder einen Stammestanz aufführen, wir sind doch alle gleich. Tradition darf man nicht todernst nehmen.« Katherl lehnte ihren Kopf an Wastis Schulter. »Und jene, die wir lieben, sollten uns wichtig sein.«

116 Das **Rupertigau Preisschnalzen** findet jedes Jahr in einer anderen Gemeinde statt. Das Aperschnalzen mag auf einen heidnischen Brauch zurückgehen, den Winter zu vertreiben. Es könnte auch ein Fruchtbarkeitsbrauch sein, die lauten Peitschenschläge sollen das Saatgut unter dem Schnee zum Austreiben anregen. Aber auch als Verständigungsmöglichkeit zur Zeit der Pest ist ein möglicher Entstehungsgrund.

117 Schwimmer und Wasserplanscher lieben den **Abtsdorfer See.** Er gilt als einer der wärmsten Seen Bayerns. Liegewiesen umsäumen ihn und auch ein richtiges Strandbad gibt es. Wer lieber spazieren geht als schwimmen, es lohnt auch der Rundweg um den See.

118 Als Einkaufsstadt hat sich **Freilassing** einen Namen in der Region gemacht. Die großzügige Fußgängerzone lädt zum Bummeln ein und dass man kostenlos parken darf, macht dem Besucher Freude. Zahlreiche Cafés, Gasthöfe und Restaurants finden sich in der Innenstadt.

119 Nicht nur Eisenbahnfans werden die **Lokwelt** in Freilassing lieben. In dem denkmalgeschützten Rundschuppen werden 150 Jahre Eisenbahngeschichte lebendig. Für Kinder gibt es einen eigenen Ausstellungsbereich. Die voll funktionsfähige Drehscheibe des Stellwerks wird für die Besucher in Bewegung gesetzt.

120 Gleich neben dem Abtsdorfer See liegt das **Haarmoos**. Die feuchten Wiesenflächen bieten für eine Vielzahl von Vögeln ideale Bedingungen. Das landschaftlich reizvolle Niedermoorgebiet mit seinen malerischen Heustadeln kann auf einem Rundweg erkundet werden. Informationstafeln, ein Aussichtsturm und eine Beobachtungshütte sprechen vor allem Vogelkundler an.

121 Mitten in Saaldorf steht der **Schnalzerbrunnen**. Der junge Aperschnalzer aus Bronze holt gerade mit seiner Goaßl aus. Hier befindet man sich in einem typisch oberbayerischen Dorf, das eine intakte Dorfstruktur aufweisen kann.

122 Unweit des Brunnens hat die **Holzbildhauerin Helga Wagner** ihr Atelier. Ihre lustigen Wichtel sind eine Bereicherung für jeden Garten. Mit ihren roten Zipfelmützen sind sie alles andere als spießig. Aber auch schöne andere Werke, wie Krippen oder Engel fertigt die begabte Bildhauerin aus Holz an.

123 Bei Saaldorf hat die **Handweberei Huber** ihren Sitz. Auf alten Webstühlen werden die Teppiche aus Wolle der eigenen Schafen hergestellt. In dem Hofladen sind auch ihre einzigartigen Wollfleckerlteppiche zu erwerben, bei denen alles vor Ort produziert wurde.

124 Der **Rupertiwinkl** ist nach dem ersten Bischof von Salzburg, dem Heiligen Rupert benannt. Das gesamte Gebiet gehörte bis 1816 zu Salzburg. Erst danach

wurde es aufgeteilt. Der Rupertiwinkl wird von der malerischen Voralpenlandschaft geprägt. Dörfer, Felder und Seen prägen sein Aussehen. Lassen Sie sich einfach ein wenig treiben und entdecken so die kleinen Schönheiten der Region. Die alte Tradition der Totenbretter wird im Rupertiwinkl noch aufrecht gehalten. Immer wieder finden sie sich zum Beispiel an einem Ortsausgang. Mit ihnen werden an die Verstorbenen gedacht. Früher wurde der Verstorbene auf dem Totenbrett zum Friedhof gebracht. Heute werden Namen und Lebensdaten eingeschnitzt und zum Gedenken an besonderen Plätzen aufgestellt.

125 Viele Wanderwege durchziehen den **Högl**. Der lang gestreckte Höhenzug bietet einige Aussichtspunkte. Da teilweise Wege geteert sind, strampeln und sausen gerne Mountainbiker und Rennradfahrer über ihn. Fast automatisch kommt man an einer der Gastwirtschaften vorbei. Am Fuße des Högls liegt das Kloster Höglwörth. Kloster ist es schon lange keines mehr und das Gebäude ist in Privatbesitz. Spaziert man aber um den Höglwörther See hat man den Gebäudekomplex, der sich sehr fotogen im Wasser spiegelt, immer im Blick. Es gibt ein kleines Strandbad und vor allem einen guten Wirt am Höglwörther See.

ASTRID KORTEN
Eiskalte Umarmung

978-3-8392-1885-3 (Paperback)

»Brutal, eindringlich, faszinierend: Begleiten Sie einen gnadenlosen Killer bei seinen Taten – und sagen Sie nicht Sie seien nicht gewarnt worden!«

»Morgen ist Sonntag«, flüsterte er. »Du wirst in Ekstase sterben. Du wirst mich anflehen, dich zu töten. Du wirst Schmerz empfinden. Ich kenne dieses Gefühl. Mit ihm zerfließt die Zeit, und sie formt sich aufs Neue. Ich muss dich töten, verstehst du? Denn dein Anblick öffnet eine Tür, hinter der die Albträume der Vergangenheit lauern.«

Das Neueste aus der Gmeiner-Bibliothek

Unser Lesermagazin

Bestellen Sie das kostenlose Krimi-Journal in Ihrer Buchhandlung oder unter www.gmeiner-verlag.de

Informieren Sie sich ...

www ... auf unserer Homepage:
www.gmeiner-verlag.de

@ ... über unseren Newsletter:
Melden Sie sich für unseren Newsletter an unter www.gmeiner-verlag.de/newsletter

f ... werden Sie Fan auf Facebook:
www.facebook.com/gmeiner.verlag

Mitmachen und gewinnen!

Schicken Sie uns Ihre Meinung zu unseren Büchern per Mail an gewinnspiel@gmeiner-verlag.de und nehmen Sie automatisch an unserem Jahresgewinnspiel mit »mörderisch guten« Preisen teil!

GMEINER SPANNUNG

WWW.GMEINER-VERLAG.D
Wir machen's spannen